북중남미 여행일기 2

그라운드 제로

배인환 글

CONTENT

여행일기 서문

미국 11개월, 중남미 5개월의 장기간 외국 여행을 다녀오게 되었다. 이러한 여행은 오늘날에는 보편화된 감이 있지만 그래도 나에겐 뜻있는 여행이었다. 이 여행은 순전히 소라를 만났기 때문이었다. 나는 팔자가 사나워 2002년 6월에 애들 엄마를 하늘로 보내고 외로웠다. 2005년 가을에 아는 시인의 출판기념회에서 소라를 처음 만났다. 그 후 2008년 1월에 그녀를 다시 만났다. 그때부터 가까워져서 그녀를 따라 미국에 갔다. 장기 여행이었다. 처음 미국에 간 2008년 8월부터 6개월 간 애리조나 주 피닉스에 거주하면서, 애리조나 · 뉴멕시코 · 캘리포니아 · 네바다 · 유다 · 콜로라도 주 등, 미국 서남부의 중요한 관광지를 돌아다녔다.

두 번째 미국에 간 2009년 9월부터 5개월 간은 미국의 동부 · 뉴잉글랜드 · 오대호 주변 · 애팔래치아 산맥 · 조지아 주 · 동남부 해안 · 플로리다 · 미시시피 · 루이지애나 · 텍사스 주를 두루 여행했다. 그 후 뉴멕시코 · 유다와 애리조나 주를 다시 둘러보았다.

그리고 2010년 2월 3일부터 멕시코 한 달, 3월 4일부터 브라질과 아르헨티나 40일, 4월 한 달은 칠레, 5월은 볼리비아, 6월은 이번 여행의 하이라이트인 페루 여행을 마치고, 7월 1일부터 한 주는 에콰도르의 키토에서 보내고 귀국했다.

여행에 관한 한, 나 같은 초급 수준인 사람에게는 장기간 여행은 즐겁기도 하고 힘이 들고 보람도 있고 위험하기도 했다. 또 경비와 시간이 많이 들었다. 경비와 시간의 부족을 절실히 느꼈다.

이 소중한 경험을 기록해 두기로 했다. 처음 생각은 단순한 여행기로 쓰려했으나 그게 쉽지 않았다. 단순한 기록으로 그칠 것 같았다. 그래서 내 생각이 쉽게 녹아 들어가는 느낌과 감상을 겸한 일기를 택했다.

일기가 딱딱한 여행기에 정감이 어린 정서를 끼워 넣을 수 있다고 판단했기 때문이다. 그러나 원하는 대로 되지 않았다.

이 일기를 쓰면서 객관적인 정확성을 기하려고 많이 노력했다. 정확성을 기해야하는 사실에 대해서는 유적지의 선전문에 그치지 않고 지식의 보고인 위키백과를 위시한 여러 자료를 참고한 점을 밝혀둔다.

여행기인만큼 칼라로 책을 내고싶었으나 비용이 너무 많이 들어 부득이 흑백으로 냈다.

이 여행기는 4권으로 되어 있다.

1권은 책 제목이『피닉스』로 1차 미국서남부 여행기이다.

2권은 책 제목이『그라운드 제로』로 2차 미국 여행기이다.

3권은 책 제목이『마야와 잉카』로 중남미 여행기이다.

4권은 2009년 2월부터 6월까지 소라와 떨어져 있으면서 그녀에게 보낸 메일과 북남미를 여행하면서 쓴 수필 일부이다. 책 제목이『메일과 수필』이다.

여행을 다녀온 것이 2010년 7월초인데 시일이 너무 많이 걸렸다. 여행을 시작할 때부터 일기를 쓰기 시작했으니까 만 6년이 걸린 셈이다. 재주가 부족한 점을 통감했다. 언어의 장벽도 큰 장애요인이었다.

2014년 가을

진악거에서 글쓴이

그라운드 제로Ground Zero 서문

누구나 2001년 9 · 11의 경악과 분노를 기억할 것이다. 그 때의 천인공노할 만행을 잊지 않고 있다.

두 번째 미국에 간 것은 9월에 뉴욕으로인데, 9 · 11을 의식하고 간 것은 아니다. 한국에서 항공로가 미국 동부에는 뉴욕이 직행로이기 때문이었고 시기는 가을이 좋을 것 같아서 이었다.

9월 11일, 그라운드 제로의 현장을 직접 눈으로 보았을 때 머리가 마비되는 것 같았다. 그날은 비가 억수로 퍼부은 날이었다. 건설 노동자들이 비를 맞으며 새로운 건물을 짓기 위해서 기초 작업을 하는 것을 보았다. 새로 들어설 대표 건물의 이름은〈원 월드 트레이드 센터One World Trade Center〉 혹은 〈프리덤 타워Freedom Tower〉로 높이가 541m이다. 541m는 1,776ft이다. 1776이란 숫자는 미국이 독립을 선언한 해이다. 건물의 동판과 분수의 가장 자리에 희생자들의 이름을 새긴다고 한다. 혼백이 위로를 받을지 모르겠다.

테러는 늘 무고한 인명을 빼앗고 건물을 파괴한다.

9 · 11테러는 수천 명의 인명피해와 수조원에 달하는 경제적 손실, 세계 평화에 대한 타격과 공포, 불안 심리 등. 엄청난 재난이었다.

그라운드 제로 앞에 놓인 수많은 꽃다발과 편지, 사진들은 잊히지 않는 가족과 미국 국민과 인류의 정서를 표하는 것이었다.

그라운드 제로Ground Zero는 1946년 뉴욕 타임스가 처음 썼다. 히로시마와 나가사키의 원폭 장소를 이렇게 표현했다고 한다. 9. 11 테러가 돌발한 현장도 원폭은 아니지만 원폭에 버금가는 가공할 파괴이었다.

히로시마와 나가사키 원폭은 불가피한 미국의 선택이었는지 모르지만 패전이 짙은 일본에 그렇게까지 할 필요가 있었는가 하는 의문을 제기하는 사람들도 있는 것 같다. 심지어 미국이 소련에 대한 엄포용 이었다고 주장하는 시비꾼(?)들도 있는 것 같다. 이유여하를 막론하고 이런 대량 인명살상과 파괴는 도저히 용납될 수 없다.

2014년 가을
진악거에서 글쓴이

✲ 2009. 9. 8 화 맑음 〈동경에서 자다〉

탑승 수속을 밟고 시간이 되어 잘 게이트Jal Gate로 갔다.

비행기는 순조롭게 떴다. 환송 나온 가족들이 눈앞에 어른거렸다. 우리나라 영토와 동해는 먹구름으로 볼 수 없었다. 나리타 공항에 내려 니코호텔 버스를 탔다.

결혼을 하기 위해서 혼자 떠나는 처녀가 옆 좌석에 앉았다. 신랑감이 뉴저지에 산다고 말했다. 그녀는 행복해 보였다. 그녀를 보면서 국제화 시대를 실감했다. 결혼을 하기위해서 혼자 고국을 떠나는 처녀.

여관방은 혼자 자기에도 좁은 방이었다. 집에 전화를 하고 뉴욕에 있는 소라에게 전화를 했으나 그녀는 손 전화를 꺼놓아 통화할 수 없었다. 맥주 한 켄과 안주를 공항에서 사와 혼자 마셨다.

방 번호는 422호.

맥주를 마셔서 곧 잠이 들었다.

✲ 2009. 9. 9 수 도쿄 흐림 〈소라가 있는 뉴욕으로〉

10시 경에 제 2터미날 63번 게이트에 도착하여 소라에게 전화를 했다. 그녀의 부드러우나 격앙된 목소리가 들렸다. 그녀는 내일 비행장에 나오겠다고 말했다. 뉴욕행이다. 그것도 70이 넘은 나이에 애인을 만나러 세계의 수도에 간다니! 지난 일년 반 동안 그녀와 지낸 일들이 주마등처럼 전개된다.

63번 게이트에서 이 기록을 한다. 30분 후에는 개찰을 시작할 것이다. 도쿄의 날씨는 흐리고 무덥다.

Jal 006호는 인천공항에서 탄 비행기보다 훨씬 큰 것 같았다.

비행기는 쉽게 이륙했다. 조종사가 성질이 급한 것 같았다. 나리타공항 근처에 바둑판같은 논이 눈 아래 펼쳐졌다. 비행기가 고도를 잡아나가자 순식간에 구름 속으로 들어갔다. 바로 아래는 구름의 바다였다. 귀가 멍멍했다. 고도 31,000피트(9,448.8m).

열 세 시간이 흐르고 비행기는 미국 영토에 진입했다. 오대호를 지날 때는 한 시간 이상 소요되는 것 같았다. 바다인지 호수인지 구분이 되지 않았다. 오대호는 면적이 24만 5천km^2 이고 남북의 길이가 1,110km이며 동서의 길이는 1,384km이다. 전 세계 담수 공급의 20%를 차지한다.

미국과 캐나다는 물 부자 나라이다.

✲ 2009. 9. 9 수 뉴욕 흐림 〈재회〉

비행기가 뉴욕 케네디공항에 착륙했다. 조종사가 베테랑 급인지 서슴없이 뜨고 서슴없이 착륙한다. 검열관은 흑인 젊은이 이었는데, 6개월을 머물고 싶다고 말했더니 두말없이 허락해주었다. 소라가 알아보고 나에게 달려왔다. 미국식으로 그녀를 안았다.

소라가 잡아놓은 여관에 가는 데는 공항전철을 이용했다. 뉴욕은 여관비가 비싼 편이었다. 소라가 세심한 주의를 해서 예약한 호텔이었다.

저녁은 금강산에 가서 먹기로 했다. 소라가 한국일보 뉴욕 특파원을 만나기 위해서란다. 그와 인터뷰 약속이 되어있기 때문이었다. 금강산은 이북 사람이 운영하던 곳인데, 지금은 남한 교포가 운영한다. 음식점이 잘되는지 사람들이 많았다. 우리는 아구탕을 주문했고 곧 기자가 와서 소라의 사진을 찍고 인터뷰를 시작했다. 그는 저녁식사로 양고기를 원해 시켜주었다. 인터뷰는 식사시간을 포함 1시간 계속되었다. 기자는 내일 모래

금요일에 미국판 한국일보에 기사가 날 것이라고 말했다.

숙소에 와서 잠을 청했으나 잠이 오지 않았고 집에 전화를 했다. 다행히 희정이가 전화를 바로 받았다.

✲ 2009. 9. 10 목 흐린 후 비
〈메트로폴리탄 미술관Metropolitan Museum of Art〉

뉴욕은 세계 제1의 도시이다. UN 본부도 이 도시에 있다. 그러므로 세계의 수도인 셈이다. 무역과 금융의 중심지이며 문화의 중심지이다. 뉴욕보다 인구가 많은 도시들이 여럿 있지만 뉴욕과 견줄 도시는 없다.

밀턴 글레이저Milton Glaser(1929~)가 만든 로고Logo가 생각났다. "I ♡ NY." 이 기발한 로고는 그 후 많은 도시들이 패러디parody했다. 도시뿐 아니다.

뉴욕은 다 민족 이민자의 도시이다. 뉴욕에서는 800개의 언어가 사용된다고 한다. 1626년에 맨해튼 섬을 레나페족으로부터 지금 돈 1,000불 정도의 물품과 교환했다.

뉴욕 시내투어는 내일하기로 예약을 했다. 그래도 갑갑해서 맨해튼 쪽으로 차를 몰았다. 숙소가 케네디 공항 옆에 있었기 때문에, 맨해튼에 가기 위해서는 킨즈 미드타운 터널Queens Mid Town Tunnel을 통과해야 했다. 터널을 지나기 전에 도로 양쪽에 넓은 공동묘지가 있는 것을 보고 감명을 받았다. 이 비싼 땅에 묘지가 있다니, 우리나라 같으면 묘지는 옛날에 다른 곳으로 옮겼거나 옮기라는 이야기가 빗발치게 나올 터인데, 뉴욕커들은 이 묘지를 시내 복판에 그냥 두었다. 사자들에게도 이렇게 비싼 땅을 나누어줄 줄 아는 마음에서 민주주의는 싹트는 것이 아닐까. 킨즈 터널 앞에는 한 무리의 경찰들이 지키고 있었다. 경찰들은 차와 짐을 조사했다. 9/11 테러 후에 생긴 현상이란다. 그 점이 바뀐 미국의 모습이라고 했다. 또한 통행료를 내야했다. 뉴욕은 금융의 도시라 그런지 다리를 건널 때, 터널을 지날 때도 통행료를 지불해야한다고 소라는 말했다.

맨해튼에 도착했다. 동양의 도시들과 미국 서부의 도시들만 본 내 눈에 뉴욕은 낯선 도시이었다. 우선 고층빌딩이 오래돼서 우중충했고 도로가 일방통행에다 좁았다. 주차를 할 곳이 없어서 찾아간 곳이 메트로폴리탄 미술관Metropolitan Museum of Art이었다. 센트럴 파크 옆에 있어서 비교적 주차하기가 쉬웠다.

미술관은 330만 점의 방대한 미술품을 소장한 세계적인 미술관이다. 미국에서 1위이고 세계적으론 루브르 박물관 다음으로 2위란다. 이런 미술관을 한 두 시간에 본다는 것은 말도 안 된다. 이렇게 커다란 미술관 앞에 서니 가슴이 막 뛰었다.

〈메트로폴리탄 미술관에서 소라와〉

〈테오도르 제리코-수로의 저녁수채화〉

조르주 쇠라 〈서커스 여흥〉

반 고흐 〈측백나무가 있는 보리밭〉

소라의 여고 동창 중에 한 사람이 입장료가 1불을 내도된다고 알려주어서 1불만 냈다. 후에 안 일이지만 뉴욕에 있는 미국자연사 박물관과 메트로폴리탄 미술관은 방문객이 스스로 입장료를 결정해서 내도록 하는 방법을 도입했다는 것이었다.

회랑에 걸려있는 그림 중에 눈에 들어온 것은 미술사의 전환점이 된 작품인 〈메투사 호의 뗏목〉의 작가 테오도르 제리코Theodore Gericault(1971~1824)의 작 〈수로의 저녁수채화Evening Landscape with an Aqueduct〉 이었다.

그리고 바르비종 유파의 화가 장-밥티스트 카미유 코로, 점묘화가 조루르 쇠라, 반 고흐, 인상파 화가 카미유 피사로, 빛의 화가 클로드 모네, 파블로 피카소의 〈테이블에 앉아 독서하는 소녀〉, 조지아 오키프의 여러 그림을 보았다.

그리고 동시대미술가관에 가서는 피카소, 잭슨 폴록, 막스 맥스만의 그림을 보았다. 파울 클레의 작품도 여럿 있었다.

미술관을 수박 겉핥기로 보았다. 뉴욕에 비가 내렸다.

카미유 피사로〈겨울 오후 튈르리 궁전의 정원〉

파블로 피카소 〈독서하는 소녀〉

맥스 베이크만 〈보드빌 행위〉

조지아 오키프 〈붉은 노랑 벼랑들〉

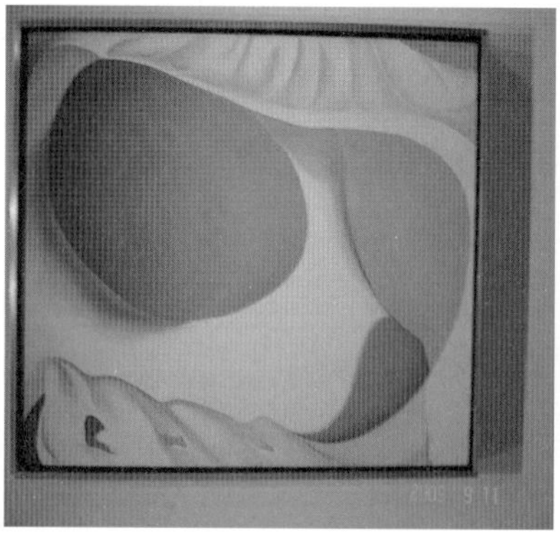

조지아 오키프 〈골반 2〉

젝슨 폴록 〈가을 리듬 30〉

카미유 코로 〈황야의 헤이가〉

클로드 모네〈수련〉

아쉴 고르키〈꽃 제작소의 물〉

파울 클래〈모스크의 공중목욕탕〉

〈UN Building앞 조각〉

〈UN 프라자 건물〉

✻ 2009. 9. 11 금 뉴욕 하루 종일 비 〈9/11〉

여관에 있는 TV를 켜니까 오늘이 9. 11 이다. 8년 전 오늘을 기념하기 위해서 여러 가지 다채로운 추모행사가 열린다는 보도였다. 그 때야 오늘이 그 비극의 날임을 알았다.

하늘도 슬픔을 아는지 비가 억수로 내렸다.

카운터에 가서 오늘 비가 내려도 시내투어를 하는가 물어보았다. 비가 내려도 투어를 하니까 준비하란다. 짐을 간단하게 꾸려 나갔다. 아무래도 바람이 심해 우산으로는 안 될 거 같아 비옷을 챙겼다. 커피를 한 잔 씩 마시자 추위가 가시는 것 같았다. 10시 경에 투어를 떠났다. 차는 다른 여관들에서 관광객을 더 태웠다. 여관이 변두리에 있어 시내로 들어가려면 한 시간은 가야한다. 안내원이 각자의 국적을 물었는데 다양한 편이었다. 인솔자는 2명이며 흑인이었다.

〈뉴욕의 중심가〉

〈Empire State Building 내부에서〉

〈뉴욕의 중심가〉

〈자유의 여신상〉

비는 오지만 9/11이라 마음이 설레였다. 부러 맞추기도 힘 드는데 이번 기회는 순전히 우연의 일치이었다. 관광안내원은 목소리가 커서 시원시원 했다.

처음 간 곳은 UN 건물, 이어서 링컨 센터, 록펠러 센터, 센트럴 파크, 타임스 스퀘어, 브로드웨이 등을 보고 사진도 찍었다.

NBC 방송국을 구경하려고 차를 내렸으나 길을 잃고 해매기도 하고 또 엠파이어스테이트 빌딩에 가서는 86층까지 올라갔으나 시야가 구름으로 가려 아무 구경도 못했다.

허드슨강 하구에 있는 엘리스 아일랜드의 자유의 여신상Statue of Liberty을 보기위해서 배를 기다렸다. 바람이 몹시 불어서 배가 못 뜨면 어쩔까 했는데 다행히도 배가 떠서 자유의 여신상 가슴부분까지 올라갈 수 있었다. 보수 중이라 개방이 안 되는 곳도 있었다.

맨해튼으로 다시 돌아왔고 드디어 9/11의 가슴 아픈 흔적, 사라진 쌍둥이 건물터에 갔다. 안내원은 불탄 자리가 잘 보이는 세계금융센터 건물로 우리를 데려갔다. 그 곳에는 추모객들이 가져다 놓은 많은 꽃다발들이 놓여있었다. 안내원은 열변을 토했다. 숙연해지는 자리.

비극의 그 장소에는 비가 내리는데도 1776피트 높이의 원 월드 트레이드 센터와 3개의 업무용 빌딩이 2013년 완공을 목표로 기초공사가 진행되고 있었다. 집에 돌아와서 시 한 편을 썼다.

〈세계 금융센터〉

〈그라운드 제로 헌화〉

〈그라운드 제로의 폐허와 재건축〉

제로에서 시작하여 제로로 끝난 그라운드 제로

두 개의 신이 있는 나라
자본이 신인 도시
세계무역센터는 무참히 화염에 휩싸였다.
지옥의 불꽃, 거대한 화염
무너지는 건물
꽃잎처럼 떨어진 생명들

바로 이곳이 전쟁터
맨해튼의 쌍둥이 빌딩이 화염에 싸였다
핵폭발보다 더 한 위력
폭력의 폭력
비바람이 분다

혼령들은 8년이 지나도 주위를 맴돌 뿐
추모객들은 말이 없다.
다만 장미 송이로 대신한다.

1,776 피트의 건물을 다시 세우고

폭포를 만들고 추모 관에 이름을 새기고
이름을 새기는 일 이외에 할 방법이 없다.
그라운드제로에 비는 하염없이 내린다

마음은 지구를 들고 있는 무게
21세기의 어지럼증
신이 미쳐버릴 무모함

고도의 종교,
고도의 정치
아아! 죽은 혼령이시여!

헛되지 않으리 이들의 희생은
방패가 되리
큰일을 이루었음을 알리
결코 되푸리되지 않으리.
그들이 눈뜨고 있음으로

2009. 9. 12 토 뉴욕 구름 〈뉴욕에서 소라 동창과의 만남〉

뉴욕을 내일 떠나 1차 여행을 할 계획이다. 1차 여행은 보스톤, 나이아가라 폭포, 5대호 연안의 야생벼 지대를 경유, 위스콘신, 시카고, 인디애나, 캔터키, 테네시 주를 돌아올 계획이다. 차에 싣고 다닐 짐이 너무 많아 소라의 동창인 안미상씨의 집에 짐을 좀 맡겨놓고 떠나기로 했다.

오전에 짐을 맡기고 점심시간에는 소라의 여고동창들을 만날 예정으로 9시에 숙소를 떠났다. 뉴욕의 복잡한 거리를 내비에 의존해서 갈 수밖에 없었다. 세계의 수도 뉴욕의 첫인상은 의외로 삭막했다. 사실 실망이 컸다.

미상의 아파트는 허드슨강 건너편 뉴저지New Jersey에 있었다. 링컨 터널을 지나 임페리얼 아파트Imperial Apartment에 가서 전화를 했더니 바로 그녀가 나왔다. 미상은 키는 작은 편이지만 인상이 퍽 좋은 여인이었다. 낯선 나를 소라의 남자 친구라 해서 스스럼없이 대해주었다. 미상은 이야기를 참 잘 했다. 차를 마시고 우리는 회식장소에 가기 위해서 서둘러 아파트를 나왔다. 강 건너 맨해튼 경치가 너무 아름다웠다. 미상은 야경은 더 아름답다고 말했다.

회식 장소에 갔더니 소라의 동창들이 몇 명 나와 있었다. 안미상, 정순양, 민재원, 김수자, 최경희, 김미겸, 윤규방씨 등이었다.

〈소라의 여고 동창들 안미상씨는 어디 갔지?〉

그들은 잘 대해주었다. 모두들 중산층 가정을 이룬 것 같았다. 그녀들은 이제 여행도 하고 취미생활도 하면서 노년을 즐기는 것 같았다. 이민 온지 30여년이 된 이들이라 소감을 물었더니 이구동성으로 하는 말이, "뉴욕을 떠나서는 살 수 없다." 고 말했다.

뉴욕은 미국이 아니라 세계란다. 그래서 한국과 같은 곳이라고 말했다. 어쩌다 한국에 가서 오빠 집에 머물면 뉴욕 집이 그리워진다고 말했다. 여고 동창 중에는 미술가도 한 분 있었다. 그 미술가는 그 비극의 날에 9.11 쌍둥이 건물에 있다가 구사일생으로 살아났다고 한다. 그 때의 충격으로 많은 고통을 받았다고 말했다.

소라는 어제 난 신문을 그들에게 보여주었다. 그들도 감탄을 했다.

한국일보 New York 신문 기사(문화면) 2009. 9. 11 금

"삶의 진솔함 묻어나는 민중 역사죠"
'아메리칸 인디언의 구전' 연구 이소라 박사
내달 스미소니언 박물관 구전 CD 제작 작업참여

한국의 한 FM 방송이 '우리의 소리를 찾아서' 라는 짧은 프로그램을 장기간 지속한 적이 있다. 이름 없는 촌부나 아낙들이 힘든 노동일을 하면서, 혹은 해도 해도 끝이 없는 맵고 짠 가사 일을 하면서 흥얼거리는 노래들을 버스 안에서 혹은 가정에서 라디오를 통해 들은 기억이 한번 쯤 있을 것이다.

이소라 박사는 제목도 없고 악보도 없는 무명씨의 노래가 방송에 소개되기 훨씬 이전부터 사라져가는 우리 전통의 소리들을 찾고 보존하는 일을 체계적으로 시작했다. 그리고 40여편의 책과 90여편의 논문을 통해 25년 이상 한국의 소리를 연구해온 후, 이제는 정년퇴직을 한 나이에 '아메리칸 인디언의 구전' 이라는 더욱 글로벌한 연구 과제를 위해 부지런히 미국땅을 돌아다니고 있다.

9월 5일과 6일 열렸던 이로키오스(Iroquios) 인디언 페스티발을 위해 뉴욕을 방문한 이박사는 "지리적으로는 현격한 차이가 있지만 입으로만 전해지는 형식과 삶의 진솔함이 그대로 묻어나는 정서 등 여러 가지면에서 미 원주민들의 구전 가요와 한국의 구전 가요, 그리고 세계 곳곳의 구전가요들은 서로 통하는 면이 있다" 고 말했다.

2007년 애리조나 주립대학에서 교환교수로 있으면서 인디안들의 소리에 관심을 갖게된후부터 "65세에 만난 소울메이트와 함께" 그랜드캐년을 부지런히 오가며 여전히 후대에 소리를 전하고 있는 전승자들을 찾아다녔다.

이소라 박사의 이력은 다소 특이하다. 경기여고를 졸업하고 서울대법대에 입학한 전형적인 수재가 갑자기 음대 작곡과로 전공을 옮기더니 국악으로 석사학위를 받았다. 그리고는 성균관대 철학과에서 박사공부를 했다. 평생 결혼도 하지 않고 연구에만 매달려온 그는 젊은 시절부터 관습에 매달리지 않고 자신이 하고 싶은 일을 찾아다녔던 셈이다.

그가 노동요에 관심을 갖게 된 것은, 83년부터 문화재청 전문위원으로 근무하던 때부터다. 보존할 만한 가치가 있는 민요들을 선별하는 작업을 하다가 "객관적인 가치를 증명 할 순 없지만 문화재 못지않게 소중하고 오랜 시간 전해져 내려온 소리"들이 여전히 존재함을 알게 됐다. 더 중요하게는 이들이 당장 내일이라도 없어질 수 있는 처지라는 사실이었다. 전문성도 예술성도 없는 민요일 뿐 이라고 폄하하는 엘리트들도 있을지 모르지만 이들 노래의 역사는 결국 민중의 역사이기도 했다.

그후 방송사들의 다큐멘터리 프로에 계속 출연 요청을 받는 등 독보적인 농요 전문가가된 이 박사는 소리의 전승자들을 찾아다니며 녹음을 하고 이들을 악보에 담는 작업에 대부분의 시간을 바쳤다. '송포 호미걸이 논맴 소리', '논김 방아타령', '쌍가래질 소리', 회방아 소리' 등은 그가 녹음한 '한국의 농요' 집 5개중 극히 일부분이다.

10월 중 워싱턴 DC의 스미소니언 박물관이 준비하고 있는 구전 CD 제작 작업에 참여 할 예정인 이 박사는 퇴직 후 더욱 왕성한 열정으로 연구와 로맨스에 매진하고 있다.

(박원영 기자)

소라는 11월 15일 경운회에 참가하기 위해서 뉴욕에 다시 오겠다고 약속했다.

2009. 9. 13 일 뉴욕, 보스턴 맑음 〈하버드 대학〉

뉴욕을 떠나 보스턴으로 향했다. I-95를 계속 달렸다. 보스턴은 미국의 정신적인 수도라고 한다. 그곳에는 세계최고의 대학 하버드와 MIT가 있지 않은가? 그 보다도 나는 뉴햄프셔의 데리Derry에 가보고 싶었다. 내가 가장 좋아하는 시인 로버트 프로스트의 작은 농장이 그곳에 있기 때문이었다. 프로스트는 프란코니아Franconia에서도 살았으나, 너무 북쪽에 있어서 가까운 곳에 가기로 했다.

하버드는 캠브리지 시에 있다고 해서 내비에 의존해서 그곳으로 향했다. 보스턴 시에 진입했으나 복잡한 도로를 찾지 못해 좀 헤매다가, 드디어 보스턴대학교를 찾았다. 그 대학이 하버드인줄 알았는데 아니란다. 하버드는 강 건너에 있다고 한다. 강을 사이에 둔 두 대학은 같은 캠퍼스에 있는 것 같았다. 수량이 풍부한 강에는 젊은 연인들이 유유히 보트를 타고 있었다. 그림 같은 풍경이었다. 다리를 건너 차를 몰았다.

〈보스톤 시가〉

〈하바드대학 도서관 앞에서〉

〈하버드대학 교정의 한가로운 학생들〉

하버드 대학은 샌프란시스코에 있는 스탠퍼드 대학과 많이 달랐다. 스탠퍼드 대학은 우리나라 대학처럼 교내와 교외가 확연이 구분되어 있었다. 그러나 하버드는 그렇지 않았다. 대학의 심장부인 도서관에 갔다. 많은 학생들이 건물 앞 교정의 벤치나 잔디밭에 앉아 끼리끼리 담소를 하고 있었다. 도서관 앞에서 기념 사진을 찍었다.

도서관은 경계가 삼엄했다. 교수의 가방도 빈틈없이 검열했다. 잠시 의자에 앉아 쉬었다. 젊다면 이곳에 와서 공부하고 싶다는 생각이 들었다. 그러나 부질없는 생각이었다. 세계의 수재들이 모이는 곳이다. 소라는 초등학교 시절부터 대학까지 공부를 잘 했으니 가능할지 모른다.

다음에 간 곳은 『주홍글씨The Scarlet Letter』의 작가 나다니엘 호손Nathaniel Hawthorne의 『일곱박공의 집The House of the Seven Gables』이었다. 호숫가에 서있는 그 집은 셀렘Selem의 랜드 마크가 되었다. 그 집 부근에는 유사한 집들이 많이 지어졌다. 입장 요금이 11불이나 되었다. 전시물을 구경하고 사진을 몇 장 찍었다. 항구에는 배들이 많았다. 호손은 마녀사냥의 부당함을 테마로 줄기차게 다룬 작가이다.

〈나다니엘 호손〉

〈저택 옆의 호수와 어선들〉

〈우물〉

〈나다니엘 호손이 태어난 가옥〉

다음 행선지인 뉴햄프셔의 로버트 프로스트의 작은 농장으로 향했다. 가는 도중 어두워지자 스리핑 인에 여장을 풀고 저녁 식사를 했다.

✲ 2009. 9. 14 월 맑음
〈프로스트의 유적지Robert Frost Historic Site 〉

로버트 프로스트 농장에 가기 위해서 차를 몰았다. 날씨가 맑은 것이 참 좋았다. 깨끗한 주택지가 나타나더니 이내 산림지역이었다. 구불구불한 이차선 도로를 차는 달렸다. 한참을 가자 도로 옆에 프로스트의 유적지 Robert Frost Historic Site 라는 푯말이 보였다. 반가웠다. 그리고는 호화스럽지 않은 단층집이 나타났고 옆으로 옛날에 경작지로 쓴 평지(밭)가 있었다. 집 주위로는 지금도 숲이 가득했고 개울 옆으로 산책로가 이어졌다. 숲에는 자작나무가 몇 그루 있었지만 그의 시에서처럼 아이들이 그네를 탈 정도로 큰 나무는 없었다. 농경지는 경작하지 않아 잡풀이 무성했다.

〈프로스트의 작은 농장〉

〈관광코스 21번〉

〈잡풀밭이 된 농장〉

두 개의 표말을 읽어보았다.

* 한 표말은

Robert Frost

-1874~1963-

Some of the best-loved poems in the English language are associated with this small farm owned by the poet from 1900 to 1911. Here Frost farmed, taught at nearby Pinkerton Academy and developed the poetic voice which later won him the Pulitzer Prize for poetry four times and world fame as one of our foremost poets.

로버트 프로스트

영문학에서 가장 사랑받는 시 몇 편이 1900년부터 1911년까지 시인이 소유했던 이 작은 농장과 관련되어있다. 여기에서 프로스트는 농사짓고, 근처 핀커톤 아카데미Pinkerton Academy에서 학생들을 가르쳤으며, 시적 역량을 키웠다. 이로 인해 프로스트는 풀리처상을 4번이나 수상하였으며 최고의 시인으로 세계적인 명성을 얻었다.

The original "Tree at My Window" was removed on September 29. 2007. As the "Tree at My Window" watched over Robert Frost in his poem, may this tree watch over all of us.

원래 있었던 '창가의 나무' 는 2007년 9월 29일 죽었다. 로버트 프로스트가 그의 시에서 이 '창밖의 나무' 를 관조하듯 이 나무도 우리 모두를 관조할 것이다.

The "Tree at our Window" was planted on June 7. 2008 through the generous work of the New Hampshire Timberland Owners Association and countless volunteers.

새로 심은 "창가의 나무" 는 2008년 7월 7일 뉴헴프셔 산림연합회New Hampshire Timberland Owners Association와 수많은 자원봉사자들이 심었다.

나는 큰 나무 아래 나무의자에 앉아 잠시 명상에 잠겼다. 그의 너무나 유명한 시들: 「가지 않은 길The Road Not taken」, 「눈 내리는 저녁 숲가에 서서Stopping by Woods on a Snowy Evening」, 「자작나무 Birches」, 「담장 수리Mending Wall」 등이 생각났다.

아니 그의 시 「창가의 나무Tree at my Window」가 생각났다.

Tree at my Window

Tree at my window, window tree,
My sash is lowered when night comes on;
But let there never be curtain drawn
Between you and me.

Vague dream_head lifted out of the ground,
And thing next most diffuse to cloud,
Not all your light tongues talking aloud
Could be profound.

But, tree, I have seen you taken and tossed,

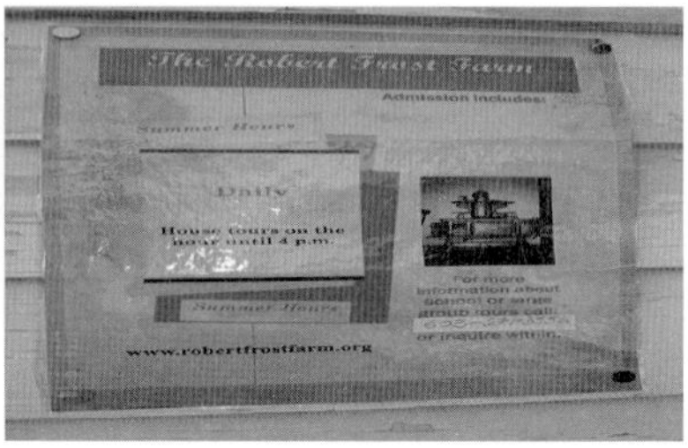

〈자작나무 숲〉 〈투어 안내문〉

And if you have seen me when I slept,
You have seen me when I was taken and swept
And all but lost.

That day she put our heads together,
Fate had her imagination about her,
Your head so much concerned with outer,
Mine with inner, weather.

창밖에 서 있는 나무

창가에 선 나무, 창문 나무
밤이 오면 창을 내리긴 하지만
너와 나 사이에 커튼을 치진 않는다

땅 위로 몽롱히 꿈꾸는 머리 들어 올리고
구름만큼이나 느슨히 흩어진 너,
큰 소리로 재잘대지만
너의 이야기 모두 의미 깊을 수는 없다

하지만 나무야, 나는 네가 마구 흔들리는 것을 보았다.
네가 만일 내 잠자는 모습을 지켜 보았다면

나 역시 거의 정신을 잃을 만큼
마구 휩쓸리는 걸 너는 보았겠지

우리의 머리를 운명의 여신이 하나로 합치던 날
그녀는 깊이 상상했을 것이다
네 머리는 외부의 날씨에,
내 머리는 내부의 날씨에 마음 쓰고 있었으리.

이 농장에서 그는 1900년에서 1911년까지 살았다. 그의 첫 시집 『소년의 뜻A Boy's Will』과 이어서 나온 『보스턴의 북쪽North of Boston』에 수록된 대부분의 시가 여기서 써졌다.

그가 창작하고 번민하고 명상하기를 거듭하면서 쓴 초기 시로 인하여 프로스트는 명성을 얻고 시인으로 성공하게 된다.

어느 나라나 시인의 길은 고난의 길이다. 배고픈 길이다. 프로스트는 가정적으로 불행한 시인이었다. 그가 11살 때 부친이 사망 했다. 그는 고등학교를 최우수 학생으로 졸업하고 명문 디트머스대학에 입학했으나 이내 포기했고 5년 후에 하버드대학에 장학생으로 입학했으나 가정문제로 역시 학업을 포기했으며 농장도 하고 양계도 하며 살았다. 유복한 T.S 엘리엇과 여러 가지로 대조적이다.

그는 시인으로는 명성을 얻었지만 딸과 부인의 죽음과 이은 아들의 자살 등 심적 충격이 컸다.

그곳을 뒤로하고 다시 나이아가라로 길을 떠났다. 허드슨 강 다리를 건너서 사진을 찍다가 그만 돈지갑을 잃어버렸다. 그곳에 카드가 들어있지 않은 것이 천만다행이었다. 그래도 몹시 마음이 상했다. 200불이나 들어있는 지갑이었다. 그러나 다시 마음을 고쳐먹었다. 가난한 사람에게 준 걸로 알자고.

✲ 2009. 9. 15 화 나이아가라 구름 많음 〈나이아가라 폭포〉

다시 길을 떠나 나이아가라 폭포에 도착한 것은 그림자가 짧아지는 정오 경이었다. 점심을 대충 떼우고 브리지에 도착 요금을 지불하고 나이아가라 폭포 주차장에 가서 주차한 후 먼저 유람선부터 탔다. 나이아가라 폭포는 장관이었다. 이렇게 큰 폭포는 난생 처음이다.

이리 호에서 온타리오 호로 흘러들어가는 물이라 그런지 푸른빛의 맑은 물이었다. 나이아가라 강은 수량도 많고 경사가 급해서 수력발전에 최적의 조건이다. 폭포를 이용해서 전력을 생산하고있다. 관광수입이 이만저만이 아닐 것이다.

비옷을 입고 예상보다 조그마한 배에 승선했다. 소라는 다른 사람 사이를 비집고 들어가더니 자꾸 나를 오라고 해서 좀 창피했다. 그러나 그녀의

〈나이아가라 폭포〉

〈폭포 근처 접근〉

고집을 꺾을 수 없어 결국 그리 갔다. 배는 폭포 쪽으로 접근했다.

모두들 웅대한 장관에 압도되어 연신 탄성을 지르고 관광객은 앞 다투어 후래쉬를 터트렸다. 정말로 경이 그것이었다.

캐나다 쪽 폭포에 도착했을 때, 우리는 물 병풍에 휩싸여있다고 소라는 표현했다. 소라는 이런 경우에 문학적인 표현을 잘 한다.

다음은 비옷을 입고 바람의 동굴에 갔다. 무지개가 여럿 돋는 곳이었다. 물이 머리위로 막 쏟아졌다.

영화관에 가서 나이아가라 폭포 영화까지 보고 그곳 관광을 마쳤다. 세계 3대 폭포 중에 나이아가라 폭포를 관광했다. 이과수 폭포는 내년에 가 볼 것이다. 아프리카 주에 있는 빅토리아 폭포는 아직 탐방 계획이 없다.

호기심으로 조사한 세계 삼대 폭포의 규모는 다음과 같다.

폭포명	강	높이	폭포수	폭	수량
나이아가라Niagara Falls	나이아가라 Niagara	52m	3	1,110m	1,833㎥/s
이과수 Iguassu Falls	이과수 Iguassu	60-82m	275	2,700m	1,756㎥/s
빅토리아 Victoria Falls	잠베지 Zembezi	108m	1	1,708	1,088㎥/s

〈나이아가라 강의 거센 물살〉

〈바람의 동굴〉

✲ 2009. 9. 16 수 클리블랜드 구름 후 맑음 〈즉흥 시〉

아침을 먹고 침대에 누워 소라에게 즉흥시를 읊어주었더니 소라도 감상에 젖는 것 같았다.

바닷 가 모래밭에 사는 소라는
아침 이슬을 먹고 삽니다.
육십 평생을 풀잎에 돋는 이슬만 먹고 살았습니다.
이슬만 먹고 사니 늘 혼자입니다.
몸은 여위어도 정신은 맑습니다.
그녀의 유일한 취미는 지렁이의 노래를 듣는 것입니다.
여치의 노래도 아니고 매미도 아닌
귀뚜리도 아닌
지렁이의 노래입니다.
밤에 듣는 지렁이의 노래는 더욱더 처량합니다.
듣는 사람이 없어도
지렁이들은 노래를 합니다.

일찍 서둘러 길을 떠났다. 혹시 로체스터Rochester 시를 갈지도 모르기 때문이다. 그곳에는 소라가 관심이 많은 이로코이Iroquios 인디언이 살고 있기 때문이다. 하늘을 보니 먹구름이 끼었다. 차는 참 잘 달렸다. 소라는 우리차를 '깜장코' 라고 부른다. 차 앞에 검정 보닛커버 bonnet cover를 씌워서 이다.

버펄로에서 로체스터를 거쳐 캐나다 국경으로 3번 도로를 달리면 훨씬 빨리 갈 수 있지만 다시 미국으로 돌아올 때는 내 여권으로는 곤란한 일이 생길 수 있다고 해서 더 남쪽으로 펜실베이니아 주를 지나 오하이오 주의 클리블랜드로 해서 미시간 주를 북상할 작정이다.

✲ 2009. 9. 17 스리핑 베어 둡스 맑음 〈미시간 호의 둡〉

둡dune은 해변이나 호숫가의 모래언덕을 말한다. 미시간 주의 스리핑 베어 국립호안에 갔다. 그곳은 엄청난 모래언덕이었다. 미시간 호가 아무리 큰 호수라고 하지만 이런 둠을 어떻게 만들었을까? 이런 모래 언덕을 만들려면 호수에 파도가 심해야하는데 이 호수에 폭풍우가 분단 말인가. 하는 의문이 생겼다. 트레일trail 코스만 따라 가란다. 사구의 아래쪽이 잘 보이지 않아 보려다가, 그곳으로 미끄러져 들어갈 것 같아서 손을 잡고 걸었다.

대량의 모래 둠이 미시간 호의 호안을 따라 마치 둥근 산처럼 솟아있었다. 35마일의 호안을 보호하며 화려하면서도 대단히 넓은 호안의 땅이 비스듬히 뻗어났다.

너도밤나무와 단풍나무 숲이 여름에는 신록의 색으로 찬란하고 몇 달 뒤의 가을단풍은 맑은 호수에 반사되어 아름다움을 연출할 것이다. 풀이 난 절벽들은 460피트(140.208미터)로 솟아올라 미시간 호 양안의 인공이 가미되지 않은 자연의 섬 경치를 연출하고 또한 습지의 환경은 수많은 새들과 포유류들의 안식처가 될 것이다.

〈스리핑 베어 둠에서 소라와〉

바이칼에 갔다 온 소라에게 바이칼이 이보다 더 크냐고 물었더니, 모르긴해도 바이칼도 무진장 크단다. 자료를 찾아보았더니 면적으로는 미시간 호가 세계에서 5번 째 이고, 바이칼은 7번 째 큰 호수이다. 담수 량과 호수의 깊이로는 바이칼이 단연 톱이다.

숲속을 돌며 여러 곳을 다녔지만 비슷했다.

서둘러 목적지를 향해 달렸다. 가장 가까운 길을 선택했더니 차는 아무 재미도 없는 길을 달리고 있었다. 호수도 볼 수 없었다. 6시가 다 될 무렵에야 휴런 호와 미시간 호의 경계에 세워진 톨 브리지Toll Bridge에 도착했다.

밤 9시 경에 위스콘신 주와 경계에 있는 아이언 마운틴Iron Mountain에 도착, 근처에 있는 예약한 카지노에 가서 투숙했다.

✻ 2009. 9. 19 토 맑음 〈Lac Vieux Desert Ind Res〉

미시간 주의 서쪽 반도Western Upper Peninsula 지도를 보니까 우리가 묵을 락비엔스데져트 인디언 레절베이션Lac Vieux Desert Ind Res이 나와 있었다. 위스콘신 주와 걸쳐있었는데 지명이 이상한 지역이었다. 락비엔스데져트는 Old Garden의 뜻이란다.

오대호 연안에 야생벼 지대가 여러 군데 있는데 그 중 하나이다. 야생벼 축제를 보고 싶어서 수백 마일을 달려온 것이다.

축제는 이틀 열린다고 한다. 우리는 그곳에서 머물면서 구경하고 사진과 비디오도 찍을 것이다. 인디언 축제는 사진을 못 찍게 하는데 이곳은 예외이었다. 촬리 라는 매디신 맨medicine man을 만난 것도 행운이었다.

야생벼 축제가 곧 열렸다. 사람들은 별로 많지 않았다. 아이들이 대부분이었다. 아이들에게 벼털이 스틱을 만드는 법, 벼를 볶는 법, 볶은 벼의 껍질을 벗기는 법, 키질하는 법, 햇빛에 말리는 법 등을 시범적으로 보여주었다. 중간 중간 노래도 불렀다. 호수에 나가 배를 젓는 법도 가르쳤다.

점심을 잘 대접받고 오후에는 호수에 촬리의 작은 배를 타고 야생벼 지대를 가 볼 수 있었다. 꽤 넓은 면적이었다. 호수는 바닥이 보일 정도로 얕았다. 수중 식물이 많이 자라 고기가 많을 것 같았다. 건너편에 한가로운 낚싯배들이 보였다. 배를 타고 들어 가 보니 호수는 보기보다 컸고(길이가 7마일 정도)동쪽 얕은 곳에 야생벼는 자라고 있었다. 왜 그곳에만 야생벼가 자라는가 물었더니 그곳 바닥이 진흙 밭이고 얕기 때문이란다.

〈야생벼 수확〉

〈야생벼 볶는 장면〉

언제부터 인디언 조상들이 이 야생벼를 먹기 시작했는가 물었더니 수천년 전 이라고만 대답했다. 기록이 없기 때문에 잘 모르는 모양이었다.

촬리는 야생벼는 벼 낟알이 물속에 떨어져서 이듬해 봄에 바닥에서 난다고 말했다. 그러나 칠월경이나 돼야 물 밖까지 커 올라온단다. 야생벼는 호밀과 비슷하게 생겼고 색깔도 같았다. 그리고 영양분이 많아 건강에 좋다고 말해서 왜 현대화 시키지 않는가 물었더니 인공적인 것을 가하면 죽는단다.

야생벼는 사람이 1/3, 조류가 1/3, 1/3은 물속에 가라앉아 내년에 발아하는 것으로 균등하게 나누워지고 인디언의 후예들은 그 자연법을 잘 지킨다고 말했다.

뱃삯이 얼마냐니까 안 받는다고 해서 우리는 기름 값으로 조금 쥐어주었다.

촬리와 샤론Sharon Nelis, 피터Peter F. David에게 내 영문판 시집을 한권씩 주고 그곳에서 만난 바브에게도 한권 주었더니 매우 반가워했다. 샤론과 피터는 소라에게 이곳 축제의 정보를 준 사람들이었다. 사람들이 참 친절하고 마을은 한가로웠다. 그곳에서는 문명의 병폐 같은 것은 느낄 수 없었다. 사람들은 하나 같이 뚱뚱했다.

우리는 6시경에 여관에 돌아와서 쉬었다.

✲ 2009. 9. 20 일 구름 약간〈Lac Vieux Desert Ind Resort〉

여관을 나오는데 샤론이 알아보고 인사를 한다. 바브와 어제 밤에 텐트를 치던 백인 여자가 보이지 않았다. 그녀의 텐트도 보이지 않았다. 아마 다른 곳으로 여행을 떠난 것 같았다. 아직 더위는 가시지 않았다. 호수주변에 산림이 울창했다. 차에서 내려야 앉을 자리도 없고 해서 그대로 앉았는데 촬리가 와서 배를 타고 호수에 나가, 야생벼 수확하는 것을 사진 찍지 않겠느냐? 고 해서 우리 둘은 따라 나섰다. 또 다른 뚱뚱한 백인 사진작가도 동승했다. 배는 조용한 아침 호수의 수면을 가르면서 나아갔다. 야생벼 지대가 가까워지자 벌써 먼저 와서 벼를 수확하는 사람들이 눈에 들어왔다. 우리는 신이 나서 자꾸만 사진을 담았다. 야생벼 지역으로 깊숙이 들어가서 야생벼를 뽑아 보았다. 키가 내 키 보다 훨씬 더 컸다. 벼이삭도 여니 벼보다 더 컸다. 물속에 잠겨있는 부분이 물밖에 나와 있는 부분보다 더 길었다. 수면에 물방개의 무리가 떼지어 있는 것도 사진에 담았다.

바브는 떠난 게 아니고 일찌감치 호수에 나가 야생벼를 털어오고 있었다.

어제와 연속해서 축제가 시작되었다.

배가 고프기 시작했다. 그러나 밥줄 생각을 하지 않았다.

점심때가 되어서 촬스와 바브로부터 인디언 노래를 녹음 할 수 있어서 소라는 만족했다.

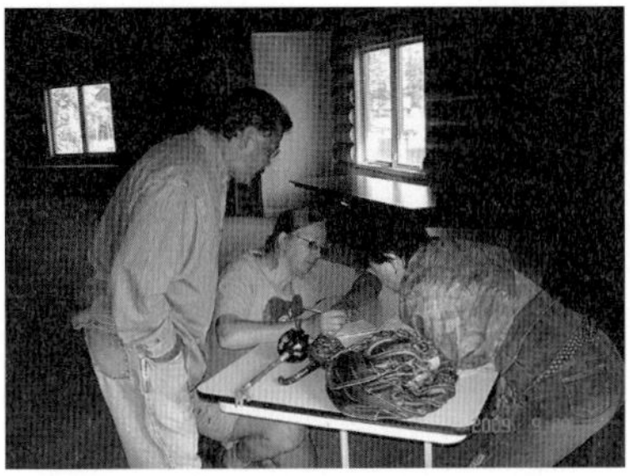

〈인디언 노래 녹음〉

점심을 먹고 하직 인사를 하고 그곳을 떠났다. 즐거운 일이었다.

✲ 2009. 9. 21 월 〈슈피리어 호〉

세계에서 가장 넓은 담수호인 슈피리어 호에 있는 로이얄 섬 국립공원Isle Royale National Park에 가려고 코퍼항구Copper Harbor로 차를 달렸다. 중도에서 날이 저물어 자야했다. 그런데 여관에서 알아본 결과 그곳에 가는 배삯이 너무 비싸 포기하고 그림바위국립호안Picture Rocks National Lakeshore으로 방향을 돌렸다. 사실 이곳까지 오면서 자작나무 숲을 보지 못했다. 그래서 로이얄섬국립공원에 가면 자작나무 숲을 볼 것 같아서 가보고 싶었다.

그 섬은 200개 이상의 다도해이며 산림의 섬이며 따라서 야생동물과 새의 보고이다. 그냥 불쑥 가서는 안 되고 많은 준비를 해야 할 것 같았다. 다음 기회를 보기로 했다.

되돌아오면서 호변을 달렸다. 북쪽이라 자작나무 숲이 보였으나 상상속의 자작나무 숲은 아니었다. 미국의 숲은 잡목의 숲이다. 워낙 광활한 지역이라 일본 같은 인공 숲을 기대한다는 것은 넌센스다.

슈피리어 호Lake Superior 호반을 달렸다. 호수는 꼭 바다 같다. 비가 내리고 있었다. 바람도 불었다. 하늘은 짙은 구름이 끼었다.

목적지에 도착, 유람선을 탔다. 유람선이 뜨지 않을까? 걱정했는데 다행히도 떴다. 꽤 많은 관광객들이 모였다. 트렁크에 꼭꼭 숨겨두었던 비옷을 꺼내 입었다.

북위 46.5도 되는 곳이라 9월인데도 추웠다. 턱이 덜덜 떨렸다.

큰 호수의 물은 맑디맑았다. 담수호는 세계에서 면적이 가장 넓은 호수위에 있다니, 감동적인 일이었다. 다만 일기가 받쳐주지 못했다.

사진을 찍기에 아주 나쁜 일기였다. 한참을 달려 나가자 슈피리어 호의 가장 매력적인 경치가 나타났다. 여러 색상의 사암 절벽, 바위 호안, 부드러운 모래둡이 호안을 장식했다. 짙은 숲과 가끔 나타나는 작은 폭포도 장관이었다. 숲은 많은 동물들이 숨어사는 활엽수로 꽉 찼다. 더러는 동양화의 화폭 같은 멋진 바위들도 있었다. 우리는 플래시를 터뜨리며 사진을 찍었다.

〈호안의 그림 바위〉

〈호안의 버려진 교회〉

세계 20대 호수를 뽑아보았다.

순위	호수 이름	위치(나라)	넓이(㎢)	길이km	넓이km	수량 km³	깊이	
							평균m	최대m
1	카스피 해 Caspian Sea	러시아. Turkmenistan	371,000	1,030	435	69,400	187	1,025
2	슈패리어 Superior	미국 캐나다	82,400	560	160	12,000	147	406
3	빅토리어 Victoria	탄자니아 우간다	68,800	337	250	2,750	40	83
4	휴론 Huron	미국 캐나다	59,596	332	245	3,539	59	228.6
5	미시간 Michigan	미국	58,000	494	118	4,900	85	281
6	탄잔이카 Tanganyika	탄자니아 콩고	32,900	673	72	18,900	570	1,470
7	바이칼 Baikal	러시아	31,722	636	79	23,615	744.4	1,642
8	그레이트베어 Great Bear	캐나다	31,153	2,719 (총호안길이)		2,236	71.7	446
9	나사 Nyasa or Malawi	말라이. 모잠비크. 탄자니아	29,600	560	75	8,400	292	706
10	그레이트슬라브 Great Slave	캐나다	27,200	480	109	1,580	41	614
11	에릭 Erie	미국. 캐나다	25,744	388	92	480	19	64
12	위니페그 Winnipeg	캐나다	24,514	416	100N 40S	294	12	36
13	온타리오 Oantario	미국. 캐나다	19,500	193	53	1,640	86	244
14	라도가 Ladoga	러시아	17,700	219	138	837	51	230
15	발카시 Balkhash	카자스탄	16,400	605	74E 19W	440	5.8	26
16	보스토크 Vostok	남극	15,690	250	50	5,400± 1,600	344	1,000
17	오네카 Onega	러시아	9,700	245	91.6	285	30	127
18	티티카카 Titicaca	페루 볼리비아	8,372	190	80	893	107	281
19	니카라쿠아 Nicaragua	니카라쿠아	8,264	세계19번 째 호수(위키)		10,800		26
20	아사바크카 Athabasca	캐나다	7,850	283	50	204	20	124

날이 저물기 전에 차머리를 남쪽으로 돌렸다.

✻ 2009. 9. 22 화 구름. 밤에 비 〈시카고〉

먹구름이 하늘을 덥고 있다.

시카고에 가는 도중에 자고 다시 길을 떠났다. 호안 길을 간다고 갔으나 내비가 말을 듣지 않고 또 도로도 호안으로 나있지 않아 지루한 산림지역을 뚫고 차는 달렸다. 저녁 늦게 시카고에 도착했다. 소라는 지난 번 시카고에 대한 인상이 좋지 않아 가기 싫어하는 눈치이었으나 나는 그 도시를 꼭 봐야했다. 시카고는 가장 미국적인 도시이며 미국에서 3번째로 큰 도시이다. 시카고는 건축물의 도시이기도 하다.

소라는 인디언이라면 무조건 좋아하지만 시카고 같은 도시문명, 미술관은 둘째다. 시카고 시내에 진입했다. 부슬비가 내리고 있었다.

공항 근처에 숙소를 잡았다.

✻ 2009. 9. 23 수 구름 〈시카고 미술관〉

날이 흐려 우산을 한 개 넣고 모텔 6 앞 정류소에서 버스를 타고 블루라인 트레인Blue line train을 타러 갔다. 1인당 5$ 내고 하루 티켓을 끊어,서브웨이를 타고 루프Loop행. 잭슨Jackson역에서 하차. 윌리스 타워Willis Tower에 갔으나 날이 흐려 안 보인다고 오후 2시에 다시 오라고 했다.

시카고 미술관Art Institute of Chicago으로 갔다. 건물 앞에 커다란 사자상이 인상적이었다.

시카고 미술관은 미국에서 메트로폴리탄 미술관 다음으로 큰 미술관이며 인상주의와 후기인상주의 화가들의 작품이 많은 미술관이다. 인상파의 마네, 모네, 르누아르, 드가, 모리조의 작품과 후기 인상파인 쇠라, 세잔, 고갱, 반 고흐의 작품들을 가장 많이 본 미술관이었다.

미국의 화가, 우드의 〈미국의 고딕〉과 에드워드 호퍼의 〈밤의 매〉 등을 보았다.

현대 화가들의 그림도 관심 있게 보았다. 우리나라 도자기들도 보았고 중국의 가구들도 보았다.

클로드 모네 〈아르장 퇴유에서 예술가의 집〉

쇠라 〈그랑 자트섬의 일요일 오루〉

폴 세잔 〈목욕하는 사람들〉

콘래드 페릭스뮬러 〈시인 월터의 죽음〉

샤갈 〈탄생〉

피에라 본라드 〈지상의 낙원〉

카미유 피사로 〈발을 씻는 젊은 여자〉

고갱 〈Tehamana의 조상〉

피카소 〈늙은 기타연주가〉

앙리 마티스 〈Interior at Nice〉

〈한국 도자기〉

〈한국 도자기〉

밖으로나와 corn building 쪽으로 가다 다리위에서 시카고 강의 유람선을 보며 잠시 휴식. 다시 윌리스 타워로 가서 엘리베이터를 타고 103층에 올라가 주변의 빌딩숲을 보았다. 날이 화창하지 않아 멀리는 내다볼 수 없었지만 바로 밑의 건물들은 볼 수 있었다.

하늘 간판에 있는 유리 발코니Glass balcony at the skydeck가 있어 가보았다. 아래가 환이 보여 공포를 느꼈다. 다리가 부들부들 떨렸다. 그랜드 캐니언의 sky walk을 경험하지 못했는데 이곳에서 한 셈이다. 좋은 경험이었다.

〈Willis Tower〉

〈시카고 미술관 앞 조각〉

〈시카고 시의 건물〉

〈시카고 강의 유람선〉

✲ 2009. 9. 24 목 비
〈라이트Frant Lloyd Wright의 집〉

헤밍웨이 생가에 갔다. 헤밍웨이가 시카고에서 태어난 사실을 비로소 알았다. 얼마 떨어지지 않은 곳에 헤밍웨이 박물관도 있었다. 생가 내부와 박물관은 오후 1시에 개관한단다. 포크너는 미시시피 주 북부 뉴올버니New Albany에서 태어났다. 조부는 낭만소설가 이었다.

일정에 쫓겨 다음 기회로 미루고 겉만 보고, 미국건축에서 창조성을 가장 풍부하게 발휘한 세계적인 천재 건축가 프랭크 로이드 라이트Frant Lloyd Wright(1867-1959)의 집과 그의 건축 작업장을 구경하였다. 그는 뉴욕에 있는 구겐하임 미술관의 설계자이며 20세기 주택설계의 기본이 된 프레리학파의 대표적인 건축가이다. 관광객들이 참 많았다. 건축 문외한인 내가 보기에도 잘 빠진 주택이었다.

〈프랭크 로이드 라이트의 집〉

〈헤밍웨이 기념관〉

〈헤밍웨이 기념관〉

인디애나폴리스에 있는 인디애나대학에 가기로 했다. 소라가 그 대학에 인디언과 야생벼에 대한 자료가 있다는 것이었다.

I-65로 인디애나폴리스에 도착하여 대학을 찾았다. 비가 추적추적 내렸다.

〈PHI 감마 텔타의 연구원과 소라〉

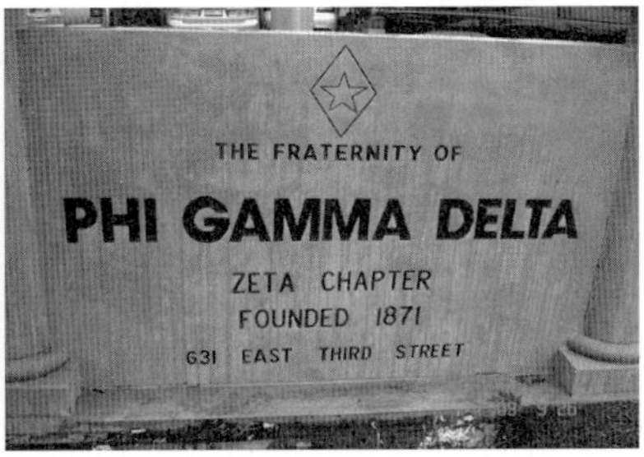

〈PHI 감마 텔타 연구소 간판〉

피터가 소개해준 사무원을 만나 자료를 복사하고 테이프를 얻고 소라는 기뻐했다.

✲ 2009.9. 25 금 비

오하이오 강을 건널 때는 해리엇 비처 스토Harriet Beecher Stowe의 『톰 아저씨의 오두막』이 생각났다. 링컨 대통령도 이 책을 감명 깊게 읽었다는 글을 본 기억이 있다.

오하이오 강을 건너 144지방도로 해서 엘리자베스타운을 거쳐 210 지방도로로 해서 호젠빌Hodgenville에 도착하고는 여관을 정하고 링컨 생가 비지트 센터에 4시쯤 도착하여 필름 한편을 조금 보았다.

문 닫는 시간이 4: 30인 고로 내일 아침에 다시 오기로 하고 숙소로 돌아왔다.

소라는 워싱턴에서 두 달 머물 익스텐디드 체인Extended Chain 여관비가 $1,200 정도란다. 거리만 괜찮다면 거기에서 머물러도 좋을 것 같았다. 그 시기는 11월, 12월 일 것이다.

저녁식사를 하고 미국 지도를 보니까 미주리 주의 세인트 루이스에 가지 못한 것이 후회되었다. 그곳이 T.S. Eliot(1888~1965)이 태어난 곳이다. 엘리엇은 시인. 극작가. 비평가로 20세기 최고의 시인 반열에 올랐다. 중요 시집으로는 『J. 알프레드 프루프록의 연가The Love Song J. Alfred Prufrock』 『황무지The Waste Land』 『4개의 4중주 Four Quartets』 등 이며, 희곡으로는 『대성당의 살인Murder in the Cathedral』 『칵테일 파티The Cocktail Party』, 비평집으로는 『거룩한 숲The Sacred Wood』 『비평선집Selected Essays』 『시의 효용과 비평의 효용The Use of Poetry and the Use of Criticism』 등이다. 『황무지』 와 『4개의 4중주』 로 1948년 그는 노벨문학상을 받았다. 대학에 다닐 때 피천득 선생에게서 황무지 강의를 들었다.

엘리엇은 20세기 문학에 지대한 영향을 끼쳤으며. 영시에 새로운 활력을 불러 넣었다. 20세기 시의 혁명은 엘리엇의 첫시집 『J. 알프레드 프루프록의 연가』 를 출간한 1917년에 시작됐다.

그는 1927년에 영국에 귀화했다. 그러므로 영국의 시인으로 보는 것이 맞는 견해다. 1915년 비비안 헤이우드와 결혼했고 , 1933년 이후 그녀가 정신질환에 걸리자 별거했으며 그녀는 1947년에 죽었다. 1957년 1월 38살 연하의 발레리 플레처와 재혼했다. 그는 과도한 흡연으로 인한 폐기종으로 1965년 77세로 사망했다. 그의 무덤은 조상들이 살았던 영국의 East Coker에 있다. 영문학을 한 사람치고 그를 존경하지 않는 사람은 한 사람도 없을 것이다.

영미문학에서 가장 위대한 문인 3명을 뽑으라면 세익스피어, 제임스 조이스, T.S. 엘리엇이 아닐까.

✲ 2009. 9. 26 토 〈호젠빌의 링컨〉

호젠빌은 시내가 전부 링컨이었다. 링컨의 동상이 있고 박물관도 있었다.

여관을 9시 쯤 나와 링컨 생가와 박물관을 다시 들렸다. 링컨이 태어난 통나무집은 잘 보존되어 있었다. 워싱턴 D.C.의 링컨 기념관 같은 석조건물을 통나무집 밖에 지었다. 통나무집은 그 건물의 안에 있었다. 내부는 에어컨 시설이 되어 있어, 통나무집을 영구보전하기 위한 방편 같았다.

싱킹 스프링 팜Sinking Spring Farm의 샘과 바운드리 참나무 Boundary Oak도 잘 보전되었다.

생가의 박물관은 그가 태어난 시기의 살림도구들이었다. 물레, 남루한 옷가지, 나무통, 초라한 침대와 의자, 낡은 성경책 등이 진열되었다. 청동흉상만이 그의 만년의 것이었다.

시내로 나와 시내의 박물관에 들렸다. 호젠빌 시의 박물관은 링컨이 출세한 후의 유물들이 대부분이었다. 밀랍인형, 재봉틀, 권총, 즐겨 쓰던 탑해트 Top Hat, 헤아릴 수 없이 많은 유물들이 전시되었다.

〈통나무 집을 보호하는 석조건물〉

〈유적지의 샘〉

〈검소한 방안〉

〈재봉틀〉

〈물레〉

〈권총〉

〈링컨의 사진〉

〈시내에 있는 링컨의 동상〉

〈목가적인 목장〉

그 후에 알게 된 일이지만 미국에서 가장 위대한 대통령은 링컨 이라는 사실이었다. 그는 가난한 농가에서 태어난 불세출의 위인이다.

다음 행선지는 테네시Tennesse 주의 스모키 마운트 파크Smoky Mt Park이다. 210 지방도로, 55 지방도로로, US-127로 크로스빌Crossville, US-70으로 가다가 US-321로 달려 개트린버그Gatlinburg의 로이얄 인Royal Inn의 3층에 투숙했다. 요금이 60불이 못되었다. 소로를 지날 때 목가적인 목장이 곳곳에 나타났다. 참으로 평화롭고 아름다운 농촌 풍광이었다. 이 후에도 미국의 여러 주를 돌아다녀 보았지만 이 보다 더 목가적인 목장을 본 일이 없었다.

켄터기 주에 가니까 갑자기 켄터키 옛집이 생각났다. 우리는 차안에서 이 노래를 불렀다.

> The sun shines bright in my old Kentucky home
> This summer, the darkies are gay
> The corn top's ripe and the meadow's In the bloom
> While the birds make music all the day.
>
> 켄터키 옛집에 햇빛 비춰어
> 여름날 검둥이 시절
> 저 새는 긴 날을 노래부를 때
> 옥수수는 벌써 익었다.

미국의 철학은 어떤가? 알아야할 것 같았다. 미국의 철학을 알고 미국을 여행하는 것과 모르고 여행을 하는 것은 다를 것이다. 미국 철학은 과학에 비하여 좀 부족한 감이 있다.

위키 백과사전에도 미국 철학은 특징을 밝힐 핵이 결핍되어 있다고 말하고 있었다.

시대별 미국 철학의 변천

17세기- 청교도 정신

18세기- 칼빈주의. 계몽주의

19세기- 초월주의. 다윈이즘. 프래그머티즘Pragmatism

20세기- 관념론의 배제. 분설철학. 정치철학의 회귀. Feminism 등이다.

이 중에 프래그머티즘Pragmatism을 알아봤다. 프래그머티즘은 미국에서 자생적으로 일어나서 번영한 유일한 철학이다.

선구자는 찰스 샌더스 퍼스이 Charles Sanders peirce고 계승자는 윌리암 제임스 William Janes 이며 완성자는 존 듀이 John Dewey이다.

프래그마티즘은 보통 '도구주의instrumentalism' 또는 '실험주의experimentalism'라고 불린다. 우리의 모든 관념이나 사상은 우리의 현실 생활에서 일어나는 문제 해결을 위한 도구에 지나지 않는다고 보는 것이다. 인간은 생물organism의 일종인 까닭에 환경과의 상호작용 없이는 살아갈 수가 없다. 경험이란 곧 이러한 상호작용에 지나지 않으며, 우리의 경험이 순탄하지 못할 때 그것을 타개하기 위한 기능이 다름 아닌 사고작용인 것이다. 생활경험의 한 가지 기능으로서 발달하여 장래를 예상할 수 있는 지성을 특히 창조적 지성creative intelligence이라고 부른다. 그것은 결국 인간이 장래에 더 잘 살기 위한 불가결의 방법이며 도구에 지나지 않는 것이다.

대체로 말해서 프래그머티즘은 엄밀한 철학이 아니라 생활의 철학이요, 상식의 철학이라 할 수있다. 그것은 진실을 실생활에 있어서의 유용성에 의해 결정하는 점에서 공리주의이며, 진리는 경험에 의해서 검증되고 변화한다고 보는 점에서 경험주의적이며, 지식보다는 행동을 중시하는 점에서 반주지주의적이라고 할 수 있다. 그러나 실용주의는 철학적 이념과 지향을 은폐하거나 호도함으로써 진정한 철학인지는 의문시되고 여러 비판을 야기했다. (인터넷 백과에서)

✲ 2009. 9. 27 일 〈Falling in love〉

애팔래치아 산맥에는 두 개의 국립공원이 있다. 그레이트 스모키와 셰난도어 국립공원이다. 그레이트 스모키 공원이 더 크고 멋이 있다. 근처에는 채록키 인디언 보호구역이 있다.

여관을 나와 스모키 마운트로 갔다. 여행 안내소에서 1불을 주고 안내지도를 샀다. 산 가까이에 또 안내소가 있어 공원에 관한 영화를 한편 보고 서식 동식물이 전시된 박물관을 둘러보았다. 그곳에 하비 부름의 시가 눈길을 끌었다.

"Man has created some lovely dwellings-
some soul-stirring literature.
He has done much
to alleviate physical pain.
But he has not...
created a substitute for a sunset,
a grove of pines,
the music of the winds,
the dank smell of the deep forest,
or the sky beauty of a wildflower."

Harvey Broome, Naturalist

사람은 몇 가지 사랑스런 집을 짓는다.
영혼을 감동시키는 문학,
육체적인 고통을 덜어주려고
많은 것을 한다.
그러나 인간은
황혼을 ,
소나무 숲을.
바람의 음악을,
깊은 숲의 촉촉한 향기를,
들꽃이 풍기는 천상의 향기를
대신할 만한 것을 창조하지 못한다.

하비 부름, 자연주의자

〈스모키국립공원〉

〈정상 부근 침엽수림 고사〉

스모키 국립공원은 애팔래치아 산맥에서 크링맨스 돔Clingman's Dome(6,634피트. 2022.0432m)을 포함 6,000피트의 산이 16개나 되는 험준한 산의 공원이다. 이 공원에는 10만 이상의 동식물이 서식하는 곳이다. 미국의 국립공원 가운데서 년 중 가장 많은 사람들이 방문하는 곳이다. 동부에 있는 대도시와 가까운 잇점도 있지만 안개 낀 스모키 공원의 몽롱한 정취에 취하면 그것만이 이유가 아니라는 점을 수긍할 것이다.

내 생각으론 산은 2,000m가 넘을 필요가 없을 것 같다. 사실 2,000m가 넘는 곳은 식물이 자라기에 부적당하다.

샵shop에서 체록키 인 스모키 마운트Cheroke in Smoky Mt를 샀다. 스모키란 이름 유래가 인디언의 푸른 안개Blue mist에서 온 것임을 알았다. 정상까지 포장도로가 있어서 차로 쉽게 올라갔다. 미국 국립공원은 이런 점이 참 좋다.

정상은 전나무 산림지대인데 많은 나무들이 죽었다. 전나무가 죽은 이유는 전나무이끼거미, 공해, 산성비, 바람에 의한 것이다.

빨간 열매를 꽃처럼 아름답게 달고 있는 서양물푸레나무도 많았다. 우리는 아늑한 카페에서 커피를 들었다. 때마침 Falling in love의 감미로운 음악이 흘렀다.

〈정상의 전망대〉

〈정상의 카페〉

Wise men say,
only fools rush in
But I can't help,
falling in love with you

Shall I stay?
Would it be a sin?
If I, I can't help,
falling in love with you
Like a river flows,
surely to the sea
Darling so it goes,
some things aren't meant to be

Take my hand,
take my whole life too
For I, I can't help,
falling in love with you

Take my hand,
take my whole life too
For I, I can't help,
falling in love with you
No I, I can't help,
falling in love with you

현명한 사람들은 말하지.
오직 바보들만 사랑에 빠진다고.
하지만 난 당신과
사랑에 빠질 수밖에 없어요.

내가 (당신 곁에) 머물러야 할까?
그게 죄악일까?
내가 만약 당신과
사랑에 빠질 수밖에 없다면...

틀림없이 바다로
흘러가는 강물처럼
우리의 사랑도 그렇게 흘러야 할텐데
그렇게 운명지어지지
않은 경우도 있지.

내 손을 잡고
내 모든 삶도 받아 주세요.
난 당신과 사랑에
빠질 수밖에 없기에...
내 손도, 내 삶도 모두 가져가세요.
난 당신과 사랑에 빠질 수밖에 없기에...
아냐, 난 당신과 사랑에
빠질 수밖에 없어요.

소라는 음악에 취해 내 어깨에다 머리를 기댔다. 그녀는 한참이나 그렇게 포즈를 취했다.

테네시 강 유역개발공사TVA(Tennessee Valley Authority) 댐을 보고 싶어 그곳을 찾아갔다. 꼬불꼬불한 산골길을 달려 폰테나 댐Fontana Dam에 도착했다. 그곳에 가서 Valley Facts a Guide to the TVA를 보고 TVA의 위용을 알 수 있었다. 비지트 센터가 7시까지 문을 열고 있어 폰타나 댐을 본 후, US-129로 녹스빌Knoxville로 나가 I-81을 탔다.

✻ 2009. 9. 28 월 〈TVA〉

어제 방문한 테네시강유역개발공사TVA(Tennessee Valley Authority)의 자료를 찾아보니 다음과 같았다.

루스벨트 대통령이 1933년 미국의 유래 없는 경제 대공항에 뉴딜정책으로 실시한 정부사업의 하나이다. 대 공항으로 인한 실업자는 기하급수적으로 늘어나고 이들을 구제하기 위해서 테네시 주의 테네시 강의 여러 곳에 다목적 댐을 막아 전기를 생산하고 농업용수로 쓰며 홍수를 막고 수륙교통을 원활하게 하여 산업을 일으키고 풍토병을 없앤 모범적인 토목공사이었다. 댐이 50개 라 하니 얼마나 큰 공사인지 짐작할 수 있을 것 같다.

TVA에 해당한 주는 앨라배마, 조지아, 켄터키, 미시시피, 노스캐롤라이나, 테네시, 버지니아 등 7개 주이다.

〈폰테나 댐Fontana Dam - 발전소〉

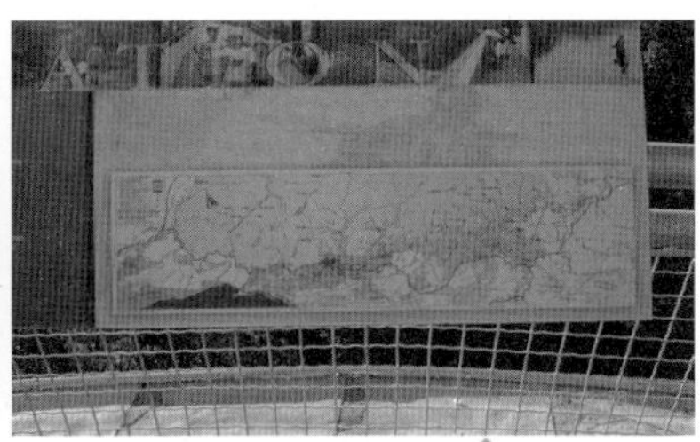
〈TVA 지도〉

콜로라도 강과 마찬가지로 TVA도 7개 주와 관련된 국가적인 사업이었다. 테네시 강에 29개의 수력발전 댐, 11개의 석탄 , 3개의 원자력, 9개의 천연가스, 5개의 혼합가스 발전소가 있다. 이밖에 풍력발전소 태양열 발전소도 있다. 분야별 미국의 발전 형태는 석탄이 총 전기 생상량의 32%, 원자력은 34%, 수력은 9%, 가스는 11%이다. 원자력 발전소는 찬반이 많아 건설이 보류중인 것이 많다. 그러면서도 가장 많다.

농업 용수 댐을 합하면 TVA의 댐은 50여개가 된다고 한다. 이로 인한 방대한 저수량으로 남부의 5대호가 생긴 것이다. 댐을 이용한 교통량은 괄목할 발전을 가져왔다.

애팔래치아 산맥-캐나다 퀘백 주에서 미국 앨라배마 주의 중앙에 이르기까지 3,200km의 산맥이다. 5억 내지 11억년 전에 형성된 노령기 산맥으로 고도는 가장 높은 산이 중부의 미첼 산으로 2,037m이다. 동식물의 보고이며 석탄, 철광, 암염, 화강암, 대리석 등 광물도 많이 난다. TVA근처에 있는 그레이트 스모키마운틴 국립공원의 연강우량이 1, 400mm~2,200mm로 수자원이 매우 풍부하며 테네시 강으로 흘러드는 지류가 69개이다.

TVA는 성공한 정부가 주도한 개발이며 2009년 순이익Net income이 $726million이었다. 남북전쟁시의 최대격전지이며 링컨대통령의 명연설로 유명한 게티스버그 국립군사공원The Gettysburg National Military Park에 갔다. 게티스버그 전쟁터를 성역화한 곳으로 1만 4,160m² 의 넓이이다.정문에 들어서서 주차를 하고 여행안내소와 박물관에서 유물을 보고 차를 타고 공원을 돌았다.

〈공원 표시판〉

〈박물관 및 안내소〉

〈순국장병 명단〉

〈기념 조각〉

〈COMMANDS HONORED〉

〈나가는 길〉

게티스버그 국립묘지에 있는 병사기념탑은 링컨대통령이 연설을(1863. 11. 19) 했던 바로 그 자리이다. 약 1,200개 이상의 남북전쟁 기념물, 수많은 묘표, 명판 등이 있다.

1863년 7월 1일부터 7월 3일까지 3일 동안 양쪽의 병사 51,000명의 사상자를 낸 치열한 전쟁에서 북군이 승리함으로 전쟁의 전환점이 됐다.

링컨이 이곳을 찾은 것은 11월 19일로 그 유명한 연설 전문이 흉상과 더불어 게티스버그 전쟁터에 건립되었다.

Four score and seven years ago our fathers brought forth on this continent a new nation, conceived in liberty, and dedicated to the proposition that all men are created equal.

Now we are engaged in a great civil war, testing whether that nation, or any nation, so conceived and so dedicated, can long endure. We are met on a great battle-field of that war. We have come to dedicate a portion of that field, as a final resting place for those who here gave their lives that that nation might live. It is altogether fitting and proper that we should do this.

But, in a larger sense, we can not dedicate, we can not consecrate, we can not hallow this ground. The brave men, living and dead, who struggled here, have consecrated it, far above our poor power to add or detract. The world will little note, nor long remember what we say here, but it can never forget what they did here. It is for us the living, rather, to be dedicated here to the unfinished work which they who fought here have thus far so nobly advanced. It is rather for us to be here dedicated to the great task remaining before us-that from these honored dead we take increased devotion to that cause for which they gave the last full measure of devotion-that we here highly resolve that these dead shall not have died in vain-that this nation, under God, shall have a new birth of freedom-and that government of the people, by the people, for the people, shall not perish from the earth.

지금으로부터 87년 전 우리의 선조들은 이 대륙에서 자유 속에 잉태되고 만인은 모두 평등하게 창조되었다는 명제에 봉헌된 한 새로운 나라를 탄생시켰습니다. 우리는 지금 거대한 내전에 휩싸여 있고 우리 선조들이 세운 나라가, 아니 그렇게 잉태되고 그렇게 봉헌된 어떤 나라가, 과연 이 지상에 오랫동안 존재할 수 있는지 없는지를 시험받고 있습니다. 오늘 우리가 모인 이 자리는 남군과 북군 사이에 큰 싸움이 벌어졌던 곳입니다. 우리는 이 나라를 살리기 위해 목숨을 바친 사람들에게 마지막 안식처가 될 수 있도록 그 싸움터의 땅 한 뙈기를 헌납하고자 여기 왔습니다. 우리의 이 행위는 너무도 마땅하고 적절한 것입니다.

그러나 더 큰 의미에서, 이 땅을 봉헌하고 축성하며 신성하게 하는 자는 우리가 아닙니다. 여기 목숨 바쳐 싸웠던 그 용감한 사람들, 전사자 혹은 생존자들이, 이미 이곳을 신성한 땅으로 만들었기 때문에 우리로서는 거기 더 보태고 뺄 것이 없습니다. 세계는 우리가 여기 모여 무슨 말을 했는가를 별로 주목하지도, 오래 기억하지도 않겠지만 그 용감한 사람들이 여기서 수행한 일이 어떤 것이었던가는 결코 잊지 않을것입니다. 그들이 싸워서 그토록 고결하게 전진시킨, 그러나 미

> 완으로 남긴 일을 수행하는데 헌납되어야 하는 것은 오히려 우리들 살아 있는 자들입니다. 우리 앞에 남겨진 그 미완의 큰 과업을 다 하기 위해 지금 여기 이곳에 바쳐져야 하는 것은 우리들 자신입니다. 우리는 그 명예롭게 죽어간 이들로부터 더 큰 헌신의 힘을 얻어 그들이 마지막 신명을 다 바쳐 지키고자 한 대의에 우리 자신을 봉헌하고, 그들이 헛되이 죽어가지 않았다는 것을 굳게 다짐합니다. 신의 가호 아래 이 나라는 새로운 자유의 탄생을 보게 될 것이며, 국민의, 국민에 의한, 국민을 위한 정부는 이 지상에서 결코 사라지지 않을 것입니다.

구경을 하고 뉴욕을 행해서 다시 출발했다.

✲ 2009. 9. 29 화 〈구겐하임 미술관〉

솔로몬 구겐하임 미술관을 봐야겠다. 소라에게 이야기했더니, 그러자고 한다. 이 미술관 건물은 프랑크 로이드 라이트의 작품이다.

과연 소문대로이었다. 건물이 달팽이처럼 나선형이었다. 희귀하게도 윗부분이 넓고 아래가 좁았다. 이러한 불균형과 역 발상은 불안하게 했다. 그러나 건축천재의 작품이라니 놀라울 뿐이었다. 공간이 부족하여 뒤에 10층의 별관 건물을 지었다. 현대작품들이 대부분이지만 이미 시간을지나 밖에서 건물만 보았다. 구겐하임 미술관은 세잔, 고갱, 마네, 고흐 등 후기 인상파 작품들과 피카소, 샤갈, 클레, 칸딘스키의 작품 등 수백여 점이 소장되어있다고 한다. 미술관은 작품도 중요하지만 미술관 건물도 중요함을 시사해주기에 충분했다. 미상씨의 아파트에 갔다. 이전에 한 번 가본 일이 있는데도 헷갈렸다. 마침 황혼 무렵이라 강 건너 맨해튼에 전등이 켜지고 있었다. 맡겨놓은 가방을 찾아 곧바로 워싱턴을 향해 출발했다. 전등이 들어온 허드슨 강 건너 맨해튼은 황홀했다. 오색의 전등불이 요정의 나라를 방불케했다. 아! 이래서 뉴욕커들은 뉴욕을 사랑하고 자부심을 갖는구나 하고 생각했다.

✻ 2009. 9. 30 수 맑음 〈워싱턴 D.C.〉

처음 본 워싱턴 D.C.는 뉴욕과 달리 여유로웠고 아름다웠다. 그 도시는 철저히 계획된 도시이다. 프랑스의 엔지니어이며 도시설계자인 피에르 샤를 랑팡Pierre charles L'Enfant의 작품이다. 그는 특히 국회의사당, 백악관, 몰 산책로를 중심으로 50개 주의 행정수도로 손색이 없게 설계했다. 국회의사당과 백악관은 바로크식으로 짖기로 했고 몰 산책로는 파리의 샹젤리제 거리 같게 설계했으나 중간에 지금의 산책로로 바뀌었다.

11월과 12월을 그곳에서 머물기로 하고 약 2,400불을 지불했다. 두달이니까 60일 잡고 하루에 40불이다.

여관을 정하고는 바로 스미스소니언 연구소를 찾았다. 스미스소니언에서 소라는 두 달 간 자원봉사자로 근무할 것이다.

스미스소니언 연구소는 1846년 8월 10일에 영국인 과학자인 제임스 스미손James Smithson이 막대한 자금을 기부해서 그의 유언에 의해서 세워진 세계적으로 유명한 미국의 국립복합박물관이다. 주로 워싱턴 D.C.의 National Mal 주위에 있다. 19개의 박물관과 동물원, 9개의 리서치 센터와 부속 연구소, 유적지로 구성되었으며 156개의 다른 박물관이 합병되었다고 한다. 수집품이 1억 삼천 육백만 품목이라니 어마어마하지 않은가.

스미스소니언 연구소는 2011년 예산으로 797.6백만불을 요구했다.

스미스소니언의 모든 관리는 스미스소니언 캐슬에서 이루어진다. 12월 25일만 휴무이고 년 중 무휴로 개관하며 더욱 좋은 것은 무료인 점이다. 이것만 봐도 미국이 얼마나 부유한 나라인가 알 수가 있다. 유료로 한다면 수입이 굉장할 터인데.

〈스미소니언 캐슬〉

〈캐슬 내부〉

〈포토맥 강 하구〉

처음 눈에 들어온 것은 워싱턴 기념탑의 위용이었다. 높이가 169m이며 초대 대통령을 기념하기 위해서 만들었다고 한다.

높이 솟은 기념탑을 지나 붉은 벽돌의 독특한 건물인 스미스소니언 캐슬은 신비스런 매력을 주었다. 그곳에는 여행 안내소가 있어서 물었더니 민속예술분야는 래팡트 프라자L'Entant Plaza 가까이에 있단다. 두세 불럭 더 걸어서 그곳에 갔다.

소라와 같이 일하기로 되어있는 연구원은 백인 여자였다. 인상도 좋고 나이도 지긋했다. 소라는 출입증을 받았다. 11월부터 근무하기로 하고 여관에 돌아왔다.

버지니아 주에 있는 선향씨의 집을 찾아갔다. 의외로 멀어 시간이 많이 걸렸다. 약속한 시간에야 겨우 도착할 수 있었다. 선향의 남편은 미국인이었는데 키가 크고 마음씨가 좋아보였다. 짐을 맡기고 후에 식사하자고 약속을 하고 이내 여관으로 돌아왔다.

✲ 2009. 10. 1 목 맑음 〈동남부 여행 계획〉

약 20일간 여행을 마쳤다. 뉴잉글랜드 지방, 오대호 지방, 링컨 기념관, TVA 지역 등을 구경했다. 이곳 미국의 동부지방은 서남부와는 완전히 다르다. 이 지역은 우리나라와 비슷한 곳이다. 기후와 지형이 비슷한 지역이다. 산의 모습도 그리 높지 않고 물도 많고 맑다. 비만형 사람들이 적은 편이다. 특히 도시 사람들이 여윈 형이 많다. 열심히 일한다는 증표가 아닐까.

뉴잉글랜드 지방은 미국을 지금의 미국으로 만드는 데 결정적인 역할을 한 곳이라 더 구경하고 싶었는데 그러지 못했다. 면밀하게 계획을 짜지 못해 착오가 많았다.

뉴잉글랜드 지방은 다방면으로 인물들을 많이 배출한 곳이다.

피곤해서 오전 내내 쉬고 오후에 한국 마트에 가서 식료품과 이것저것 잔뜩 사고, 한국 식당에 가서 저녁을 사먹었다. 내일은 남쪽으로 2차 여행을 할 작정이다.

✲ 2009. 10. 2 금 맑음 〈워싱턴에서 보낸 하루〉

3일 후면 한국의 추석이다. 아이들이 추석맞이를 잘 할지 모르겠다. 부모님이 살아계셨을 때 시골에서 지낸 추석맞이가 떠올랐다. 무척 기다려

지던 명절이었다. 햅쌀로 송편도 빚어 먹고 부침도 부쳐 먹는 날이 추석이다. 옷도 새 옷을 얻어 입었다. 어머니를 도와 송편을 많이 만들었다. 내 송편을 빚는 솜씨는 정평이 났었다. 조상의 산소도 가고 마을 친구들과 재미있게 놀았다.

오늘따라 어머니가 만들어주시던 송편이 먹고 싶다. 그러나 어머니는 이 세상에 안 계신다. 아내가 만든 송편도 먹고 싶다. 시부모를 모시느라고 평생 고생만한 애들 엄마. 아내가 하늘로 간 후 얼마나 방황했던가! 이런 내 손을 잡아준 소라가 고맙다.

아이들이 송편도 만들 작정이라니 잘 하겠지 하고 생각했다.

어제 간 한국마트에 다시 가서 송편을 좀 사서 차에서 먹었다. 송편이 달고 굳어서 별맛이 없었다. 엔진 오일을 갈고 세차도 하고 어제 잔 여관에서 하루 밤 더 잤다.

2차 여행을 하루 미룬 셈이다.

✲ 2009. 10. 3 토 맑음 〈조지 워싱턴 국립공원〉

노스캐롤라이나 주로 떠나기로 하고 길을 가다가 무슨 바람이 불었는지, 여행정보 센터에 가서 그 근처 구경할 곳이 있는가 물어 보았다. 직원은 조지 워싱턴 국립공원을 소개해주었다. 미국의 초대 대통령이며 독립전쟁을 승리로 이끈 장군이 아닌가. 워싱턴 D.C.도 그의 이름을 딴 것이다.

그곳으로 차를 몰았다. 얼마 안 가서 국립공원이 나타났다. 그 공원은 바로 포토맥 하구에 있었다. 포토맥 강은 수도의 중심부를 흐르는 강이다. 긴 강은 아니지만 수량이 풍부했다. 긴 강이 아니라고 해도 포토맥 강의 길이는 612.8km이니 500여km의 한강보다는 조금 더 긴 강이다.

포토맥 강의 하구는 굉장히 넓었다. 조용하고 쾌청한 날씨라 차를 멈추고 잠도 자고, 가지고 간 점심도 먹고 푹 쉬었다.

오후 늦게 남쪽으로 차를 몬다고 몰았으나 북쪽으로 몰아 워싱턴 기념 탑으로 되 돌아오고 말았다. 이상하게도 두 번 째 여행은 자꾸만 꼬였다.

다시 정신을 가다듬었다. 이미 해는 기울었으나 소라가 경기여고 50회 홈에 스카이 라인(sky line)이 좋은 곳이라고 추천했다면서 가자고 해서 버지니아 주의 프론트 로이알Front Royal의 루래이Luray로 차머리를 돌렸다. 날은 저물고 더 갈 수도 없어 허름한 여관에서 잤다. 여관비가 쌌다.

✲ 2009. 10. 4 일 〈세나도아Shenadoah국립공원 입구 한국인여관〉

쾌청한 날씨이었다. 좋은 날씨에 신바람이 나게 달렸다. 루래이로 가는 길은 2차선의 목가적인 경치가 나타나는 길이었다. 이런 길을 둘은 무척 좋아한다. 루래이에 도착 관광안내소에 들렸다. 토요일인데도 노인 한 분이 근무하고 있었다. 노인은 76세인데 대한민국 군산에서 공군으로 근무했다며, 한국에 대해서 잘 알았다. 참 반가웠다. 그의 손이 퍽 따뜻했다. 그에게 진심으로 고맙다는 인사를 하고 시내로 차를 달렸다.

루래이는 참 깨끗한 도시이었다. 47의 종이 있는 음악탑을 먼저 구경하고 동굴을 18불 씩 36불을 지불하고 구경했다. 참 아름다운 동굴이었다. 나는 물의 창작이라는 시 한 수를 썼다. 파이프 오르간을 한 대 설치하여 연주를 해준 점이 다른 동굴과 달랐다.

그리고 음악탑에 다시 가서는 오후 2시에 다비드 브레네만David W. Breneman이 연주하는 캐럴런carillon 연주를 40여분 동안 들었다. 소라는 그 음악을 녹음하고 인터뷰하느라고 오후 시간을 다 보냈다. 마지막은 미국국가로 맺었다.

〈루래이 음악탑〉

〈근처의 동굴〉

세나도아Shenadoah국립공원에 있는 스카이라인으로 차를 몰았으나 날이 저물어 다시 내려와서 산 아래 여관에 들어갔다. 여관 주인이 한국인이었다. 유신 때 이민 와서 한 30년 됐다면서 정년퇴직 후 이 사업을 시작했단다. 주인이 막걸리 한 병과 부침을 주어서 잘 먹었다.

막걸리 맛이 기가 막혔다.

✲ 2009. 10. 5 월 맑음 〈세나도아The daughter of sky 공원〉

다음날 아침 체크아웃하러 오피스에 갔더니 주인이 커피 한 잔 하고 가라고 해서 커피를 들면서 이런 저런 이야기를 했다. 커피향 같은 동포의 온정을 뒤로하고 세나도아로 차를 몰았다.

여행 안내소에 가서 안내 필름을 보고 세나도아란 인디언어로 '하늘의 딸The daughter of sky' 이라는 뜻임을 알았다.

애팔래치아 산맥에 세난도아 공원이 있고 세나도아 공원 안에 스카이라인이 있다. 우리는 본격적으로 스카이라인을 달렸다. 애팔래치아 산맥은 숲으로 덮여있었다. 숲의 바다를 이루었다. 로키산맥의 정상은 높고 바위투성이라 나무가 자랄 수 없어 대머리인데 비하여 애팔래치아는 산꼭대기까지 숲이다. 울창한 참나무 숲의 장관을 보려거든 그곳에 가 봐야한다. 가끔 가다 청솔모와 사슴의 무리가 도로로 나와 인사를 하였다. 참 보기 좋은 정경이었다.

하늘은 맑고 막 물들어가는 단풍이 퍽 아름다웠다. 길은 거의 능선으로 나있었다. 도로는 큰 봉우리는 산허리를 감아 돌았다. 산길이니 만큼 직선이 아닌 곡선이었다. 우리는 전망대에 가서 산 아래의 숲과 흐르는 강과 도시와 풍요로운 들을 바라보았다.

197,411에이커의 넓은 공원에는 500마일이나 되는 트레일 길이 얽히고설켜있었다.

105마일의 스카이라인을 드라이브 하고 이어서 이어지는 블루리지파크웨이Blue ridge parkway 460마일을 달리기로 하고 달리다가 여행 안내소에 가서 숙소를 물어본 결과 산에는 여관비가 비싸다고 해서 산 아래로 내려가는 것이 좋을 것 같아 내려가서 작은 도시에서 잤다.

내일은 다시 그 환상적인 산길을 달릴 계획이다. 460마일!

우리나라 휴전선은 155마일이다. 몇 배인가?

✲ 2009 10. 6 화 짙은 안개 비 〈버지니아 공대Virginia Tech〉

비가 내리고 있었다.

고민을 하다가 소라에게 블랙스버그Blacksburg 버지니아 공대Virginia Tech에 가고 싶다고 말했다. 그것은 2007. 4. 16일 교포 조승희에 의한 최악의 총기난사 사건으로 32명이 희생되고 29명이 부상당한 대사건이 일어났던 곳이다. 사건 직후 범인이 한국 유학생 이라는 점에 대하여 솟구치는 분노와 심한 수치심을 느꼈었다.

소라는 안 가는 것이 좋다고 말렸다. 그녀가 가지 말자고 말리자 더 가고 싶었다. 희생자들의 명복을 빌고 싶다는 허울 좋은 심정이 아니고 그냥 눈에 띄지 않게 살짝 들렀다 오자고 다시 말했다. 이런 경우 소라는 내 의견을 들어주는 편이다.

며칠 전에 우연히 인터넷에서 본 글귀가 떠올랐다.

> 사건 후 버지니아공대는 그날 사건의 희생자들에 대한 추모석을 학교 교정에 만들었고 사건의 범인인 조승희의 추모석 역시 희생자들의 추모석 옆에 만들어 주었다. 이것은 곧 그 역시 희생자라는 표시이었다.
>
> 버지니아 공대 학생들이 그가 참혹한 사건을 저지르기 전에 그를 보듬어주고 아픔을 공유해주지 못한 스스로에 대한 반성의 글과 또 그를 원망하지 않는다는 글귀가 있었다.

이글을 읽었을 때 감동을 받았다. 이런 글을 읽고 버지니아까지 와서 어떻게 그곳에 가보지 않을 수가 있단 말인가!

블랙스버그Blacksburg 버지니아 공대Virginia Tech를 내비에 입력했다.

대학교정에 33개의 추모석이 있었다. 보잘 것 없는 작은 추모석들이었다. 소문대로 조승희의 추모석도 역시 맨 끝에 있었다. '캠퍼스의 9/11 테러'이라고 할 만한 사건을 이렇게 처리하는 미국의 성숙한 사회에 머리가 절로 숙여졌다.

비가 내리고 있었다. 내 마음에도 비가 내렸다.

미국인들은 조승희 개인의 일로 보고 더 이상 사건을 확대 해석하지 않았다. 추모석 앞에서 묵념을 하고 쫓기 듯 발길을 돌렸다.

오후에도 비는 여전히 내렸다. 그래도 산마루 길로 향했다. 꼬불꼬불한 산길을 돌고 돌아, 블루리지파크웨이에 도달하는 것도 쉽지 않았다. 어제 어두운 길을 달려 내려와서 구분이 잘 되지않았다.

산 능선은 날씨가 좋을 걸로 생각했으나 마찬가지로 비가 내리고 안개가 짙게 깔렸다. 따라서 드라이브 객도 별로 없었다. 사슴이 두어 번 나타났고 청솔모도 이따금 나타나 인사를 하였다.

비가 그치는가 하면 또 내리고 해서 하루 종일 내렸다. 안개는 더욱 짙어져서 5m 앞도 보이지 않았다. 가까운 나무들만 보았다. 안개에 휩싸여 있는 숲은 또 하나의 훌륭한 미를 창조했다. 그런 나무와 숲을 사진에 담는 것도 재미있었다.

낮은 지역은 주로 참나무 종류이었다. 서양물푸레나무, 박달나무 등의 활엽수는 중간지대에, 고산지대에는 가문비나무와 전나무의 침엽수가 많았다. 진달래와 비슷한 관목도 더러 눈에 띄었다. 마침 여행 안내소가 있어 일기 예보와 여관을 물어보고 체로키인디안 보호구역과 애팔래치아 산맥의 애팔래치아가 무슨 말인가 물어보았으나 그녀도 몰랐다. 다만 애펄래치는 플로리다 북서부 애펄래치콜라 강 근처에 살던 원주민 이름에서 유래됐다고 한다.

✲ 2009. 10. 7 수 맑음
〈모세스 H 콘 기념공원 Moses H. Cone Memorial Park〉

아침에 일어나니 어제와는 달리 날씨가 좋았다. 다행이었다. 오늘과 내일은 블루리지파크웨이의 좋은 길을 가는 날이다. 아무래도 하루에는 무리일 것 같아서 이틀을 더 이 산길에서 보내기로 했다. 다시 그 능선 도로로 올라갔다. 아침에 사슴이 나와서 예외 없이 인사를 했다. 청솔모는 스무 번도 더 나왔다. 이런 짐승을 보호하기 위해서 제한 속도가 30마일인 것 같았다.

가도 가도 끝이 없는 숲길을 달렸다. 그리고 점심은 길옆의 음식점에서 사먹었다. 양식인데 먹을 만했다. 여행객들이 많았다.

〈블루리지 하이웨이의 작은 마을〉

〈Moses H. Cone Memorial Park〉

식사 후에 모세스 H 콘 기념공원Moses H. Cone Memorial Park에서 경치를 감상했다. 산위에 호수와 성이 있는 빼어나게 아름다운 경관이 좋았다. 산악자전거 타기를 즐기는 사람, 승마를 즐기는 사람, 산책하는 사람들이 한가로웠다. 산비탈 숲속에 별장인지 가정집인지 분별할 수는 없지만 가옥들이 꽉 찼다.

사진을 많이 찍었다. 우리는 공원길을 다시 달려 애팔래치아 산맥에서 최고봉인 미첼 산Mountain Mitchill을 눈앞에 두고 산을 내려갔다. 내일 다시 올 계획이었다.

✻ 2009. 10. 8 목 맑음 〈미첼 산Mountain Mitchill〉

날씨는 청명했다. 여행에서 가장 중요한 것이 날씨라는 것은 말할 필요도 없다. 쾌재를 부르며 길을 떠났다. 그러나 소라가 여러 날의 운전에서 신경이 곤두선 것 같았다. 아침부터 맞지 않았다. 기분을 돌리려고 노래를 불렀으나 노래가 나오지 않았다.

미첼 산을 오르기 위해서 잠시 푸른 능선공원길을 떠났다. 차가 정상으로 치달았다. 정상에는 음식점과 박물관이 있었다. 주차해 놓고 박물관에 들어갔다. 미첼 산은 미시시피 강 동쪽에서는 가장 높은 산이다.

가벼운 마음으로 정상을 올라갔다. 길이 잘 다듬어져있고 정상부근에는 전나무가 숲을 이루었는데 나무가 많이 죽었다. 그래이트 스모키 국립공원의 클링맨 돔에서 본 것과 똑 같았다.

미국에서도 이것을 퇴치할 방법이 없단 말인가?

전망대가 있었다. 전망이 참 좋았다. 또한 여러 트레일 코스가 소개되어 있었으나 시간이 없어 가보지 못했다.

〈미첼 산 정상〉

〈가을 단풍〉

〈산 정상의 전망대〉

미첼 산정에도 서양 물푸레나무가Mountain Ash가 많았다. Ash란 재라는 뜻도 있지만 서양 물푸레나무라는 뜻도 있었다.

차는 준령과 숱한 터널을 빠져나갔다. 발산지역 근처에서 우렁찬 소리를 내는 폭포와 아름다운 단풍을 볼 수 있었다. 내 사진기의 메모리가 꽉 차 소라의 사진기로 사진을 찍었다. 조금 더 가서 발산 산 정상에 가고 싶어 옆길로 빠졌다. 가는 사람이 별로 없어 이상하다 생각했더니 정상이 나무가 없는 중머리 산이었다. 개발이 안 되어 올라가는 것을 포기하고 돌아섰다.

공원길의 끝 가까이 갔을 때 제일 높은 자동차 길이라는 푯말을 읽을 수 있었다. 그곳에서 사진을 찍었다. Appalachian Trail 코스는 이곳이 아니고 다른 길임을 알았다.

오늘은 이상하게 불안하더니 결국 어두운 터널 내에서 암벽을 드리받았다. 오른 쪽 헤드라이트부분이 망가졌다. 달리는 데에는 지장이 없었다. 가벼운 사고였기에 나는 놀라지도 않았고 다치지도 않았다. 그러나 소라는 몹시 속상해했다. 사고는 순간이었다. 터널 내가 너무 어두워서 벽을 받았다. 나는 진심으로 그녀를 위로했다. 차는 수리하면 되고 사람이 안

다쳤으니 괜찮다고 여러 번 말했다. 소라는 놀라지 않았느냐고 미안하다고 말했다. '당신이 놀랬지, 나는 괜찮아' 하고 씩씩하게 말해주었다.

〈서양 물푸레나무〉

〈여행 안내소 직원과 같이〉

〈산 정상 부근의 별장들〉

체로키보호구역의 리버사이드 인riverside inn에서 3일을 보내기로 했다. 이 여관은 인터넷이 방에서는 안 돼서 불편했지만 소라가 좋아하는 물소리를 방에서 들을 수 있었다. 문을 열면 바로 내가 흐르고 있었다. 내일은 강 낚시를 하기로 했다.

✲ 2009. 10. 9 금 구름 〈여울 낚시〉

하루 낚시허가를 받으러 주요소에 갔고 또 낚시미끼도 사왔다. 낚싯대는 여관에서 빌려주기로 했다. 낚싯대를 빌려주는데 보니까 고물 낚싯대이었다.

참으로 오랜만에 낚시를 해보는 것이었다. 나는 한 때 낚시광인 시절이 있었다. 여울낚시도 많이 했고 붕어낚시도 꽤 많이 했다. 오랜만에 낚시를 하려니 마음이 바빴다. 미끼는 지렁이이었다. 날씨는 낚시하기에 좋은 구름이 끼어 비가 내릴것 같은 날씨이었다. 고기가 많이 건드리는데 낚시대가 예민하지 못해 잘 걸리지 않았다. 겨우 잔챙이로 8마리 잡았다. 나 말고도 낚시꾼들이 몇 사람 있었으나 그들도 많이 잡지는 못하고 대어를 낚은 사람이 두어 사람 있었다.

낚싯대가 좋았다면 아마 30마리는 족히 잡았을 것이다. 소라는 잡은 고기를 냄비에 넣고 요리를 해서 포도주를 한 잔씩 마셨다. 술맛이 그만이었다. 피로가 확 풀렸다. 미국에서 처음이자 마지막으로 해본 낚시이었다.

✲ 2009. 10. 10 토 구름 〈그린빌 조약〉

소라는 테네시 주에 있는 스코이야sequoya 박물관을 보고 싶다고 말했다. 스코이야는 체록키 문자를 만든 사람이다. 그래서 2시간 거리인 그곳에 갔다오기로 했다.

여관주인이 터널에서 부서진 차를 손바주었다. 임시변통은 되었다. 그러면서 큰 정비소에 가서 고치라고 말했다.

주인은 마음씨가 착하다. 오래 기억에 남을 사람 같았다.

〈스코이야 동상〉

〈Oconaluftee 인디언 마을〉

세코이야의 동상은 체록키 박물관 앞에 서있다. 그는 눈물을 흘리며 서 있었다.

세코이야는 인디언들이 문자가 없어서 백인들의 지배를 받고, 문자를 만들어야 그들로부터 독립한다고 생각해서 문자를 만들었다고 한다. 그는 인디언으론 매우 드문 대학자인 셈이다. 인디언에는 전사는 많지만 학자는 희소하다

1830년 《인디언 이주법》이 제7대 대통령 앤드류 잭슨에 의해 적극적으로 추진되어, 남동부의 통칭 "문명화된 다섯 부족"인 체로키, 촉토, 치카소, 크리크, 세미놀 족은 오클라호마로 강제 이주하게 된다. 그 때 가장 피해를 많이 당한 종족이 체로키 족이다. "눈물의 길" 은 그들의 비참한 길이었다. 그당시 인디언 종족들의 피해상황을 알아보았다.

이주부족	이주조약이전의 인구	이주 조약	이주 연도	강제 이주 민 수	남동쪽에 남은 수	이주 중 사망자	전쟁 사망자
촉토족 (미시시피 중남부)	9,554+6,000 (흑인노예)	댄싱래빗 크리크 조약(1830)	1831 -1836	12,500	7,000	2,000 -4,000+ (콜레라)	n/a
크릭족 (알라바마)	.700+900(흑인노예)	쿠세타조약(1832)	1834 -1837	19,600		3,500 (질병)	제2차 크릭크 전쟁

치카소족 (미시시피외 여러지역)	14+1.156 (흑인노예)	폰토톡크 리크조약 (1832)	1837 −1847	4,000 이상	수백	500−800	n/a
체록키족 (남부아파 라치아산맥)	00+2,000(흑인노예)	뉴에코 타조약 (1835)	1836 −1838	20,000+ 2,000 노예	1,000	2,000 −8,000	n/a
세미올족 (북부플로 리다)	5,000+탈주 노예	패인스랜 딩조약 (1832)	1832 −1842	2,833	250−500	700	제2차 세미놀 전쟁

* 수치들은 반올림 됨.

청교도 정신을 건국이념으로 한 미국이 원주민의 토지를 빼앗고 강제 이주시킨 것은 천인공노할 만행이었다. 그러나 그 사건에도 이유가 있다.

미국독립전쟁 때 많은 인디언 부족들이 영국군에 협조하여 독립군과 전쟁을 했다. 영국의 패배이후에도 미국은 오하이오컨트리에 2번 침공하였으나 패배했다. 미국은 이런 과정에서 1794년 폴턴 텀버스 전투에서 인디언 연합군을 물리치고 "그린빌 조약" 을 맺었다. 이것이 바로 인디언 이주법의 모태가 된 것이다.

오크라호마 주에 이주한 인디언 중 많은 인디언이 걸어서 정든 고향으로 돌아간 것을 우리는 영화에서 자주 보았다.

현재에도 많은 인디언들이 특히 오클라호마 주 동부에 보호구역(Reservation)에 갇혀, 연방 규정에 따라 부족 정부를 가지고 있다.

보호구역제도 역시 좋은 제도라고 할 수 없다. 인디언 지역의 전교에 힘쓴 한인 목사는 인디언에 관해서 많은 것을 정확하게 알고 있는데 그는 인디언의 보호구역제도는 '거세당한 수놈' 이 아니겠느냐고 피력한바 있다.

소라는 세코이야의 생가와 박물관을 꼭 보고 싶어 했다.

8시에 여관을 출발했다. 보온병에 커피도 담았다. 다시 애팔래치아 산맥을 넘는 것이었다. TVA의 수력발전소를 찾아갔던 폰타나Fontana 지역을 통과해서 테네시 주에 진입했다. 구절양장의 산골길이었다. 강을 지나 호수를 다리로 건너 찾아갔다. 우리는 그의 탄생지를 지나 박물관을 내비가 이끄는 대로 찾아갔으나 찾아간 곳은 박물관은 없었다. 다시 탄생지로 돌아와서 물어본 결과 그곳에 박물관도 있었다.

구경을 하고 안내 영상도 보고 관람을 했다. 그곳에는 체록키의 역사가 고스란히 담겨져 있었다. 소라는 체록키의 추장 촬스에 대해서 글을 쓰고

〈컨트리뮤직 명예의 전당〉

〈컨트리뮤직 명예의 전당 마크〉

싶다고 말했다.

✲ 2009. 10. 11 일 구름 〈내시빌 음악박물관〉

내슈빌은 컨트리 음악의 메카이다. 도시의 별명이 '음악의 도시' 이다. 따라서 흑인 음악인 재즈도 활발한 활동이 이루어지고 있다.

재즈가 흑인 음악이라면 컨트리 음악은 백인 음악으로 남부에 거주하던 청교도들이 목장과 농장을 경영하면서 고단함과 외로움을 달래던 음악인데 내시빌의 방송국에서 1925년부터 '그랜드 올 오프리' 라디오 프로그램을 시작하면서 인기가 상승했다.

내시빌에는 일년 내내 음악 페스티발이 열리며 미국 제1의 음악박물관 Country Music Hall of Fame & Museum이 있다.

〈컨트리뮤직 명예의 전당 박물관(Country Music Hall of Fame and Museum)〉에는 조지존스(George Jones), 엘비스 프레슬리(Elvis Aron Presley), 돌리 파튼(Dolly Rebecca Parton) 등 컨트리 뮤직 스타들의 기록을 볼 수 있었고 그들이 애용한 악기, 트로피, 소장품을 전시해 놓았다. 엘비스 프레슬리의 순금 캐딜락은 인기가 가장 높았다. 명예의 전당엔 음악 거장들의 얼굴과 이력이 새겨진 동판이 진열되었다.

미국음악의 역사는 대체로 다음의 3기로 나누어 생각할 수 있다.

1620~1800년은 유럽음악이 신대륙에 들어온 시기.

1800~1860년은 유럽에서의 수많은 이민, 특히 독일이민이 미국의 음악문화의 기초를 만든 시기.

1860년에서 현재에 이르기까지는 미국 태생의 작곡가 · 연주가의 활동이 확립되고 미국음악이 성인에 이르게 된 시기.

1. 태동기

1630년 보스턴에 정착한 영국 청교도(淸敎徒)의 음악활동이 가장 현저하였다. 그러나 그들의 음악활동은 찬송가의 가창(歌唱)에 한정되고,

악전(樂典)이 나타났고, 찬송가의 출판도 점차 활기를 띠기 시작하였다.

베토벤이 출생한 1770년에 출판된 W.빌링스(1746~1800)의 《뉴잉글랜드의 찬송가 가수 : The New England Psalm Singer》가 시작이다.

미국이 낳은 최초의 작곡가 C.바이셀(1690~1768)도 독일 경건파에 소속해 있었는데, 펜실베이니아주에 콜로니를 건설하여 종교곡을 4성(聲)에서 7성까지의 합창으로 부르도록 지도하고, 1,000곡 이상의 작품을 작곡했다.

미국에서 탄생한 최초의 작곡가 F.홉킨슨(1737~1791)이 필라델피아를 중심으로 활동을 개시하였다. 그는 영국 작곡가의 영향을 받아 수많은 작품을 써서 '미국 작곡가의 아버지'로 불리고 있다.

2. 19세기

당시 거장의 한 사람인 L.고트샬크(1829~69)는 뉴올리언스 출신이지만, 파리에서 교육을 받아 유럽적인 작풍(作風)을 익히고 귀국, 1853년에 미국에서 데뷔하여 공전의 인기를 끌었다. 작곡에도 뛰어난 재능을 발휘하여 크리올의 민요를 프랑스풍의 세련된 기교로 잘 표현하였다.

처음으로 그랜드오페라를 작곡한 W.H.프라이(1813~64)는 1852년 "미국 사람들이 미국인 예술가를 지지할 줄 모르는 한, 이 나라 고유의 예술은 육성되지 못하리"라고 선언하기도 하였다.

가곡으로서 S.C.포스터(1826~1864)의 민요가 태어났다.

E.A.맥도웰(1861~1908)은 켈트적(的)인 시취(詩趣)로 미국 작곡가로서는 처음 유럽에서 명성을 떨쳤다.

1892~95년, 뉴욕의 내셔널음악원에서 작곡을 가르쳤던 드보르자크는 자작(自作)에 미국적인 소재를 사용했을 뿐만 아니라, 국민적인 자각을 젊은 작곡가들에게 심어준 점에서 음악계에 큰 자극을 주었다.

3. 20세기

20세기 초 민속음악 도입

니그로음악에서는 H.길버트, R.골드마크(1872~1936) 등이 알려졌고, 인디언음악에서는 C.스킬턴, C.W.캐드먼(1881~1946) 등이 알려졌으며

보수파로는 H.핸슨, D.무어, S.바버 등이 그 대표적인 작곡가이며,

하버드의 작곡 교수를 40년간이나 맡은 W.피스턴, 난해한 곡을 쓰는 R.세션스 등을 들 수 있다. A.코플란드, V.톰슨, H.카우엘 등이 이 그룹에 속한다. 또 관념적인 아메리카니즘에는 교향곡 작곡가 계열에 R.해리스, W.슈만 등이 유명하다.

L.커크너(1919~), M.배빗(1916~) 등이 있다.

통속악파(通俗樂派)는 재즈를 심포닉하게 처리한 작곡으로 G.거슈윈(1898~1937)의 성공을 정점으로 하여 점차 쇠퇴했으나, 제2차세계대전 후 L.번스타인 등에 의해 다시 활기를 띠기 시작했다.

실험주의자로 쇤베르크, 스트라빈스키 등 20세기의 혁신적인 주요한 음악사조(音樂思潮)에 앞서서, 대담한 화성(和聲)과 안어울림음을 사용한 C.E.아이브스(1874~1954)가 있고 현실의 음을 처음으로 도입한 E.바레즈, 그리고 현대의 새로운 즉흥연주를 실험하고 있는 L.포스 등이 있다.

불확정성(不確定性)의 음악은 현실세계의 음에서 음의 미를 발견하여 그것을 음악의 대상으로 생각하는 것이다. 전위음악(前衛音樂)의 시조인 J.케이지를 리더로 하여

〈엘비스 프레슬리의 순금 캐딜락〉

M.펠드맨, E.브라운, C.울프 등에 의하여 확립된 새로운 음악사상으로, 20세기 미국 음악이 낳은 가장 독창적(獨創的)인 음의 철학이다.

엘비스 프레슬리의 멤피스는 너무 멀어 포기했다. 컨트리 음악의 대가들의 면모는 다음과 같다.

조지 존스(George Jones, 1931년 9월 12일 ~ 2013년 4월 26일)는 미국의 기타리스트 및 가수이다. 텍사스 주의 뷰몬트에서 태어나 9세 때 기타를 배워 12세 때에 작곡을 하는 놀라운 조숙함을 보인 뒤 1953년에 데뷔하였다. 인기나 정조 모던 또는 개인주의의 점에서 흔히 벅 오언스와 비견되는 1급 가수로 1955년 ~ 1957년 사이의 로커빌리 시대에 순수한 컨트리 스타일로 스타의 자리에 올랐다. 1962년부터 1963년까지가 절정기이며, 남성 컨트리 가수 가운데에서 최고의 영예를 누리기도 하였다. 건강한 남성미와 컨트리의 체취를 풍기면서 밝고 정력적으로 노래한 작품으로 《이제는 그대를 내 것으로》, 《와이 베이비 와이》가 있으며, 거기에 현대적인 감각과 비트를 혼합시킨 쾌작으로《사랑의 레이스》 등이 있다. 이 밖에 뉘앙스 짙은 바리톤으로 독특한 멜로디를 들려주는 발라드 류에는 《2층의 창에서》, 《텐더 이어즈》, 《론리 넘버》, 《내 마음의 계절》, 《아무것도 아니야》 등이 유명하다.

엘비스 프레슬리(Elvis Presley, 1935년 1월 8일 ~ 1977년 8월 16일)는 20세기 가장 잘 알려진 미국 가수 중 한 명이었다. 하나의 문화 아이콘으로, 주로 엘비스로 많이 알려져있다. 엘비스의 음악들은 세계적으로 선풍적인 인기를 끌었으며 "로큰롤의

제왕" 또는 단순히 "왕"으로 불리곤한다.

프레슬리는 20세기 대중 문화에서 가장 중요한 인물 중 한 사람으로 꼽히고있다. 엘비스는 다양한 목소리와 컨트리, 팝 발라드, 가스펠, 블루스 등의 장르를 포괄하며 이례적인 상업적 성과를 거뒀다. 엘비스는 팝 역사상 가장 많은 음반 판매고를 올린 솔로 가수이다. 또한 14번이나 그래미 후보로 지명받았고, 3번의 수상을 했으며 36살에는 그래미 평생 공로상을 수상했다. 또한 엘비스는 많은 음악 명예의 전당에 올랐다.

돌리 파튼(Dolly Parton, 1946년 1월 19일~)은 미국의 싱어송라이터이다. 테네시 주에서 출생하였다. 1967년에 포터 웨거너와 함께 듀엣 그룹 포터 앤 돌리를 만들어 1968년에 컨트리 듀엣상을 받았다. 솔로로 데뷔하기 전까지 웨거너와 함께 음악 활동을 계속하였다. 1974년에 앨범 《Jolene》을 발표하면서 솔로 활동을 시작한 그녀는 1975년과 1976년도 최우수 컨트리 가수로 선정되며 최상의 인기를 누렸다. 1977년에 발표한 《Here You Come Again》은 정상을 차지하였고, 1981년에 발표한 《The House Of The Rising Sun》은 컨트리와 팝 차트에서 각각 1위를 차지하며 세계적인 인기를 얻었다. 1983년에 발표한 《Islands In The Stream》이 차트 1위에 올라 많은 사랑을 받았다. 1987년에는 대중적인 팝 성향의 《Rainbow》를 발표하여 열정을 분출시켰고, 1989년에는 《White Limozeen》이 큰 인기를 얻었다.

휘트니 휴스턴이 부른 《I Will Always Love You》의 원작자, 작곡가이기도 하다.

2001년 작곡가 명예의 전당에 올랐다.

✲ 2009. 10. 12 월 비 〈칼 샌드버그Carl Sandburg 기념관〉

다시 I-40으로 애쉬빌Asheville을 향해 달렸다. 칼 샌드버그 역사유적지Carl Sandburg Historic Site에 가다가 '미국에서 가장 큰 집 American Largest Home'을 찾아갔다. 숲이 짙은 산골길을 꼬리를 문 차들이 연신 들어갔다. 250개의 방이 있는 저택이라는데 어마어마하게 컸다. 서부에 허스트 캐슬 이 있다면 동부에는 아메리카 라지스트 홈The Largest Home이 있다. 식사는 하지 않고 간단하게 구경하고 바로 샌드버그 기념관을 향했다. 부슬비가 촉촉이 내렸다.

〈미국에서 가장 큰 집American Largest Home〉

칼 샌드버그Carl Sandburg(1878~1967) 고택에 가서 소라는 졸린다며 차에 있고 나는 기념관에 갔다. 안내 영상도 보았다.

기념관은 훌륭했다. 유물도 많고 책도 많았다. 근처에는 연극학교도 있고 문학 살롱도 있고 극장도 있었다.

샌드버그는 기자출신으로 시인, 역사가, 전기 작가, 소설가, 음악가, 수필가 이었으며 링컨 전기를 썼다. 그는 휘트먼과 같이 가장 미국적인 시를 쓴 시인이다.

작품집으로 『연기와 강철Smoke and Steel』 『안녕 아메리카Good Morning, America』 『그렇다 민중이여The People, Yes』 링컨 전기 6권, 장편소설 『추억의 바위Remembrance Rock』 아동 도서도 많다.

샌드버그는 시로 두 번, 링컨전기로 한번 퓰리처상을 받았다.

〈칼 샌드버그 역사유적지〉

〈샌드버그 서제〉

〈샌드버그 수첩〉

〈기념관 가는 다리〉

시간이 너무 오래돼서인지 한숨 잔 소라가 올라와 내려오던 나와 만나 다시 올라가서 구경을 했다.

한 시인이 태어난다는 것은 쉬운 일이 아니다. 사실 칼 샌드버그는 내가 그렇게 좋아한 시인은 아니었다. 그런데 여기 와서 보니 그가 훌륭한 시인임을 새삼스레 알게 되었다. 그의 시집과 딸이 쓴 전기를 사가지고 내려왔다.

✲ 2009. 10. 13 화 맑음 〈린빌 폭포Linville Waterfall〉

린빌 폭포에 가려면 다시 불루리치파크웨이를 넘어야한다. 어제는 날씨가 안 좋았는데, 오늘은 날씨가 좋다. 아침에는 안개가 끼었으나 10시 쯤 되자 안개가 걷히고 하늘이 푸르렀다.

간신히 린빌 폭포를 찾아서 주차장에 차를 세워놓고 화살표 방향으로 폭

〈린빌 폭포〉

〈린빌 폭포 가는 길〉

포 쪽으로 갔다. 짙은 숲이 관광지를 말해주었다. 산책로를 걸어 한참을 내려갔다. 주중이라 사람들이 너무 없어 곰이 나올까 걱정이 되었다.

우리 외에 한 팀이 먼저 가고 있었다. 조금 더 내려가니까 작은 폭포가 나타났다. 그것을 보고 우회로로 얼마를 더 가니까 이 보다는 높은 폭포가 나타났다. 난간을 만들어 아래로는 내려가지 못하고 위에서만 폭포를 보게 했다. 미국은 안전에 대해서는 철두철미하다. 인간의 생명을 그만큼 존중한다는 의미일 것이다.

여름에 비가 많이 내리면 장관이라고 한 여행객이 설명을 했다.

린빌 폭포를 구경하고 그린빌Greenville을 향해서 달렸다. 도로변 노점에서 사과, 고구마, 강냉이를 6불 주고 샀다. 시골에서 직접 재배한 농산물이라 값이 쌌다.

US-25를 달려 저녁 무렵 96국립역사유적지ninety six national history site에 도착했다. 너무 늦어 내일 다시 오기로 하고 여관을 찾았다.

✲ 2009. 10. 14 수 비 〈96국립역사유적지〉

사우스캐롤라이나 주 북서부에 있는 96국립역사유적지는 사우스 케롤라이나에서 독립전쟁시 최초로 육전이 발발한 곳이다. 이곳은 영국군의 주둔지이었는데 대륙군의 나타니엘 그린장군Continental Army Major General Nathanael Greene이 1,000명의 병력으로 영국군 550명을 28일 동안 포위했다. 28일은 독립전쟁 중 가장 긴 기간이었다. 그린 장군은 워싱턴 장군의 유능한 부하이었다. 1976년에 국가 사적지가 됐으며 작은

〈국가역사유적지〉

박물관도 있다. 연간 방문자가 28,734명(2005)정도의 한적한 곳이었다.

『바람과 함께 사라지다Gone with the wind』의 저자 마가렛미첼 여사의 고택이 있는 애틀랜타Atlanta로 차를 몰았다. 그곳에는 한국마트가 있을 터라, 된장을 살 계획이다.

애틀랜타는 그린빌리에서 그렇게 멀지 않았다. 72 지방도로 아덴스Athens까지 가서 10 지방도로 해서 애틀랜타에 갔다.

한국 식당과 마트를 찾는데 한국 사람을 만나 쉽게 찾을 수 있었다. 그

곳에 한국 사람들이 많이 모여 사는 것을 보고 놀랐다. 소라가 아귀찜을 먹고 싶다고 해서 사 먹었다. 맛있게 먹고 남아서 싸가지고 왔지만 35불이나 받아 음식값이 비쌌다. 여관은 값싼 여관을 얻어서 spa까지 할 수 있었다. 마트에 갔다 온 후 너무 늦게 스파를 해서 소독 냄새가 진동했다. 냄새 때문에 목욕을 오래할 수가 없었다.

✲ 2009. 10. 15 목 비
〈마가렛 미첼Mugaret Micheller의 생가와 박물관〉

비가 내렸다. 그래도 우리는 마가렛 미첼Mugaret Micheller의 생가와 기념관을 보러 피치스트리트Peach Street 10가로 차를 몰았다. 생가는 보수중이라 들어갈 수 없었고 기념관은 갈 수 있었다.

천경자 화백이 그린 마가렛 미첼의 생가는 느낄 수 없었다. 천 화백은 이곳에 와서 무슨 생각을 했을까? 궁금했다.

칼 샌드버그 기념관과도 너무 대조적이었다. 유품이라야 타자기 한 대뿐이었고 비비안 리와 크락크 케이블이 주연한 영화와 제작과정을 보여주기만 했다. 거기다 입장료가 18불 씩이라 너무 비쌌다. 완전히 장사 속이었다. 영화

〈바람과 함께 사라지다〉

〈미첼의 타자기〉

를 대충 보고 사진을 몇 장 찍고 나서 우리는 CNN(Cable News Network)을

〈푸른 옷을 입은 스칼렛 역의 비비안 리〉

〈CNN 건물〉

보러 시내로 들어갔다. 비가 몹시 내렸다.

CNN은 테드터너에 의해서 1980년에 창립되었으며 케이블 텔레비전 망을 통해 뉴스를 24시간 생방송하는 방송사다. 직원은 4,000여명이며 기존의 방송이 뉴스를 뉴스방송시간에만 시청하는 것을 시청자가 마음대로 시청할 수 있도록 한 아이디어가 오늘의 CNN을 있게 한 것이었다.

CNN은 1990년 걸프전쟁이 발발했을 때 폭발적인 인기에 편승해서, 현재 세계에서 가장 인기 높은 텔레비전 뉴스보도 매체가 됐다.

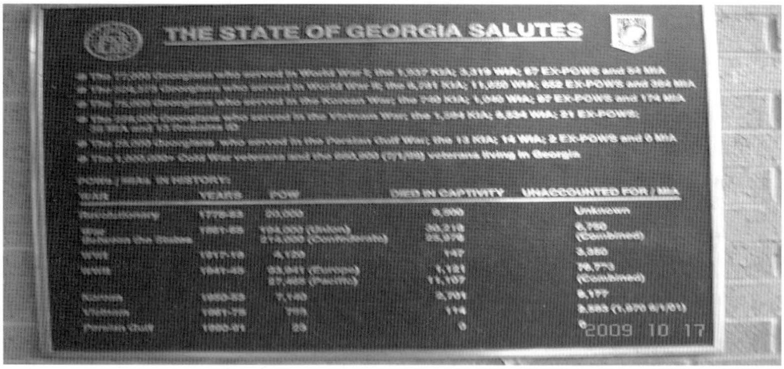

〈조지아 주의 역대 전쟁 인명 피해 현황〉

조지아주의 역대 전쟁 인명 피해 현황 판을 보고 놀랐다.

애트란타에는 코카콜라 본사가 있다는데 비가 오고 볼 마음도 없이 지쳐서 포기했다.

> 애틀랜타-조지아 주의 주도 대도시권 인구가 5, 359, 205명으로 미국에서 9번째 큰 도시. 부자도시 순으로는 미국에서는 8번째. 세계적으로는 18번 째 부자 도시이다. 1996년 올림픽이 열렸음

✲ 2009. 10. 16 금 구름 〈『바람과 함께 사라지다』의 감동〉

가만히 생각해보면 청년시절에 『바람과 함께 사라지다』보다 감명 깊게 읽은 소설 · 영화는 없었다. 자유분방한 스카알렛 오하라, 시와 음악을 좋아하는 애쉴리 윌크스, 천사 같은 멜라니, 냉혹하지만 실질적인 남주인공 레드 버틀러의 애증이 잘 짜여서 손에서 책을 놓을 수 없었다. 애쉴리와 멜라니의 순진무구한 사랑과 애쉴리를 향한 스카알렛의 열정적인 구애. 레드의 냉혹하지만 새로운 미국의 남성상은 충격을 주었다. 남부의 부유한 농장 생활. 남북 전쟁의 참혹상에서 인간 군상들은 흥미로운 소재들이었다.

어찌 보면 스카알렛은 가장 미국적인 여성상일 것이다. 가혹한 운명에도 쓰러지지 않고 다시 일어선다. 그녀의 마지막 독백,

> "Tara! Home. I'll go home, and I'll think of some way to get him back! After all, tomorrow is another day!"
>
> 타라! 내 고향. 고향으로 가자. 그러면 그를 되찾는 방법을 생각할 수 있을 거야. 내일은 또 새로운 날이니까.

이 소설의 주제는 크게 보면 사랑과 명예, 전쟁과 상처, 생존이다. 인생

사에서 가장 중심의 주제가 아닐까.

비비안 리와 크락크 케이블이 주연한 영화도 대학에 다닐 때 봤다. 그 감동은 지금도 잊히지 않는다. 바람과 함께 사라지다는 그 당시 최고의 작품이었다. 그러나 그 후 이 작품을 몇 번 더 봤지만 처음 보았을 때의 감동은 체험하지 못했다.

사반나로 가면서 메이컨Macon 근처의 오크물기 내셔널 모뉴먼트Ocmulgee National Monument에 들려 마운드를 보았다. 1000년 전 남부 애팔래치아 미시시피 문화로 지어진 거대한 토목공사이다. 멕시코나 이집트에서는 돌로 피라미드를 지었고 돌이 없는 이곳에서는 흙으로 마운드를 만든 것으로 추정된다.

조지아 주의 항구도시 사바나에 가기위해서 I-16을 달렸다. 애트란타에서 약 200마일을 달려 도착했다. 여관을 찾는데 애를 먹었다. 내비와 주소가 맞지 않았기 때문이었다. 여관을 어떤 경찰이 안내해주어서 찾았는데 값이 쌌다. 사반나라는 낱말은 대초원인데 도시 이름이다. 사반나에는 사바나 강이 있다.

✲ 2009. 10. 17 토 맑음 〈플라스키 요새Fort Pulaski〉

여행 코스는 바닷가로 잡았다. 사바나는 사바나 강변에 자리 잡은 고색창연한 도시이다. 인구 120,000의 도시로 영화와 음악 페스티발이 열리는 곳이다. 옛 건물들이 많아 도시 전체가 박물관이라고 한다. 아날로그 디자이너인 전자공학자 짐 윌리엄스Jim Williams가 거주했던 메르서 하우스The Mercer-Williams House Museum가 유명하다.

사반나는 독립전쟁 때는 영국군과 치열한 전투가 있었고 남북전쟁 때도 역시 전쟁이 돌발한 곳이다. 영국은 반군을 제압하기위해서 남부의 항구도시 사반나와 촬스톤을 확보하는 것이 첫 단계였다.

사반나의 플라스키 요새를 구경하러 갔다. 미국독립전쟁 때 영국과 싸웠던 요새지이었다. 일본의 성과 같이 해자가 있었고 대포도 있었다. 사바나 강으로 올라가는 영국군 해군을 공격한 것 같았다.

영국군 3,200명대 미국측 5,050은 1779년 9. 16~10. 18의 전투에서 미국측 전사 244, 부상 584. 포로 120 합 948명 영국 전사 40, 부상 63, 행방불명 52, 합 155로 영국군이 승리했다. 미국 측 희생이 무척 큰 전투이었다.

바닷가에는 넓은 갈대밭이 끝이 없었다. 우리나라 같으면 갯벌을 막아 수억 평의 논을 만들 수 있을 것 같았다. 어부들이 그물을 치거나 통발을

〈Ocmulgee N. M. 마운드〉

〈Tybee섬〉

〈요새의 큰 나무 2그루〉

놓는 곳이 많았다.

플라스키 요새에 대한 다음과 같은 기록이 있다.

> 미국대통령 제임스 메디슨은 요새건설을 명령 1829년에 시작하여 1833년 요새를 폴란드 귀족으로 미국 독립전쟁의 영웅이며 미국기병의 아버지인 카시미르 풀라스키Casimir Pulaski의 이름을 따서 플라스키 요새Fort Pulaski로 명명했다. 그는 사반나 전투에서 입은 부상의 후유증으로 1779년에 죽었다.

플라스키 요새는 미국 남북전쟁시 남부군의 주둔지로써 격전지이었으나 결국 항복했고 그후 전쟁포로수용소로 활용되었다. 1966년에 미국 사적지로

〈감옥의 벽〉

〈설명을 듣는 관광객들〉

등재되었다.

✲ 2009년 10. 18 일 맑음 〈찰스톤Charleston〉

Days Inn에서 자고 해변 길을 따라 사우스캐롤라나의 찰스톤Charleston을 향해 출발했다. 태평양쪽에 비해 대서양 쪽은 갯벌이 넓었다. 해변에는 나무들이 울창했다. 스페인 모스moss도 자주 눈에 띄었다. 날씨가 좀 좋아져서 다행이었다. 유서 깊은 도시 찰스톤에 도착했다. 옛

날에는 미국에서 5번째 인구가 많은 도시이었으나 지금은 75번 째 도시이지만 평판이 좋기로 유명한 도시이다. 도시가 깨끗하고 집집마다 화분을 잘 가꾸어 아름다웠다. 풍부한 역사, 잘 보존된 건축물, 유명한 레스토랑이 이 도시의 자랑이라고 한다. 이 도시는 미국의 두 번의 큰 변혁기에 전쟁의 상처를 받은 곳이기도 하다. 조지아 주의 사반나 강 하구의 사반나와 마찬가지로 찰스톤은 애슐리와 쿠퍼 강의 합류지점에 있기 때문에 내륙으로 들어가는 길목임으로 전략적인 요충지가 될 수밖에 없었다.

음식점을 찾던 중 싼 곳이 있어 들어가서 16달러를 주고 생선 한 접시를 사서 둘이 먹고 바다를 구경했다. 바다는 높다란 나무 다리로 100여 미터 들어가게 되어 있었고 낚시꾼들이 많았다. 역시 백사장에는 들어가는 사람이 없었다. 기분이 많이 풀렸다. 대서양은 태평양과 달리 물이 흐렸다. 아마 강물이 섞여서 그런 것 같았다. 찰스톤에는 섬터요새국가 기념물

〈포대와 포〉

〈요새의 성조기〉

〈찰스톤 해변의 바다 낚시〉

Fort Sumter Natl Mon이 있는 것을 몰랐다.

워싱턴 D.C.로 가기위해서 노스 캐롤라이나 주로 차를 몰았다.

US-17로 조금 가니까 규모가 큰 현대식 다리가 나타났다. 이름은 뉴우 쿠퍼리버 브리즈New Cooper River Bridge(The Arthur Ravenel Jr. Bridger이었다. 2005년에 준공한 이 다리는 쿠퍼강에 새워진 오래된 다리를 철거하고 새로 건설한 Cable-Stayed Bridge로 길이가 4.0km이며 가장 긴 경간徑間, 높이 175m 하루 통과차량 78.100대로 최근에 건설한 다리라 그런지 어느 다리 못지 않게 아름다웠다.

날씨는 청명했으나 벌써 겨울이 오는지 찬바람이 매서웠다. 아침은 여관에서 주는 빵을 먹었다. 조지타운에 도착했다. 그곳에는 라이스 뮤지움Rice Museum이 있었다. 미국은 희한한 뮤지움이 많다. 세상에 쌀 박물관이 있다니. 흔해빠진 쌀도 박물관이 된다니. 내일 보기로 했다. 소라는 쌀이라는 말에 정신이 번쩍 드는지 하루 이 도시서 자자고 한다. 어차피 그녀를 위한 여행. 그녀가 하고 싶어 하면 들어주어야지.

✲ 2009. 10. 19 월요일 맑음 〈쌀 박물관〉

10시에 문을 여는 쌀 박물관에 시간에 대여 갔다. 벼농사에 관한 여러 자료들이 잘 정돈되어 있었다. 자그마한 박물관이지만 관심 있는 사람들이 많아 실내는 이내 사람들로 가득 찼다. 안내인은 키가 작은 할머니였다. 그녀는 말이 많고 설명이 장황해서 알아듣기가 어려웠다.

이 곳 조지타운의 벼농사는 아프리카에서 들어온 것으로, 처음에는 강변에 벼가 심겨졌고 곧 플랜테이션plantation화 되었으며 우리나라 벼농사와 비슷했다. 다만 논농사가 아니고 밭농사라는 인상을 받았다. 절구통이나 도리깨가 등장하여 동서의 생각들이 비슷함을 깨달았다.

안내인은 말하길, 조지타운은 영국인들이 처음에는 인디고Indigo(쪽빛. 남색 식물)를 심었으나 독립 후에 인디고는 사라지고 세네카에서 흑인이 농노로 들어오면서 벼농사가 시작됐고, 그 당시 미국 생산량의 반을 여기서 수확했다고 말했다. 시빌 워civil war 후에 노동력이 감소되어 벼농사는 텍사스나 루이지애나, 캘리포니아 주로 이동했고 조지타운은 벌목 등이 성행했으며 그 후 세계적인 종이 공장이 들어서면서 종이와 강철이 생산되었다고 한다. 리버사이드 레스토랑에서 생선을 먹고 재슨빌리로 향했다.

✲ 2009. 10. 20 화요일 맑음 〈두 해변 공원〉

내일까지 날씨가 좋다니 다행이다.

어제 밤에 버젯Budget 여관에서 잤다. 헤어 드라이어Hair Drier도 없고 옷걸이도 없는 형편없는 여관이었다. 의자도 없어서 우리 것을 가지고 가서 앉았다. 내 컴이 무선 인터넷이 안 되어서 속을 썩였다. 그래도 잠은 잘 잤다. 소라는 한국에서 여러 통의 전화가 와서 잠을 설쳤다고 했다. 얼굴이 부석부석했다. 노스캐롤라이나 주에는 두개의 해상공원이 있다. 케이프해터라스국립해안공원Cape Hatteras National Seashore과 케이프룩아웃국립해안공원Cape Lookout National Seashore 이다.

케이프해터라스국립해안공원은 미국에서 최초의(1937) 해상공원이며 해변의 길이가 110km이고 면적은 122.83km^2 이고 년간 200만 명의 관광객이 찾는다. 이곳의 명소로는 국립피섬야생보호구역Pea Island National Wildlife Refuge, 킬데블힐Kill Devil Hill, 해터라스등대Cape Hatteras Lighthouse 등이 있다. 케이프 해터라스는 자연과 문화적인 요소가 환상적으로 결합되어 광범위한 오락적 기회를 제공해준다. 겨울철새의 도래지이고 낚시와 서핑에 최적의 장소이다. 한때 불안정한 조류, 얕은 모래밭, 폭풍 때문에 대서양의 무덤이라고 칭해졌던 곳이다.

케이프룩아웃국립해안공원은 해변의 길이가 90km이고 28,400에이커 이다. 1966년에 해상국립공원이 됐고 연간 방문객은 50만 정도이다. 개발되지 않은 둑이 3개 있고 크리스탈 해안Crystal Coast, 케이프룩아웃등대Cape Lookout Lighthouse, 포르트마우스 마을 역사유적지Portsmouth Village Historic Districts 등이 있다.

잭슨빌리쪽에서 워싱턴D.C. 쪽으로 올라가기 때문에 케이프 룩아웃 해안공원을 먼저 갔다. 내비에 비우포터Beaufort를 입력했다. 그리고 하커스 섬Harkers Island에 가서 선편의 서비스를 받고 해협을 건넜다.

코 해협Core Sound을 따라 낮은 모래 둡의 넓은 해안과 평평한 풀밭, 크고 광활한 갯벌이 볼만했다. 그곳에는 등대와 유적지인 포르트마우스 마을도 있었다. 양쪽에 모래언덕이 높아 승용차 안에서는 바다를 볼 수 없었다. 포르트마우스 마을은 고기잡이와 해운업의 마을이었는데 1753년에 조성되었다가 여러 차례 허리케인의 내습을 받아 1971년에 버려져서 유적으로 남아있었다. 다시 케이프해터라스국립해안지역에 가기위해서 케다Cedar를 입력했다. 그러나 너무 작은 지명이라 잡히지 않아 로라Lola를 입력하고 동북방향으로 차를 몰았다. 케다에 가서 톨 페리Toll Ferry값으로 15달러를 지불하고 배 시간까지 여유가 있어 백사장을 거닐었다. 하늘은 구름 한 점 없이 청명하고 파도 소리는 자장가 같았다. 해변의 모래는 조개껍질이었다. 춥지도 덥지도 않고 바람이 없어 걷기에 좋았다. 소라와 다정한 연인이 되어 한적한 백사장을 거닐었다. 온갖 걱정과 고뇌를 잊은 시간이었다. 배는 오크라코크Ocracoke를 향해서 떠났다. 페리호는 인천에서 섬에 갈 때 탄 배보다 더 작았다. 팸리코 사운드Pamlico Sound는 호수 같았다. 배에서 내려 한참을 달려가다가 미국 식당에 들려 캐나다 산 게를 사먹었다.

✲ 2009. 10. 21 수요일 맑음
〈라이트형제국립기념관Wright Brothers National Memorial〉

프리스코Frisco에서 잠을 잤다. 그리고 아침 일찍 케이프 해터라스 등대(Cape Hatteras Light, the tallest brick lighthouse in the world)를 보러갔다. 세계에서 가장 높은 등대에 올라가는 것이 목표였다. 그곳에 등대가 세워진 이유는 앞바다가 믿을 수 없는 해류와 여울목 때문에 일찍이 '대서양의 무덤Graveyard of the Atlantic'이라고 알려져서 이 등대가 서게 된 것 같았다. 61m의 등대에 올라갔다. 멀리 보이는 끝없이 펼쳐진 대서양은 해안을 향해서 거친 파도를 몰고 왔다. 팸리코 사운드 쪽도 호수

〈해터라스등대〉

〈비행기 탄생지〉

〈프로펠라〉

처럼 조용했다.

우리는 해변에 가서 조개껍질을 주었다. 훗날 기념이 될지 모르겠다는 생각으로. 조개껍질은 유감스럽게도 우리나라 서해안보다 훨씬 작았다.

갑자기 뽈 발레리의 「해변의 묘지」가 생각났다.

비둘기들이 아종대는 그 고요한 지붕은
소나무 사이에 두근거린다. 무덤 사이에,
정오 올바름은 이곳에 불로써 바다를 짠다.
언제나 다시 시작하는 바다를!
오 제신의 고요 위 긴 시선의
한 사고가 받는 보상이여!
(이하생략)

이렇게 시작하는 이 시는 릴케의 「두이노의 비가」, 엘리엇의 「황무지」와 더불어 20세기 최고의 시로 알려져 있다.

라이트형제국립기념관Wright Brothers National Memorial이 있는 킬 데빌힐즈Kill Devil Hills에 갔다. 간신히 찾을 수 있었다. 그곳에서 나는 조지아 주 사바나에서 해안을 따라 수백 마일을 올라온 보람을 느꼈다. 라이트 형제가 비행기를 발명한 것은 그곳의 바다와 바람이라고 생각했다. 그들이 비행연습을 한 곳은 대서양의 바다가 밀어올린 커다란 둠에서였다.

내 추측은 맞아떨어졌다. 라이트 형제는 형은 윌버Wilbur이고 동생은 오빌Orville인데 오하이오 주 데이튼 출신이며 기상청에 알아본 결과 킬 데빌힐스가 항상 바람이 분다는 정보를 입수해서 이사하게 되었다고 한다.

형제가 자전거 수리소를 경영하다가 비행기 연구에 몰두, 자신들이 만든 글라이더에 자전거 체인을 이용하여 인류최초로 동력비행에 성공했다. 그 당시 모터는 너무 무거워 자전거 페달을 밟아서 동력을 전달한 것이었다.

그 때가 1903. 12. 17 목요일이었으며 비행기록은 약 12초이다. 그 후 1911년 10. 25에 오빌은 글라이드로 225 Feet의 높이에서 10분 34초의 세계적인 기록을 세웠다.

박물관에는 비행기의 발달에 대한 많은 전시물이 있었다. 그 중에서 라이트형제 기념관이 제일 인상적이었다. 지금 보아서는 초라하고 조잡한 것이었지만 그 아이디어 하나가 지금 우주를 나르는 로켓트로 발전했다고 생각하니 감개무량했다. 라이트 형제 이후에 비행기를 개량하고 발달시킨 수많은 학자와 엔지니어 사진들이 전시되었다. 인간은 참 위대한 존재이다. 그래서 신조차 두려워할만한 존재임을 깨달았다.

✲ 2009. 10. 22 목요일 맑음 〈체서피크만터널교Chesapeake Bay Bridge-Tunnel〉

워싱턴 D.C.에 가는 도중 펜실베이니아 주 필라델피아로 방향을 잡았다. 필라델피아의 에드거 앨런 포우Edgar Allan Poe 기념관에 가고 싶었다. 더불어 소라가 가고 싶어 하는 부쉬킬Bushkill에도 가기로 했다. 그러려면 US-13으로 가는 것이 시간과 휘발유를 절약하는 방법이다.

이 도로에 체서피크만터널교Chesapeake Bay Bridge-Tunnel가 있다. 공식 이름은 다리의 건설을 위해서 오래 일한 한 시민지도자의 이름을 딴, 루시우스 제이 켈램주니어 브리지-터널 Lucius J. Kellam Jr Bridge-Tunnel이다. 버지니아 비치와 케이프 촬스Charles를 연결하는 이 다리는 해저터널까지 합쳐 다리의 길이는 무려 17.6마일(28.3km)이다.

이 다리는 이때까지 내가 본 다리 중에서 가장 경이적인 다리이며 긴 다리이었다. 바다위를 승용차로 달리는 기분! 젊은이들 표현대로 짱이었다. 바다 새들이 많았고 물거품을 일으키며 지나가는 배도 보였다.

〈체서피크만 터널교〉

〈어부의 섬 근처 바닷물에 죽은 소나무〉

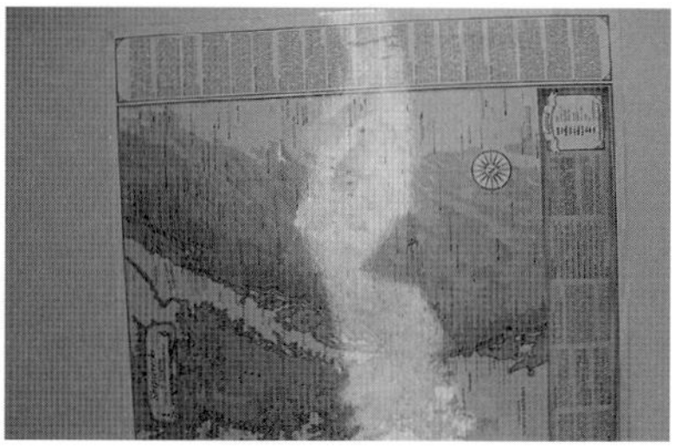

〈체서피크만 지형도〉

자료를 찾아보니, 이 다리가 세계에서 가장 길고 큰 다리는 아니지만 중요 설계의 다른 타입과 수에서 독특하다고 할 수 있다. 전문가들 이야기로는 다리와 배의 교차설계, 구각, 터널, 인공 섬, 다리, 수상가교, 접근로에 있어서 타의 추종을 불허 한다고 한다.

다리는 북쪽방향Northbound 다리와 남쪽방향Southbound 다리가 있는데 1964년에 북쪽방향, 1999년에 남쪽방향의 다리가 만들어졌다.

체서피크 만은 미국에서 가장 크고, 세계에서는 3번 째로 큰 만이며 큰 강만 10여개가 흘러들고 작은 내까지 합치면 150개라, 다량의 민물과 바닷물이 합류되는 곳으로 300 어족과 조개, 게, 굴이 풍부하여 수산업이 발달되었으며 육지는 많은 동물과 식물들의 서식지이다. 만 주위에는 워싱턴 D.C. 볼티모어, 리치먼드, 노르포크, 버지니어 비치 등의 도시가 있고 미국의 막강한 해군과 군함조선소도 숨겨놓았다.

다리를 건너 어부의 섬 비지트 센터에서 본 야생Wildlife 비디오 시청은 인상적이었다. 바닷가에는 바닷물로 많은 소나무들이 고사했다. 시간이 허락한다면 이곳에 다시 오고 싶었다.

✻ 2009. 10. 23 금요일 구름 비 〈에드거 앨런 포우Edgar Allan Poe 기념관〉

미국독립의 진원지가 된 필라델피아는 제 1차, 제 2차 대륙회의가 열린 곳이며 1790년부터 10년간 연방정부의 수도였던 곳이다.

필라델피아는 델라웨어 강과 스쿨킬 강이 합류하는 지점에 발달된 세계에서 손꼽히는 규모가 큰 담수항이다.

일찍이 상공업이 발달되었고 문화예술의 중심지이었다. 필라델피아 야구단도 유명하다.

〈에너벨 리 원고〉

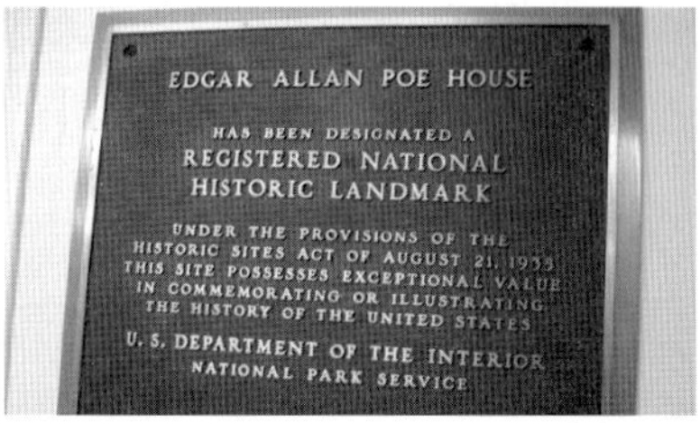

〈 포우의 집 〉

〈표시판〉

에드거 앨런 포우Edgar Allan Poe 기념관은 외각지대에 있었다. 집 앞에는 다음과 같은 푯말이 있었다.

EDGAR ALLAN POE HOUSE

HAS BEEN DESIGNATED
A REGISTERED NATIONAL HISTORIC LANDMARK
UNDER THE PROVISIONS OF THE
HISTORY SITE ACT OF AUGUST 21, 1935
THIS SITE POSSESSES EXCEPTIONAL VALUE
IN COMMEMORATING OR ILLUSTRATING
THE HISTORY OF THE UNITED STATES

에드거 앨런 포우 하우스는 1935년 8월 21일 "역사유적 보호법(HISTORY SITE ACT)"의 법령에 의거하여 등록된 국립 역사유적지(NATIONAL HISTORIC LANDMARK)이다. 이 부지는 미합중국의 역사를 기리고 보여주는 특별한 가치를 갖고 있다.

U.S. DEPARTMENT OF THE INTERIOR NATIONAL PARK SERVICE
미합중국 내무부 국립공원국

1962

요절한 천재 시인의 집은 그의 비극적인 삶과 같이 불우하고 가난했던 그의 삶을 읽을 수 있었다. 이렇다할 유물이 없었다. 포우의 흉상, 포우의 사진과 부모의 사진, 그의 아내의 사진, 패널이 전시 되었다. 집은 4층이었는데, 「검은 고양이」를 쓴 방과 「갈가마귀」의 원고, 「애너벨 리」의 시 전문이 써진 육필 원고가 전시되었다.

포우의 집은 뉴욕에도 있다. 뉴욕 식물원 서쪽에 있는 포우의 집은 하얀색 작은 오두막집으로 시인이 불우한 만년을 보낸 곳이라고 한다.

포우 기념관을 본 후 소라가 가고 싶어 하는 부쉬킬Bushkill을 향해서 출발했다. 부시킬은 필라델피아 북쪽에 있었다. 611 주도를 오후 내내 조심스럽게 달렸다. 시골길이라 경치가 좋았고 산에는 아름다운 단풍이 절정을 이루었다. 박물관은 조그마했고 소라만 보게 했다. 그곳 싼 여관에서 자고 부쉬킬 폭포를 구경하기로 했다.

✲ 2009. 10. 24 토요일 비 〈필라델피아 인디언 박물관〉

워싱턴으로 돌아오면서 고속도로에서 티켓을 못 뽑아 3불 낼 것을 27불 23센트를 내라고 해서 외국인이라 몰랐다고 해도 막무가내이었다. 표 뽑는 곳은 1차 선 톨게이트인데 4차 선으로 진입해서 뽑을 수가 없었다. 사정을 해도 안 되어서 부당하다고 생각되어 버텼다. 결국 5불을 주고 그 장소를 모면할 수 있었다.

필라델피아 인디언 박물관을 찾는데 진이 다 빠졌다. 이때까지 본 어느 인디언 박물관보다 규모도 크고 잘 진열되어 있었다. 소라가 찾는 인디언 자료가 풍부했다. 그곳에서 30,000년 전에 살았다는 파오오 원주민에 대한 것을 알았다. 소라는 무척 흡족해 했다. 자연사 박물관도 좋았다.

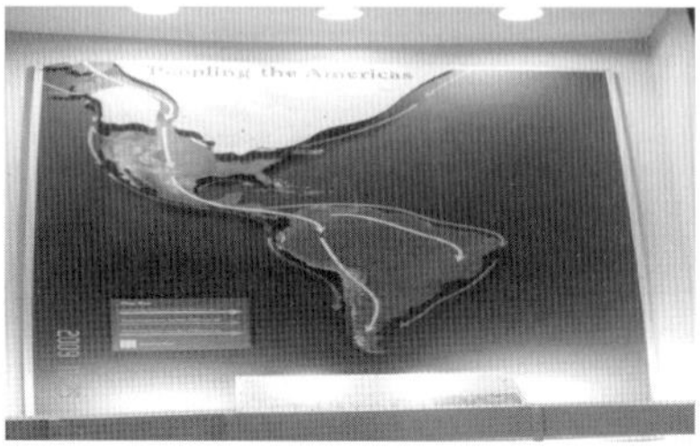

〈아메리카 대륙의 원주민 이동 경로〉

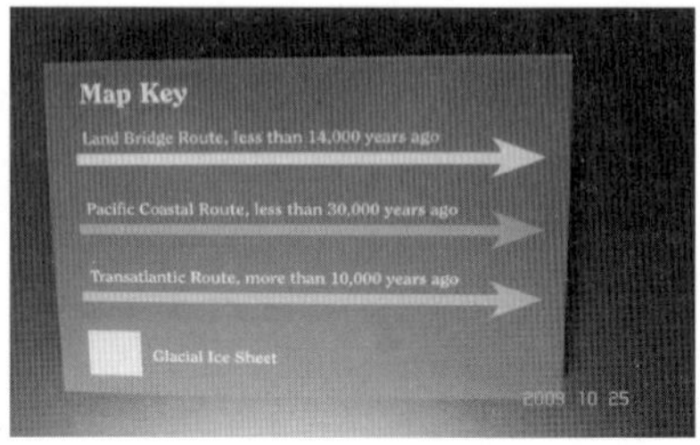

〈Map Key〉

〈인디언 생활 상상도〉

〈절구통〉

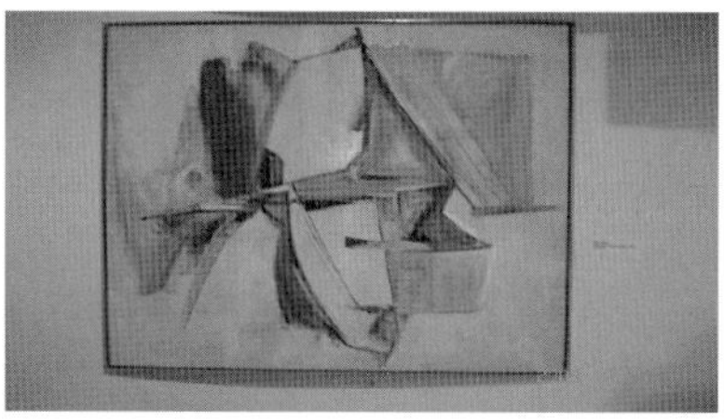

〈필라델피아 현대 미술관의 그림〉

〈필라델피아 현대 미술관 그림〉

필라델피아 현대미술관도 들렸는데 사진촬영이 금지되었다.

2차 긴 여행의 마무리인 워싱턴을 향해서 출발했다. 필라델피아를 벗어나자 앞이 안 보일 정도의 비가 내렸다.

옆길로 나가 여관에 들어갔다. 58달러 50센트의 싼 여관이었다.방이 이층에 있어 가방을 운반하기가 어려웠다.저녁은 중국집에 가서 먹었다. 12불을 지불했다. 1,200불 수중에 있다. 어떻게 하든 1,000불로 11. 9까지 버텨야한다.

✤ 2009. 10. 25 일요일 맑음

아침은 언제 비가 왔느냐는 듯 맑았다. 이제 워싱턴으로 돌아 가야한다. US-301하이웨이를 선택했는데 어찌된 영문인지 다른 길로만 간다. 시간이 없어 점심은 차에서 해결했다.

체세픽 만에 있는 섬의 스티븐빌리Stevensville를 경유 워싱턴에 갈 요량인데 어디서 잘 못되었는지 US-301N로 자꾸 가는 것이었다. 이상해서 내비를 정해 놓은 여관으로 바꾸었더니 그제사 정상으로 갔다. 그러니까 체세픽 만의 다리를 두 번 건넜다. 내비도 만능이 아니다.

워싱턴으로 가는 길은 농장도 눈에 뜨이고 산에는 참나무가 많았다.

오후에야 예약해 놓은 익스텐디드 스태이 디럭스 호텔Extended Stay Deluxe Hotel에 도착해서 2차 여행을 마쳤다.

이 여관에서 성탄절까지 2개월을 머물 것이다.

✤ 2009. 10. 26 화 비 〈워싱턴Washington, D.C.〉

워싱턴Washington, D.C. 정식명칭은 Washington, District of Columbia, 포토맥Potomac과 애너코스티아Anacostia 강 하구에 있는 미국의 수도이다. 1790년 국회동의를 얻어 주도 세밀하게 기획되어 건설된 도시이다. 1791년 프랑스의 공학자 피에르 샤를 랑팡이 설계했다. 그는 파리와 베르샤유의 바로크 양식을 도입한 아름다운 도시를 구상했다. 가장 역점을 둔 곳은 국회의사당, 몰 산책로, 백악관이었다.

워싱턴 D.C.의 랜드 마크는, 독립전쟁의 총사령관에다 초대 대통령인 조지 워싱턴을 기념하기 위한 워싱턴 기념비이다. 높이가 169m로 세계에서 가장 높은 석조 구조물이다. 몰의 서쪽에 있다.

백악관과 국회의사당은 모두 바로크 식으로 지어졌다. 백악관 주변과 몰 산책로에 접한 콘스티투션 가를 따라 아름답고 웅장한 건물들이 늘어섰는데 연방행정 부서들과 중요한 국가기관들이 많이 있다. 국회의사당 옆에는 로마시대의 신전 같은 건물이 있는데 바로 미국의 최고재판소이다. 국회의사당 뒤쪽에는 국회도서관이 있다.

워싱턴의 특징은 몰 산책로 주변에 있는 스미스소니언의 여러 박물관과 국가적 영웅을 기리는 기념물들이 도처에 있다는 것이다. 강 건너에는 세계의 경찰서라 할 수 있는 펜타곤과 알링턴 국립묘지가 있다.

워싱턴대성당은 워싱턴에서 가장 높은 곳인 세인트올번 언덕에 있다.

워싱턴 D.C.는 1814년 일시적으로 조지 콕번 제독이 이끄는 영국 해군에 점령당했다. 콕번은 백악관, 국회의사당, 해군무기고를 태웠다. 남북전쟁 당시도 남군의 집요한 공격이 있었으나 북군은 사수에 성공했다. 따라서 전화를 면할 수 있었다.

시 인구는 632,323명으로 미국에서 25위, 대도시권으로는 5,703,948명으로 7위이다. 부자 도시로는 미국에서5위, 세계적으로는 10위이다. 작은듯하면서도 대단한 도시가 아닌가.

이러한 내용이 미국의 수도에 대하여 알아낸 지식의 편린들이다.

컴을 고치러 갔다. 소라의 프린터기가 연결이 잘 안 되었고 내 컴은 무선 인터넷wirless internet이 잘 안되었다. 우리는 한국 신문에서 광고를 보고 똘똘이 컴에 갔다. 비가 내리고 있었다. 주인은 젊은 한국사람 이었다. 두 컴 다 10분 손보는데 30불 씩 60불 내란다. 한국 같으면 서비스로 해줄 터인데.

그리고는 치과에 갔다. 내 이빨을 한국에서 금으로 씌웠는데 염증이 있어 시멘트로 고정시키지 않아 껌을 씹다가 빠져서 고정시키러 갔다. 120

불을 지불했다. 너무 비싼 의료비에 입이 딱 벌어졌다.

점심을 먹고 옷가게에 갔다. 소라의 생일이 가까워오기 때문이었다. 그녀의 웃옷을 하나 사주었다. 100불 40센트 주었다. 오늘 참 많은 일을 했다.

〈 최선향씨와 라 〉

〈최선향씨 남편〉

그런데도 선향의 집에 가서 짐을 가져와야한다. 우리는 선향의 부부와 저녁식사를 약속했다. 서로 인사를 나누고 짐을 차에 싣고 이내 한국식당으로 갔다. 해물탕과 불고기를 주문했고 소주도 시켰다.

선향의 남편은 백인인데 소주도 잘 했다. 이름이 Gery인데 경제학 박사로 키가 190cm가 넘고 뚱뚱하지 않고 잘 생겼다. 그는 한국에서 군 장교로 근무한 경력이 있어 한국여자와 결혼한 것이란다.

그는 선향을 만나 워즈워즈의 『오드Ode: Intimations of Immortality from Recollections of Early Childhood』에 나오는 '초원의 빛'으로 사랑을 고백한 낭만적인 사람이다.

Though nothing can bring back the hour
Of splendour in the grass, of glory in the flower;
We will grieve not, rather find
Strength in what remains behind;
In the primal sympathy

Which having been must ever be;
In the soothing thoughts that spring
Out of human suffering
In the faith that looks through death,
In years that bring the philosophic mind.

풀이나 꽃에 광휘와 영광이 있었던
시절이 되돌아오지 않은들 어떠하리.
우리는 슬퍼하지 않고 힘을 찾으리라,
뒤에 남아있는 것에서,
과거에도 있었고 언제나 있을 것이 틀림없는
원초적인 공감에서,
인간의 고통으로부터 흘러나온
위로의 생각에서
철학적 정신을 가져오는 시기에
죽음을 투시하는 신앙에서

그와 소주를 마시면서 이것저것 이야기 했다. 그는 다 방면에 조예가 깊은 지식인이었다. 저녁 식사 후 그의 집 거실에서 차와 다과를 나누며 시에 대한 이야기를 했다. 그는 여러 편의 시를 외우고 있었고 특히 하우스만Housman, Alfred Edward을 좋아하는 우수한 독자였다. 아니 아마추어 시인이었다. 나도 내 시를 낭송했다. 그는 그의 유일한 저서 『New Moral Order-The Poems and Eassys of David Martin』을 서명해서 나에게 주었다. 물론 나도 『Poems of In-Hwan Bae』를 사인을 해서 주었고 선향에게는 나의 세 번 째 시집 『가장 밝은 시간』 과 최근의 시집 『꽃다지와 느티나무』, 『다시올 문학』1권을 주었다.

✲ 2009. 10. 27 수요일 맑음 〈남미 항공권 구매〉

어제 컴을 고치고 치과에 갔다 온 후 중요한 일이 나의 전자 여권이었다. 남미 여러 나라를 돌아다니려면 전자여권이 필수이다.

한국영사관은 대사관 거리에 있었다. 여권을 담당하는 여사무원이 친절했다. 안내해주는 사진관에 가서 사진을 찍고 수속을 밟았다. 한 달 후에나 나온단다.

다시 여행사를 찾았다. 어제 가본 여행사가 신뢰가 가지 않아 다른 여행사를 물색했다. 한 군데만 가보고 결정하는 것은 성급한 판단이 아닌가? 두어군데 더 가보고 신중하게 결정하자고 해서 다른 곳을 찾았다. 소라는 곱게 자라고 줄곧 학자의 생활을 해서 그런지 타인을 무조건 믿는 버릇이 있다.

2010년 2월 3일에 미국을 떠나 멕시코에 갈 계획이다. 한 달 간을 멕시코 관광을 하고 남미로 떠난다.

이번에 가본 곳은 비행기 표만 취급한다고 했다. 깡마른 여직원이 여러 곳을 찾아 싼 곳을 추천해주어 두말 않고 비행기 표를 예약했다.

피닉스에서 멕시코 시티까지, 깐꾼에서 리오데 자네이로까지, 에콰도르의 키토에서 LA까지의 긴 항로를 1,536불로 끊어주었다. 소라는 LA에서 서울까지의 요금을 더 냈다. 나는 비행기 표를 한국에서 사왔는데 비행시간 변경이 있어 LA공항에서 20불을 더 내라고 했다. 사실 이 돈은 소라가 부담하는 것이 맞다. 왜냐하면 그녀의 비행기 표 때문에 내 표를 변경했으니까. 그런데 그녀가 어린애처럼 우기니 남자인 내가 질 수밖에.

우선은 이렇게 가닥을 잡아놓으니 안심이 됐다.

오후에는 차를 고치기 위해서 바디 샵Body Shop을 찾았다. 보올티모어Baltimore에 가서 한국인이 경영하는 정비소를 찾았는데 참 친절하고 신뢰가 가는 사람이었다. 그 정비사에게 차 수선을 맡기기로 하고 보험사에 전화를 걸어 고쳐도 좋다는 승낙을 받았다.

✻ 2009. 10.29 금요일 맑음 〈출근 연습〉

버스와 전철을 번갈아 타고 소라의 스미스소니안 포크 웨이Folk Way에 가는 방법을 알아보는 출근 연습을 했다. 버스를 타는데 요금을 지불할 줄 몰라 쩔쩔 맸다. 워싱턴 버스는 잔돈을 바꾸어 주지 않는다. 그러니 미리 준비해야한다. 바꿀 곳도 마땅하지 않다. 지불하는 방법도 특이해서 2달러는 지폐를 지불하는 곳에 넣고 동전은 동전 넣는 곳에 넣어야한다. 단순한 그것이 잘 안 되었다.

또 지하철 표를 어떻게 사야하는지 몰라 어리둥절했다. 역에 도와주는 사람이 있어 사주었다. 키가 후리후리하게 큰 흑인이었는데 무척 친절했다. 워싱턴 지하철 운임은 러쉬 아우어와 그렇지 않은 시간대의 요금이 달랐다. 노인은 외국인도 조금 할인된다.

워싱턴은 다섯 노선의 지하철이 있다. 레드 라인, 오린지 라인, 옐로 라인, 그린 라인, 블루 라인 등 이다. 우리는 쉐디 글로브에 가서 레드 라인을 타고 메트로 센터 역에서 내려 오린지 라인이나 블루 라인으로 갈아 타고 레팡트 역에 내리면 바로 옆 건물에 소라의 사무실이 있다. 소라의 사무실까지 한 시간 반 이상이 걸렸다. 우리 여관이 변두리에 있기 때문이었다.

여하튼 한 번 와봤으니 11월 2일은 일찍 오기로 했다.

✻ 2009. 11. 2 월요일 맑음 〈국회의사당〉

아침 6시 반에 출발. 스미스소니언 포크 웨이에 출근했는데 기다리는 연구관 알린Arlene L. Reiniger은 오지 않았다. 한 시간 있으니까 그 때서야 담당자가 왔다.

그녀가 오늘이 서머타임이 해제되는 날이라고 해서 민망했다. 그러니까 지금 시간이 8시 30분인 셈이었다. 나는 소라와 헤어져서 원주민 박물관 쪽으로 걸어갔다. 박물관은 굳게 잠겨있었다. 아무도 보이지 않았다. 오늘 휴관인가 생각했다. 한 사무원이 출근하는 것 같아 그에게 물었더니 박물관은 10시에 개관한다고 말했다.

아직도 40분은 기다려야했다. 동쪽에 있는 케피탈 힐 쪽으로 걸어갔다. 커다란 백색의 우아한 건물이 눈에 들어왔다. 그 건물이 백악관인가 하고 생각했다. 가까이 가보니 백악관이 아니고 국회의사당 건물이었다. 어쩐지 사람들이 자유로이 드나드는 것 같았다. 국회의사당 앞에는 조각 작품들이 많았다. 미국의 독립을 뜻하는지 말을 타고 있는 한 무리의 군인들과 여러 마리의 사자상들이 인상적이었다.

날씨가 쌀쌀했다. 이른 시간인데도 많은 관광객들이 사진을 찍었다.

〈말 탄 군인조각 〉

〈전투하는 군인조각〉

〈 의사당의 조각 〉

〈조각〉

이 역사적인 건축물은 1792년 공모전에서 건축가가 아니고 직업이 의사인 윌리엄 손턴의 작품이라고 한다. 그는 건축에 대한 경험이 전무하여 여러 사람의 건축 전문가의 감독 아래 국회의사당이 완성되었으나 1814년 영군군에 의하여 그 건물은 불타버렸고, 솔턴의 처음 설계에 따라 1827년에 찰스 불펀치에 의해서 다시 지어졌고, 이어서 증축공사는 토마스 우스틱 월터에 의해서 1859년에야 완성되었으며 그 때 주철로 된 87m의 둥근 지붕도 설계되었다고 했다. 그는 미켈란젤로가 만든 로마의 신피에트르 대성당에 있는 둥근 지붕을 기초로 설계했다. 1863년에 토머스 크로포드가 만든 6m높이의 동상인 〈자유Freedom〉를 둥근 지붕 꼭대기에 설치했다. 이로써 그 유명한 로툰다Rotunda가 완성된 것이었다.

그 후에 안 일이지만 미국의 수도에는 참 훌륭한 건물이 많다. 그 중에서 으뜸은 역시 국회의사당이라고 생각했다.

1번가에 있는 미국의 국회의사당 건물은 참으로 훌륭했다. 미국을 대표하는 건축물이다. 그 규모의 웅장함, 아름다운 건축미, 부속건물의 다양함, 조화로운 주변의 분위기, 상징성이 미국의 어느 건물보다 뛰어났다. 이 점 하나만 봐도 미국의 지향점이 어디인가를 알 수가 있다.

의사당 왼쪽에는 미국의 최고 법원이 있고 백악관은 몰을 빗겨 워싱턴 기념탑의 북쪽인 16번 가에 있다.

점심시간이 되자 몰에는 조깅하는 사람들이 많았다. 원시인처럼 가슴에 난 털을 자랑이라도 하듯 웃통을 벗어부친 사람들이 더러 있었다. 점심시간에 소라와 만나서 사무실 맨 아래층에 있는 식당에서 점심식사를 했다. 힘들지 않았느냐니까. 힘들지 않았단다.

오후에는 스미스소니언 캐슬에 가서 〈고우 스미스소니언go Smithsonian〉을 얻어 보고 몰 산책로를 거닐며 사진을 여러 장 찍었다.

4시 경에 소라에게 다시 가서 같이 퇴근했다.

✲ 2009. 11. 3 화요일 맑음
〈 스미스소니언연구소-캐슬 Smithsonian Institution Building-The Castle〉

소라와 함께 아침에 출근했다. 10시에 소라가 사무실에 도착예정이라 좀 늦게 출발했다. 쉐디 그로브까지 승용차를 타고 갔으나 주차장은 이미 만차라 옆에 있는 카 맥스Car Max에 주차하고 지하철을 탔다.

소라와 사무실 앞에서 헤어지고 몰에 나갔으나 몹시 추운 날이었다. 다시 스미스소니언 캐슬에 갔다. 그곳은 9시부터 문을 열어놓는다. 캐슬의 북쪽 현관에 이 박물관의 건립자인 스미슨의 유해를 안치해놓았다. 그의 동상과 초상화 책과 약간의 유물들도 전시해놓았다.

영국의 과학자 제임스 스미슨의 기부금으로 설립된 스미소니언 연구소는 모두 16개의 박물관과 미술관, 동물원으로 구성돼 있어, 세계최대 규모의 종합 박물관이다. 스미슨 자신은 미국에 한번도 온 일이 없으나 1829년 사망 당시 55만 달러의 유산과 "인류의 지식을 넓히기 위한 시설을 워싱턴 D.C.에 세우고 싶다"는 유언을 남겼다.

박물관들은 대부분 넓게 펼쳐진 잔디공원인 내셔널 몰을 중심으로 양옆에 위치해 있다.

〈휴식의 공간 몰 〉

〈멀리 워싱턴 탑〉

〈몰공원에서 본 의사당〉

〈몰 공원의 풀밭〉

〈몰 공원의 분수〉

〈몰 공원의 오리때〉

스미스소니언캐슬Smithsonian Institution Building-The Castle

몰에서 가장 눈에 띄는 빨간색 건물로 멋진 외관이 화려하다. 성조기가 푸른 하늘을 배경으로 펄럭이고 있었다. 현재는 스미스소니언 박물관 정보 센터로 할용하고 있다. 이곳에서 부속 박물관들을 소개한 팸플릿과 각종 관련 정보를 얻을 수 있다.

성채 뒤편과 주위에는 정원이 아름답게 꾸며져 있어 사시사철 꽃을 볼 수 있다. 여기저기 벤치가 있어 여행에 지친 몸을 쉴 수 있다.

스미스소니언 연구소는 아래와 같은 박물관으로 구성되어 있다.

스미스소니언 연구소건물Smithsonian Institution Building
미국예술기록보관소Archives of American Art
초상화 미술관과 미국예술박물관National Portrait Gallery and Smithsonian American Art Museum
항공우주박물관National Air and Space Museum
항공우주박물관별관The National Air and Space Museum's Steven F. Udvar-Hazy Center
역사 박물관National Museum of American History
자연사 박물관National Museum of Natural History
인디언 박물관National Museum of the American Indian
아서 M.새클러 박물관Arthur M. Sackler Gallery/Asian Art
프리어 예술관및 아세아와 아메리칸미술관Freer Gallery of Art/Asian and American Art
허숀 박물관 및 조각공원Hirshhorn Museum and Sculpture Garden/Contemporary and Modern Art
국립 아프리카 예술 박물관National Museum of African Art
랜위크겔러리/미국미술관Renwick Gallery /American Art
우편 박물관National Postal Museum
애너코스티어(地區 이름)공동체박물관Anacostia Community Museum
동물원National Zoological Park

항공 우주 박물관National Air and Space Museum에 갔다.

1976년에 개관한 항공 우주 박물관은 방문객이 가장 많고 인기가 최고인 곳이다. 일년 평균 방문객은 9백만 명이다. 라이트 형제의 최초의 비행에서부터 현재의 항공 우주 비행 기술을 총망라하여 단계적으로 설명해

놓아, 특히 어린이와 학생들에게 인기가 높은 곳이다. 23개 전시실과 아이맥스 영화관이 있다. 항공우주 박물관은 정말로 무료관람이었고 관람객들로 붐볐다. 아이들보다 어른이 더 많았다. 관람객 중에는 동양 사람들도 상당했다. 중국인들이 특히 눈에 띄었다. 로켓과 미사일을 유심히 보는 사람들도 중국인들이었다.

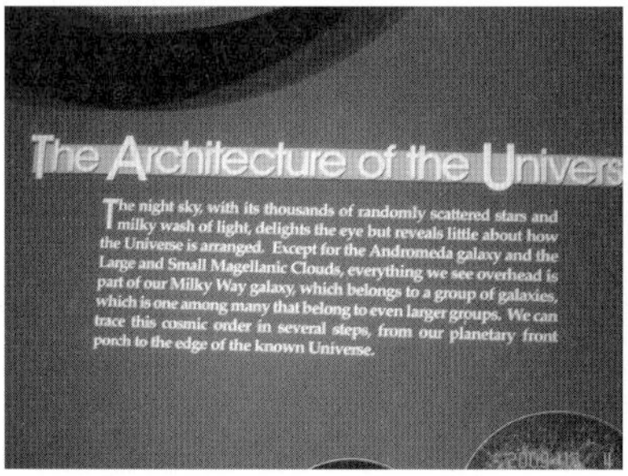

〈우주의 생성〉

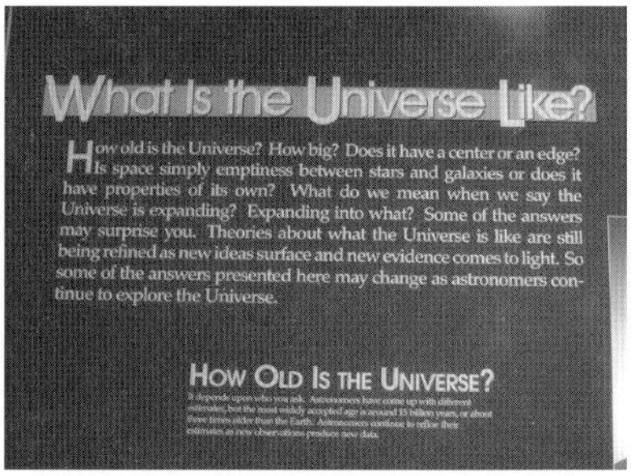

〈우주의 형태〉

〈최초의 프로펠러〉

〈라이트 형제의 최초의 비행기〉

〈항공모함의 비행기들〉

〈달 착륙〉

그 규모와 해놓은 시설이 과연 미국이 과학의 나라이구나 하는 깊은 감명을 받았다. 다음과 같은 구절이 눈길을 끌었다.

The Architecture of the Universe

The night sky, with its thousands of randomly scattered stars and milky wash of light, delights the eye but reveals little about how the Universe is arranged. Except for the Andromeda galaxy and the Large and Small Magellanic Clouds, everything we see overhead is part of our Milky Way galaxy, which belongs to a groups. We can trace this cosmic order in several steps, from our planetary front porch to the edge of the known Universe.

우주의 건축

수많은 별과 빛의 향연이 펼쳐지는 밤하늘은 우리의 눈을 즐겁게 해주지만, 우주가 어떻게 만들어졌는지에 대해서는 아무 것도 알려주지 않는다. 안드로메다 은하와 대마젤란은하Large Magellanic Cloud 그리고 소마젤란 은하Small Magellanic Cloud를 제외하면, 하늘에서 우리가 볼 수 있는 모든 것은 우리 은하계Milky Way galaxy에 불과하다. 우리가 속한 행성계로부터 알려진 우주의 끝까지, 몇 단계에 걸쳐 이 우주의 질서를 탐험할 수 있다.

What Is the Universe Like?

How old is the Universe? How big? Does it have a center or an edge? Is space simply emptiness between stars and galaxies or does it have properties of its own? What do we mean when we say the Universe is expanding? Expanding into what? Some of the answers may surprise you. Theories about what the Universe is like are still being refined as new ideas surface and new evidence comes to light. So some of the answers presented here may change as astronomers continue to explore the Universe.

우주는 어떨까?

우주의 나이는 얼마일까? 우주는 얼마나 클까? 우주의 중심과 끝은 있는 건가? 별과 별사이 은하와 은하사이는 단지 텅빈 공간일까? 아니면 어떤 특별한 물질이라도 채워져 있는 것일까? 우주가 팽창한다고 했을 때 그것은 우리에게 어떤 의미인가? 도대체 무엇에게로 팽창한다는 것일까? 몇몇 정답은 아마도 여러분을 놀라게 할 것이다. 우주가 어떠한가에 대한 해답은 새로운 것들이 발견되고 새로운 이론이 정립됨에 따라 조금씩 밝혀지고 있다. 따라서 여기서 언급할 몇 가지 이야기는 우주를 더 탐구함에 따라 변할 수 있다.

데빌 킬 힐에 있는 박물관 보다 훨씬 크고 다양했다. 박물관은 2층 건물이었다. 수백 가지의 꼭 봐야할 아이콘과 아포로 11호의 명령 모듈을 진열해놓았다. 라이트 형제의 최초의 비행기와 그와 관련된 세세한 자료들과 처음 달에 간 사람이 입은 우주복 등 다양했다.

각종 항공기의 발달사와 모형. 이곳에 온 과학영제들이 꿈을 키우기에 좋은 장소이었다. 내 손자들을 위해서 많은 사진을 찍었다. 과학에 소질이 있는 외손자 건하와 산하가 이곳에 오면 얼마나 좋아할까! 준이와 린이가 조금 크면 오게 되겠지. 이런 지식을 손자 손녀에게 아르켜줄 생각을 하니 가슴이 막 뛰었다.

✲ 2009. 11. 4 수요일 맑음
〈자연사 박물관National Museum of Natural History〉

날씨가 화창했다. 하루하루 가을이 짙어진다. 몰의 나무들도 가을의 절정을 이룬 것 같았다. 자세히 보니 몰은 흙길이다. 조깅을 하거나 걷는 사람에게 평온함을 주기위한 배려 같았다. 그리고 잔디밭에도 잡초가 무성하다. 아마 제초제를 쓰지 않기 때문일 것이다. 낙엽도 그대로 둔다. 다만 시민들의 부지런함으로 잔디는 단정하게 깎아놓았다. 도로변의 잔디도 깎아놓았다.

국회의사당 쪽으로 다시 가 보았다. 많은 학생들이 소풍을 와서 소란했고 데모하는 사람들이 많았다. 경비원들이 있었으나 별로 상관하지 않았다. 국회의사당 건물까지 자유로 들어 갈 수 있는 것 같았다. 경비원에게 들어가도 되느냐고 물었더니 OK 라고 말했다.

〈 일본 명찰을 달고 있는 느티나무 〉

〈시위하는 군중〉

안으로 걸어들어 갔다. 느티나무가 많아서 옛 친구를 만난 것처럼 반가웠다. 미국의 어느 곳에서도 보지 못한 우리나라 나무가 국회의사당에 있는 것은 얼마나 감격스러운 일인가! 그런데 가까이 가서 나무 명찰을 보니까. 나무마다 일본 느티나무Japanese Zelkova라고 표기되어 있었다. 이게 무슨 날벼락인가? 기분이 안 좋았다. 약삭빠른 일본이 선수를 친 것이다. 경비 서는 경찰에게 가서 이 나무는 일본뿐만 아니라 한국, 중국에도 많이 자라는 나무이며 사실은 한국나무라고 설명을 해주었다. 그는 묵묵부답이었다.

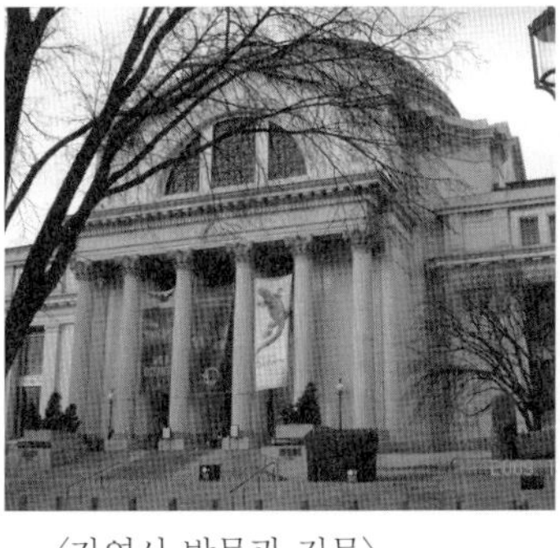

〈자연사 박물관 건물〉

〈거대한 코끼리 박제〉

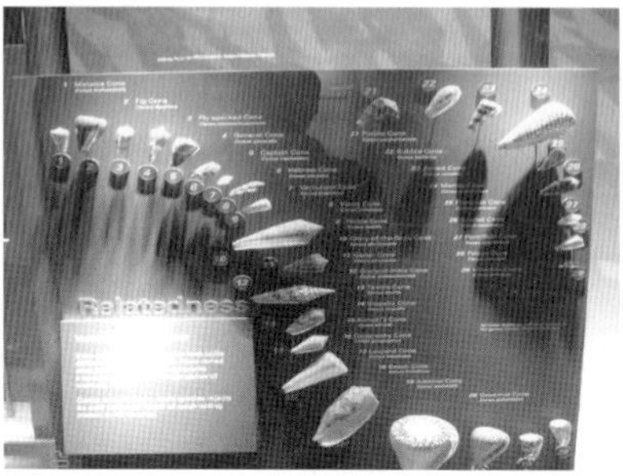

〈생물의 발달〉

〈박제 공간〉

〈림라이트의 포유류〉

〈화석〉

그래도 자꾸 이야기해야 한다. 몰을 한참이나 걸어, 자연사 박물관 National Museum of Natural History에 갔다.

어제 다녀온 우주 항공 박물관 못지않게 인기가 높은 곳이다. 연간 방문객이 7백4십만 이다.

문을 들어서자 로우턴다Rotundadp라 명명한 거대한 코끼리 박제가 시선을 끌었다. 진열실은 지하 지상 각 2층의 건물이었는데 지구에 있는 모든 것을 총 망라해 놓은 것 같았다.

고대와 현대의 포유류, 조류, 양서류, 파충류, 곤충류, 바다 식물 등의 표본이 전시되고 있으며, 인류역사 발전과정이 모형으로 전시되어 있다. 지하에는 새 박제가 참 많았다. 나비 표본들도 많았다.

1층에는 여러 종류의 공룡화석과 고대 동식물들의 화석들이 인기를 끌고 있고, 2층에는 미네랄과 보석 전시실이 하이라이트다. 또한 인류발달사, 우주의 생성, 지구의 구조와 흙의 비밀 등 없는 것이 없을 정도이었다. 또한 한국관이 눈길을 끌었다. 다른 박물관에서 전혀 보지 못한 한글과 세종대왕을 전시해놓았다. 뉴욕과 휴스턴에도 자연사 박물관이 있으나 워싱턴의 자연사 박물관이 가장 크고 훌륭하다.

〈자연사 박물관 연구원들〉

〈고래의 박제〉

〈나비 표본〉

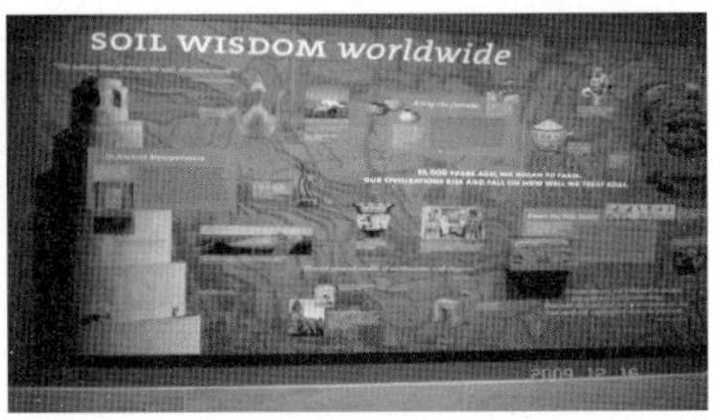

〈세상에 알려진 흙의 지혜〉

〈세계 지진대〉

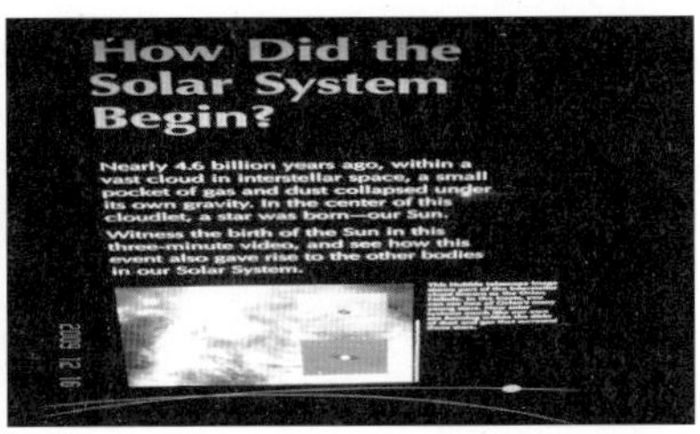

〈태양계는 어떻게 시작됐을까?〉

스미스소니안 자연사 박물관은 수집품이 1억2천 6백만 개다. 반면 뉴욕의 미국자연사박물관은 3천2백만 개이며 연간 방문객 수도 5백만에 지나지 않는다. 그러나 뉴욕의 미국자연사박물관도 세계최고라고 한다.

✲ 2009. 11. 5 목 맑음 〈백악관〉

오전에는 조각 공원에 가서 사진을 찍었다. 날씨가 좋아 사진발을 잘 받을 것 같았다. 어제 역광으로 사진을 찍어서 검게 나올 것 같아 처음부터 다시 찍었다. 신중하지 못한 내 성격으로 일을 망치는 일이 허다하다.

오후에 백악관에 갔다. 소라의 사무실에서는 먼 길이었다. 일단 워싱턴 기념탑까지 구경을 하면서 걸어갔다.

워싱턴기념비Washington Monument는 미국의 초대 대통령 조지 워싱턴을 기념하기 위하여 몰에 세워진 오벨리스크이다.

로버트 밀스의 설계 하에 메릴랜드 산 대리석으로 표면을 입힌 구조물로 바닥 넓이가 16.8m² 이며 높이 169.3m이다. 1885년에 준공을 보았다.

엘리베이터를 타면 약 70초 내에 정상에 올라갈 수 있다.

다음에 소라와 같이 기념비에 올라가보기로 하고 백악관을 찾아갔다. 백악관은 기념비의 북쪽에 있었다. 관광안내서에 본 건물을 구경하는 관광객이 몰려있었다. 경비가 삼엄했다. 지붕위에도 무장을 한 군인들 2~4명이 있었다.

백악관은 2007년 미국건축가협회가 미국인이 좋아하는 건축물 제 2위에 선정된 건물이다. 그만큼 아름다운 건물이다.

큰 나무들이 둘러싸고 있어 가급적 잘 뵈는 곳을 골라 구경을 했다. 그리고 사진을 몇 장 찍었다. 우선 이렇게 보아 두고 소라와 같이 다시 오기로 했다.

✲ 2009. 11. 7 토 〈국회 도서관〉

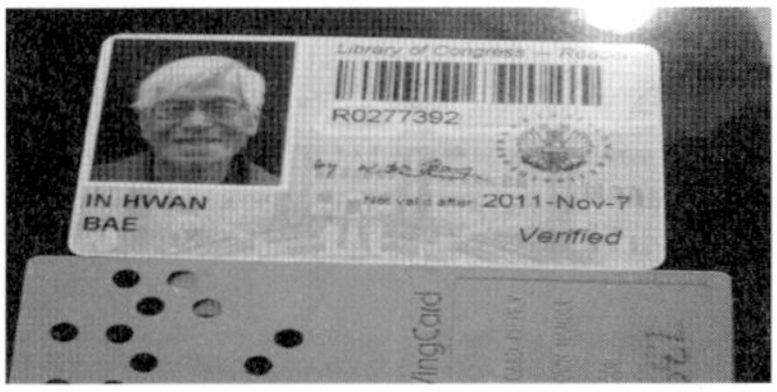

〈저자 국회도서관 카드〉

국회도서관은 메트로에서 다섯 번 째 정거장에 있었다. 전철을 내려 한참 걸어갔다.

국회도서관 건물은 국회의사당 바로 뒤였다. 도로에 경찰들이 여럿이 교통정리며 테러 방지를 위해서 언제나 경계를 하는 모습이다. 토요일이라 도서관을 열가 걱정했는데 열고 있어서 다행이었다.

여권을 내놓고 증명서를 끊고 수속을 밟아 들어갔다. 가방과 옷은 맡겨놓았다. 미국은 어디나 검열이 철저하다. 구내식당에 가서 점심을 먹고 들어가기로 했다. 음식 가격은 무척 쌌다. 다만 커피 값만 비싼 편이었다.

열람실에 들어가자 눈이 휘둥그레졌다. 밖에서 보기에도 대단했는데 안에는 더했다. 눈이 부실정도이었다. 눈에 보이는 책들은 전부 고전적인 느낌을 주는 명저 같았다. 국회도서관은 미국의 최대 도서관이다. 국회의원이나 정부 관료들에게 자료를 제공하는 이 도서관은 세계적으로 뛰어난 학술기관이다. 부속 건물도 여러 개 있다.

국적이 한국인 우리에게도 열람권을 만들어주어서 지금도 지참하고 있다. 한국관도 있는가 물었더니 있단다.

소라는 연구에 필요한 책 10권이나 빌리고 나는 관심이 있는 롱펠로에 관한 책 한권을 빌려 읽었다. 쉬운 문체이었다. 3시까지 책을 읽고는 눈이 아파 밖으로 나와 집으로 돌아왔다.

✲ 2009. 11. 9 월 맑음 〈미국국립미술관 National Gallery of Art〉

미국국립미술관은 1937년에 건립되었으며 메트로폴리탄 미술관에 이어 미국에서 두 번 째로 큰 미술관이고 세계적으로도 6위인 미술관이다. 일 년에 460만 명이 방문한다. 세계 6위의 미술관을 본다니 가슴이 설랬다. 그 유명한 메트로폴리탄 미술관의 방문객이 4백9십만이니 미국국립미술관도 어깨를 견줄만하다.

미국국립미술관에 갔다. 미술관은 우주항공박물관 몰 건너편에 있다. 2개의 건물로 되어 있는데, 서쪽 건물은 돔 건물로 미국의 금융업자 앤드류 멜론이 1931년에 기증했다.

전시 작품은 2차 대전 중 구소련이 전비 마련을 위하여 라파엘로(1483-1520)Raphael, 산드로 보티첼리Sandro Botticelli(1445-1510)의 작품을 헐값에 팔 때 싸게 사들였다.

13세기에서 20세기에 이르기까지 유명한 작가의 작품을 100여개의 전시실에 전시하고 있었다.

동쪽 빌딩은 주로 현대미술 작품을 전시하고 있었다.

동서 미술관은 지하 통로로 연결되는데 참 멋있었다. 서쪽 미술관에는 식당도 있고 기념품상점도 있어 복제된 그림이나 화첩, 수첩, 다이어리, 그림에 대한 여러 가지 액세서리 등을 팔고 있었다.

사진 촬영은 동관은 대체로 허용, 서관은 대부분이 허용되지 않았다.

먼저 들어간 동관에서 잭슨 폴록의 그림을 보았다. 그것은 다름 아닌 〈작품 No. 1. 1950(연보라빛 안개Number 1. 1950(Lavender Mist)〉이었다. 이 작품은 미술사의 전환점이 된 작품으로 유명하다. 미술의 중심지를 프랑스 파리에서 뉴욕으로 가져온 작품이다. 지금은 잭슨 폴록Jackson Pollock 이나 빌렘 드 쿠닝Willem de Kooning의 작품이 가장 고가로 팔리고 있다.

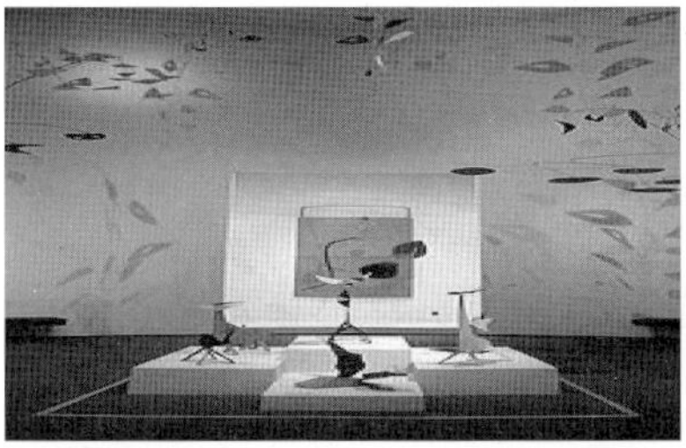

알렉산더 칼더〈모빌〉

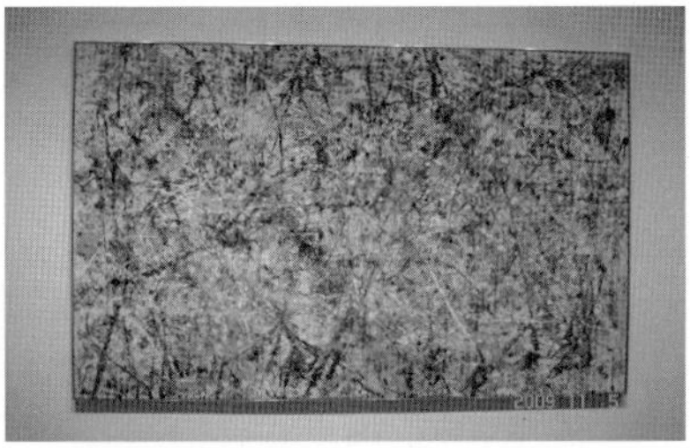

잭슨 폴록 〈Lavender Mist〉

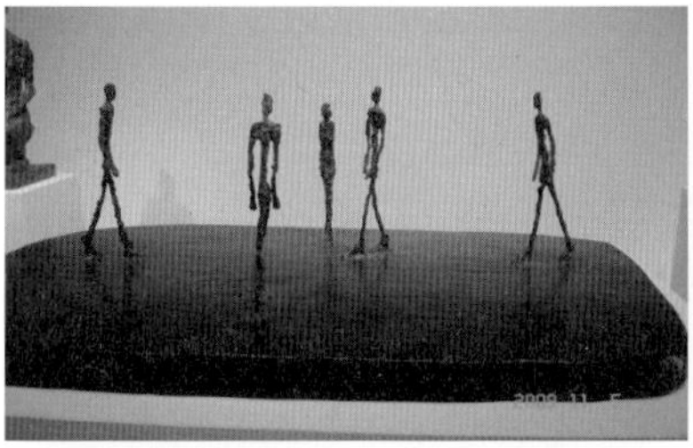

알베르트 자코메티 〈도시의 광장〉

장 뒤비페 〈이미지의 윤무〉

리히텐슈타인 〈Painting with Statue of Liberty〉

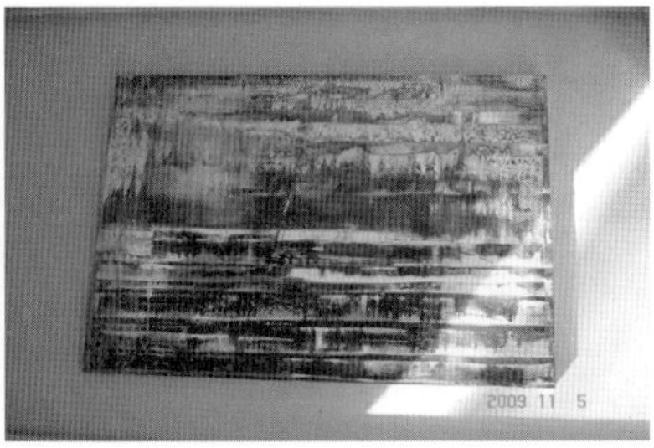

게르하르트 리히터 〈추상그림 〉

알랙산더 칼더 Calder의 아름다운 모빌들이 눈에 띄었다. 그리고는 알베르트 쟈코메티Albert Giacometti 스위스 1901-1966)의 가느다란 인체상을 8점이나 보았다. 그는 이들 작품으로 조각계의 1인자가 되었다.

구상표현주의의 거장 장 뒤비페Jean Dubuffet의 〈이미지의 윤무La ronde des images〉와 유명한 Pop artist이며 〈'행복한 눈물'〉로 우리나라에서 인기 상종가를 치고 있는 로이 리히텐슈타인의 〈페인팅 위드 스테처 오브 리버티 Painting with Statue of Liberty〉와 게르하르트 리히터 Gerhard Richter의 작품도 볼 수 있었다.

지하통로로 서관으로 갔다.

서관은 동관보다 훨씬 화려했다. 실내 정원도 아름다웠고 그림도 그림다웠다. 중세의 종교화, 르네상스 시대의 그림, 낭만주의 시대의 그림, 인상파 화가들의 그림도 많았다. 미술의 발달사를 한눈에 볼 수 있는 전시물이었다.

서쪽 출입문을 들어서자 미국역사상 가장 훌륭한 대통령으로 추앙받는 링컨의 좌상이 있었다. 나는 그 앞에서 사진 촬영을 했다.

중요 전시품은 다음과 같았다.

레오나르드 다 빈치의 〈지네브라Ginevra de' Benci〉와 라파엘로의 〈마돈나Madonna-Cowper〉를 보았다.

정물화가 풍속화를 그린 네덜란드의 화가 주디스 레이스테르Judith Leyster(1609-1660)의 〈피리부는 소년Young Flute Player〉, 후기 인상파 화가인 카미유 피사로Camille Pissarro, 석판화의 대가이며 인상파 화가 앙리 드 툴루즈 로트렉Henri de Toulouse Lautree의 〈The Medical Inspection at the Rue des Moulins Brothel〉 작품과 색의 마술사인 오귀스트 르누아르Auguste Renoir, 빛의 화가이며 수련 연작으로 유명한 클로드 모네Claude Monet, 폴 고갱Paul Gauguin, 너무나 유명한 빈센트 반 고흐Vincent Van Gogh, 근대회화의 아버지 폴 세잔느Paul Cezanne, 영국의 낭만주의 화가 존 마틴John Martin과 존 카스터블 John Constable, 미국의 수채화가이며 허드슨 강 학교의 창시자 토마스 콜Thomas Cole, 미국의 사실주의 화가 토마스 에킨스Thomas Eakins의 그림을 보았다.

보티첼리〈The Virgin Adoring the Child〉

로드렉〈The Medical Inspection at the Rue des Moulins Brothel〉

〈샤토, 1879에서 Orasman(뱃사공)〉

다빈치〈Ginevra de' Benci(Obverse)〉

레이스테르〈피리부는 소년〉

라파엘로〈마돈나Madonna-Cowper〉

차일드 하삼〈Allies Day〉

조지 벨로우스〈New York〉

〈조각작품〉

〈박물관 내부의 기둥〉

〈조각작품〉

〈조각작품〉

미국의 사실주의 화가 조지 벨로우스의 〈뉴욕〉, 미국 인상파 화가 프레더릭 차일드 Hassam의 〈올리스데이 Allies Day〉는 미국적인 것이었다.

✲ 2009. 11. 10 화 흐림 〈허시온 미술관〉

소라는 사무실에는 일주에 이틀 나가기로 했다면서 오늘은 스미스소니언 원주민 라이브러리에 가야한단다. 책을 빌리러 간다는 것이었다. 국회도서관에 가면 안 되느냐니까 그곳에 자료가 있단다. 그녀는 요전에 내가 부탁한 보스턴에 금요일에 가자고 말했다.

보스턴은 안 간다면서 어쩐 일이냐니까. 안가면 평생 이야기할 텐데 그 소리를 어떻게 듣느냐는 것이었다. 어쨌든 소라가 보스턴에 가자는 내 소원을 들어준 것은 고마운 일이었다. 나는 진심으로 고맙다고 말했다.

8시 반에 출발하였다. 내비는 I-270S로 달리다가 캐늘로드Canal Road로 들어갔다. 도로 오른쪽 바로 옆에 운하가 있고 물이 없는 강바닥은 정글 같은 숲이 되었다. 숲 저쪽에는 포토맥Potomac 강이 흐르고 있었다.

시내로 접어들었는데도 보통 때는 강을 건너서 시내로 들어갔는데 강을 건너지 않고 차는 달렸다. 포토맥 강폭은 더 넓고 아름다웠다. 한강물보다 더 맑아보였다. 도시는 강이 있어야한다. 도시를 벗어나 한 시간은 달린 후에야 원주민 도서관이 있었다. 미리 전화를 했기 때문에 사무원을 만나 쉽게 책을 빌릴 수 있었다. 원주민 도서관도 스미스소니안 소속이라 소라는 열람권이 있었다. 그녀는 아홉 권이나 빌렸다. 나는 구경만 했다.

돌아오면서 허시혼 미술관Hirshon Museum and Sculpture Garden에 갔다. 미술관에 들어가기전에 조각공원에 갔다. 다음과 같은 조각들이 눈길을 끌었다.

Arnaldo pomodoro〈sphere NO.6〉

David Smith 〈Cubi ＸＸⅤⅠ,1965〉

Barry flanagan〈Thinker on a Rock,1997〉

Mark di suvero〈Aurora,1992-1993〉

Joon Miro〈무식한 명사, Bird-Flash,1974,cast 197〉

Louise bourgeois〈Spider〉

1974년에 개관한 허시혼 박물관은 도넛 모양처럼 생겨 '도넛 온 더 몰 Dougnut on the Mall' 이라고 한다. 박물관 전시물은 허시혼이 기증한 6.000여점의 그림과 조각에, 미국, 유럽 미술가들의 현대미술 6.000여점을 더한 미술관으로 매우 귀중한 박물관이었다.

National Gallery of Art에서 본 그림과는 많이 달랐다.

이 미술관에는 생면추상의 화가 엘스워스 켈리의 작품이 인상적이었다. 움직이는 조각의 창시자 알렉산더 칼더Alexander Calder, 추상표현주의 작가 빌렘 드 쿠닝Willem de Kooning, 색면추상의 화가 모리스 루이스 Morris Louis, 추상표현주의 작가 클리포드 스틸Clyford Still의 그림을 소장하고 있었다.

맨 먼저 나의 관심을 끈 작품은 팝의 교황 앤디 워홀의 초상화와 마리린 몬로의 입술 그림이었다.

클리포드 스틸Clyford Still의 작품 〈1960-R〉 〈1950-M〉 〈Mo-1〉, 빌렘 드 쿠닝Willem de Kooning의 괴상하게 그린 우먼Woman 시리즈 12점을 보았고, 추상표현 화가 중 유일하게 현재 활동하고 있는 조안 미첼Joan Michell 〈Cercand un Age〉의 그림도 보았다.

조각으로는 파플로 피카소Pablo Picasso의 조각 3점을 본 것은 큰 수확이었다. 〈Arm〉, 〈Woman with Baby Carriage〉,〈Head of a Woman〉 등 이었다.

클리포드 스틸〈1960-R〉

존 미첼〈Cercando un Ago〉

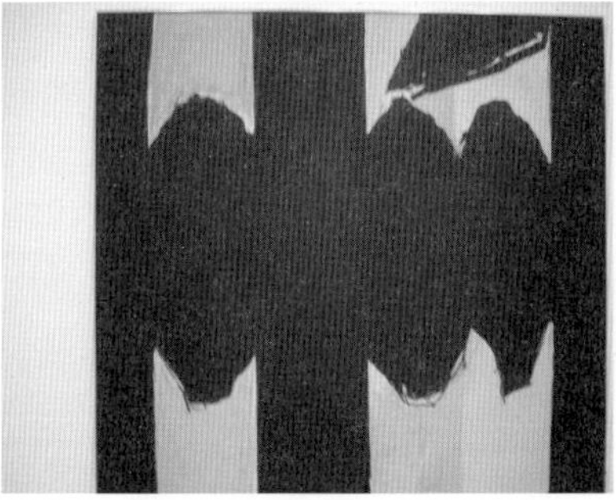

로버트마더웰〈Elegy to the Spanish Republic No.129〉

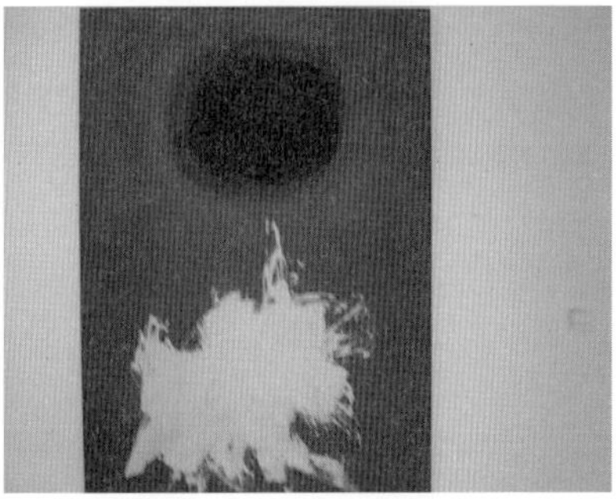

Adolph Gottlide〈Spray〉

Franz kline〈Delaware Gap〉

윌리엄드쿠잉〈시골의 두 여자〉

오거스트 로댕Auguste Rodin의 〈Iris, Messenger of the Gods〉, 〈Crouching Woman〉 등의 작품도 어디에서도 보지 못한 작품이었다.

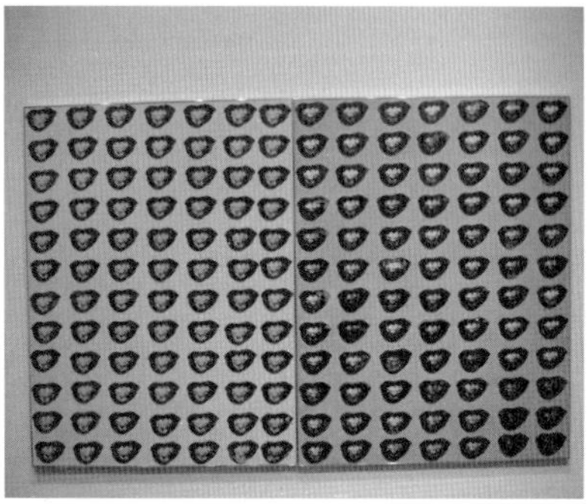

엔디워홀〈Marilyn Monroe's Lips〉

마사로슬러〈The Gray Drape〉

엘스워스켈리〈Red Yellow Blue V〉

오스카블룸머〈Morning Light(Dover Hills, October)〉

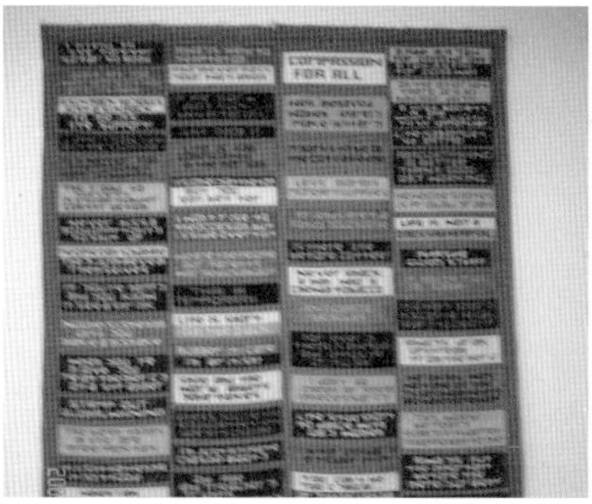

뭄고톰슨〈Philosophy Rug〉

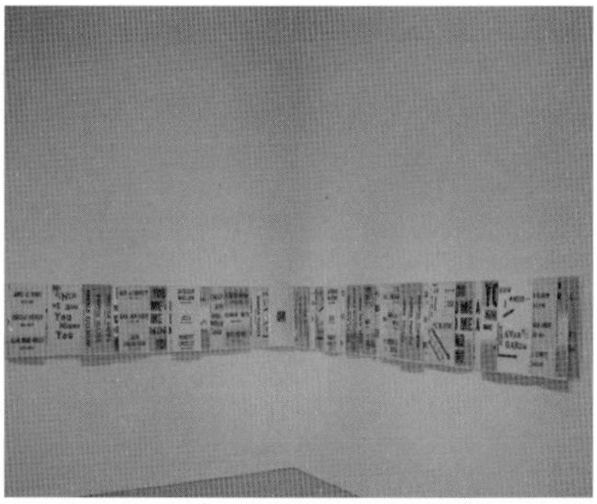

알렌루퍼스 버그〈As the Crow Flies/How I Miss the Avant-garde〉

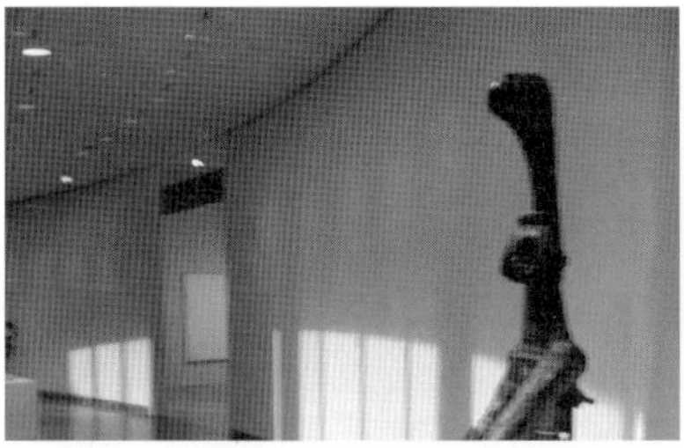

피카소〈Woman with Baby Carriage〉

로댕〈Iris, Messenger of the Gods〉

조셉kosuth〈Four Colors Four Words〉

Frank lloyd wright〈Compositio in Light〉

헨리무어 〈Interior -Eyterior Reclining Figure〉

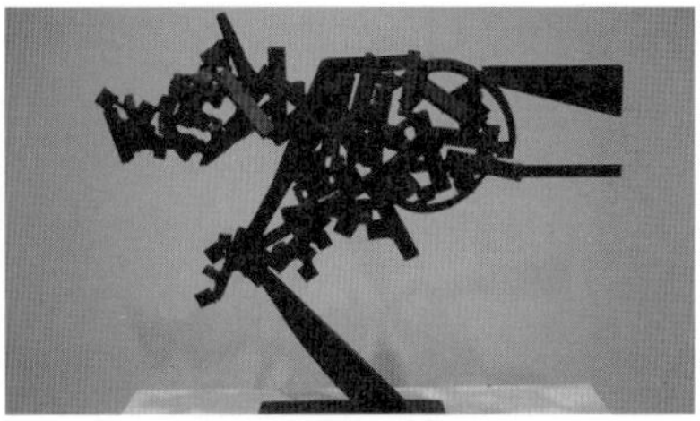

데이비드 스미스〈Raven Ⅳ〉

Arman〈에로스, 내부의 에로스〉

Willem de kooing 〈벤치에 앉아있는 여인〉

Auguste rodin〈The Burghers of Calals〉

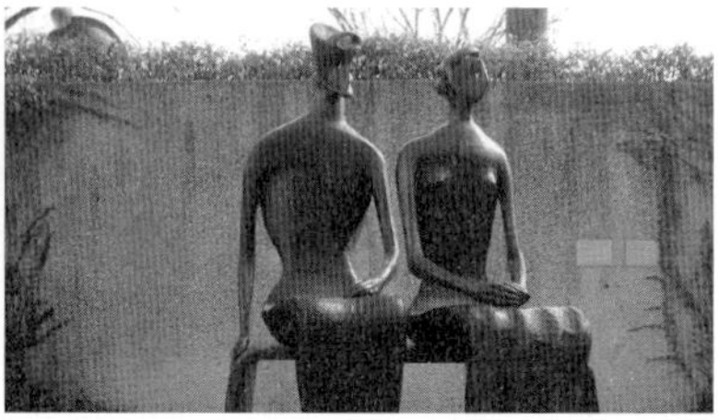

Henry moore 〈왕과 왕비〉

〈허시온 미술관〉

Marino marini〈밀과 기수〉

추상표현주의

미술에서의 '추상은' 자연에서부터 멀어지고자하는 욕구의 극단적인 현상이다. 이로 인하여 인간이 주체가 되기 위해 추상미술이 탄생하였다. 추상은 현 시대의 여러 현상들과 접합하면서 인류행위의 정신을 표현하는 근본적인 형태언어가 되고 있다.

미술평론가 알프레드 반은 추상표현의 선구자인 칸딘스키의 초기작품을 가리켜 '형식은 추상적이고 내용은 표현주의적' 이라고 말했다. 이 말이 그대로 굳어진 것이다.

추상표현주의는 제 2차 세계대전 후 미국에서 일어나 미술의 중심지를 파리에서 뉴욕으로 가져오는 계기가 되었다. '기존의 관념을 버리고 틀을 깬다' 는 그것이 미국미술의 기본이 되었다.

중요 화가는 잭슨 폴록Jackson Pollock, 빌렘 드 쿠닝Willem de Kooning, 프란츠 크라인Franz Kline, 한스 호프만Hans Hofmann, 클리포드 스틸Clyford Still, 로버트 마더웰Robert Motherwell, 조안 미첼Joan Michell 등이다.

집에 돌아와서 저녁을 지어먹었다. 일전에 사다놓은 아구탕을 끓였는데 참 시원하고 맛이 있었다.

✲ 2009. 11. 11 수 흐림 〈남미에 대한 정보 알아보기〉

소라는 대사관에 가자고 말했다. 금요일에 보스턴에 가려면 오늘 대사관에 가야한단다. 맞는 말이었다. 제일 먼저 볼리비아 영사관에 갔다. 미국과 볼리비아는 사이가 좋지 않아 어려울 줄 알았는데 그렇지 않았다. 비자를 쉽게 내줄 수 있다면서 내 전자여권이 나오면 오란다. 다음은 에콰도르 영사관에 갔다. 그곳에서는 노 비자라고 말했다. 다음은 아르헨티나 영사관에 갔다. 아무도 없었다. 휴무이었다.

차 정비소에 전화해서 차를 다 고쳤는지 물었더니 내일 오란다. 숙소에 와서 저녁을 짓는데 소라에게 이상한 전화가 왔다. 소라의 통장 비밀 번호가 들통이 났으니 다른 번호로 바꾸어야한단다. 사기꾼 전화가 온 것이다. 다행히도 소라는 전화 건 사람의 인적사항을 적어놓았다.

좀 수상쩍어서 사기꾼 전화 같다고 이야기 해주었다. 소라는 즉시 은행에 전화를 걸어 확인해보았다. 그런 사람은 없다는 것이었다. 세상에 미국에 온 사람에게 사기 전화를 하다니! 어쨌든 소라는 즉시 비밀 번호를 바꾸었다. 소라는 마음이 안 놓이는지 잠을 자지 못했다. 괜찮다고 위로해주었다.

✲ 2009. 11. 12 목 비 〈 기록보관소 박물관Archive Museum〉

어제 밤부터 비가 내렸다. 하루 종일 비가 내린다. 소라가 출근하는 날이다. 9시 15분에 사무실에 도착했으나 문이 열리지 않아 사무실 1층에서 밀린 일기를 썼다. 5일 분의 일기가 밀린 것이다. 기억이 가물가물하다. 하는 수 없어 대충 썼다. 일기를 빼놓지 않고 쓴다는 것도 어렵다.

소라는 사무실로 들어가고 나는 Archive Museum에 갔다. 원 명칭은 National Museum of American History, Kenneth E. Behring Center이다.

미국의 사회, 과학, 정치, 문화와 군인 등 구체적인 역사자료 전시장이다. 독립전쟁이후 미국인의 생활에 대한 전반적인 내용들을 전시하고 있었다. 국보급에 해당하는 기념물들을 기술해본다. 이 역사박물관에는 국기 홀이 따로 있었다. 오리지널 스타스팽글드 배너The original Star-Spangled Banner①를 모신 곳이다. 그밖에 아치벙커 채어Archie Bunker' chair② 존 볼 기관차John Bull locomotive③ 그린스보로 점심계산대The Greensboro lunch counter④ 조오지워싱턴 상George Washington Statue⑤ 적십자 앰브런스 Clara Barton's Red Cross ambulance⑥ 담보 라이드 카 Dumbo the Flying Elephant ride⑦ 등이 잘 보관되어 있었다.

〈오리지널 스타스팽글드 배너〉

〈아치벙커 채어〉

〈존 볼 기관차〉

〈그린스보로 점심계산대〉

〈조오지워싱턴 상〉

〈적십자 앰브런스〉

하워드 챈들러 크리스티〈미국헌법서명장면〉

〈필라델피아 포함〉

이 이외에 필라댈피아의 포함砲艦Gunboat Philadelphia, 달 착륙, 디지털 도전Digital Challenge, 독립선언The Declaration of Independence, 마그나 카르타Magna C(h)arta 등도 보았다.

또한 링컨 대통령이 록펠러 극장에서 암살당할 때 썼던 top hat도 볼 수 있으며 토머스 제퍼슨이 독립선언서를 쓴 책상과 성경책. 건국 이래의 중요한 문서와 역사적인 발명품, 역대 대통령의 치적, 퍼스트레디의 취임식 때 입은 옷과 액서서리, 라이프 서클 등 없는 것이 없는 박물관 같았다. 교사의 지도하에 관람하는 학생들이 많았다. 워싱턴의 어느 박물관에서도 구경하지 못한 광경이었다.

국가를 빛낸 위인들. 달 착륙, 망원경, 마그나 카르타, 미국독립선언서 등 모두가 애국심을 고취하는 유물들이었다. 하루에 다 볼 수 없는 전시물

〈달 착륙〉

〈디지털 도전〉

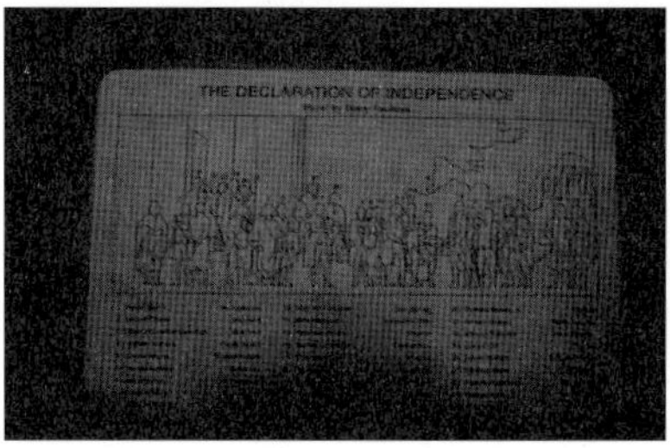

〈독립선언〉

〈마그나 카르타〉

이었다.

우리나라에도 이런곳이 있었던가?

① Star-Spangled Banner: 볼티모어 전투 때 맥헨리 요새에서 휘날렸던 거대한 기병대기. 5,000의 영국군 병사가 19척의 함대로 1814년 9. 12-9. 13에 걸친 25시간 동안 함포사격과 폭우에도 펄럭인 성조기를 보고 아마추어 시인 프랜시스 스콧 키가 맥헨리 요새의 방어 라는 시를 썼는데 이 시가 후에 미국 국가가 되었음

② Archie Bunker' chair: 1970년대 텔레비전 희극 프로그램의 주인공. 1979년에 개편되어서 1983년에 종영된 top-rated sitcom.

③ John Bull locomotive: 세계에서 가장 오래된 사용가능한 증기기관차

④The Greensboro lunch counter: 인종차별 따위에 대한 연좌항의. 1960년 북캐롤라이나의 그린스보로 시의 울워스 상점에서 일어난 비폭력 아프리카-아메리칸의 시민권 운동. 그린스보그 점심계산대의 일부

⑤ George Washington Statue: 초대대통령 상

⑥ A Red Cross ambulance: 적십자 앰블런스

⑦ Dumbo the Flying Elephant ride: 디즈리랜드의 환타지랜드에 있는 회전목마식으로 나는(fly) 탈 것

바람이 너무 심하게 불어 우산대가 부러져서 못 쓰게 되었다. 점심을 먹고 집으로 돌아오는데, 차정비소에서 전화가 왔다. 우리가 준 수표가 돈이 없다고 지불이 안 된단다. 금융사고가 난 것이 아닐까 걱정하면서 체이스 은행을 찾아갔다. 내비에 주소를 입력하고 찾아갔으나 은행이 없었다. 워싱턴 중심가에 3개나 되는 체이스 은행이 없어졌단다. 어떤 가게에 들어가서 물었더니 운 좋게도 주인이 한국인이었다. 그 사람의 도움으로 잔고를 확인했더니, 잔고는 남아 있단다. 안심을 하고 정비소로 갔다. 차가 고쳐진 것을 보고 랜트 회사에 가서 차를 돌려주었다.

미국에도 나쁜 놈들이 많다. 차를 흑인 여자 종업원이 검사하더니 손상된 곳이 3군데라며 변상하라고 말했다. 기가 막혔다. 그 동안 접촉사고 한 건도 없었다. 사장에게 가서 말을 했더니 한통속이었다. 무조건 덮어씌우려고 했다. 서류를 가져다 대조를 하면서 말하는 것이었다. 질이 나쁜 회사이다. 이곳을 소개해준 정비소 한국교포 사장을 불렀다. 그가 오고 경찰이 와서 양쪽이 조금씩 양보하고 해결을 봤다. 모국어가 아닌 외국어로는 싸움에 늘 불리하다.

정비소 사장에게 돈을 지불하고 우리 차로 숙소에 돌아왔다. 기분이 우울했다.

✻ 2009. 11. 13 금 하루 종일 비 〈보스턴 가는 길〉

오늘 보스턴에 간다. 내일 뉴욕에 갈 것이다. 경운회가 뉴욕에서 14일

(토요일) 밤에 열린다. 경운회는 재미 경기여고 총동창회란다. 뉴욕에 있을 때 소라가 약속을 해서 회비를 납부했었다.

어제 내리던 비가 계속 내렸다. 소라는 아침 일찍 일어나서 준비에 바쁘다. 오랜만에 이국에서 만나는 동창들이니 옷에 신경을 쓸 수밖에 없을 것이다.

어제 렌터카 회사에서 싸운 여파로 녹초가 됐고 저녁을 잘 못 먹어 배가 좋지 않다. 그래도 움직여야한다.

일찍 출발한다는 것이 9시나 되어서 출발했다. 준비가 미흡해서 지도를 가지러 여관방에 두 번이나 올라갔다 내려왔다. 개스 스테이션에서 휘발유를 잔뜩 넣었다. 그리고 기분을 전환하며 출발했다.

내비는 I-270S로 인도하더니 I-495, I-95로 가란다. 보스턴까지의 큰 길을 달리는 것이다. 지도에서 보면 별거 아닌데 시간이 많이 걸린다. 뉴욕에 도착하지 못하고 차안에서 점심을 먹었다. 그리고 한숨 잤다. 어제 밤에 거의 잠을 못잔 소라는 낮잠을 달콤하게 잤다.

다시 출발하였다. 비는 계속 내렸다. 이제 나뭇가지들이 완전한 겨울을 말해주었다.

뉴욕시가 나타났다. 이번에야 뉴욕이 얼마나 큰가를 알았다. 시내에 들어서서도 차가 잊어버리고 달린다. 뉴욕까지의 통과 요금이 거의 30불이었다. 4시 밖에 안 되었는데 어둡기 시작했다. 보스턴은 아직 멀었다. 비는 계속 내렸다. 어둠속을 운전하는 소라에게 정말 미안했다. 보스턴은 순전히 나 때문에 가는 것이다. 그녀가 보스턴에 가지 않으려고 한 것이 이해가 됐다. 괜히 가자고 했구나하는 후회도 되었다. 그러나 이젠 하는 수 없다. 보스턴에 가기위해서는 델라웨어, 뉴저지, 뉴욕, 코네티컷, 로드아일랜드, 매사추세츠 주를 달려야한다.

'미국의 아테네' 라는 보스턴에 꼭 가고 싶었다. 그래서 뉴욕에 가는 김에 가야지 라고 생각했던 것이다. 보스턴은 '미국의 정신적인 수도' 이다. 이런 곳이니 한 번 더 보고 싶었다.

1770년에 일어난 보스턴 학살 사건과 1773년 미국 독립 전쟁의 결정적인 도화선이 된 보스턴 차 사건이 발생한 곳이다.

따라서 역사적인 유물도 많고 한 시대를 풍미했던 사상가, 문학가, 음악가 등이 많이 살고 갔으며 세계에서 가장 우수하다는 하버드대학과 MIT가 있어 산업혁명의 중심지이자 최첨단, 신기술 개발의 진원지 이다. 그 것보다 유명한 보스턴 미술관을 봐야겠다. 시간이 있다면 롱펠로 기념관도 보고 와야겠다.

〈롱펠로우 기념관〉

그러나 내가 가고 싶은 롱펠로 하우스는 11월에는 문을 닫고 소라가 가고 싶은 인디언 박물관은 전화조차 받지 않았다. 그러니 보스턴 미술관을 보러 이 고생을 하는 셈이다. 한 번의 판단의 잘못이 돌이킬 수 없는 우를 범함을 실감했다. 도중에 여관에 들르기로 했다. 오늘 보스턴에 가서 자고 내일 오전에 미술관을 보고 경운회에 가려 했는데 비 때문에 계획에 차질이 왔다.비가 너무 많이 와서 5m 앞이 안보일 정도이니 차가 달릴 수가 없다.시간은 아직 6시이다. 6시인데 캄캄한 밤이다.가까운 여관에 들렸다.

나는 잠들기 전에 소라에게 미안하고 고맙다는 말을 했다. 수파이는 내가 소라를 위한 것이었다면 보스턴은 순전히 나를 위해서 소라가 해준 희생이었다. 나는 소라의 아픈 다리를 주물러주었다.

✲ 2009. 11. 14 토 하루 종일 비 〈보스턴과 뉴욕 매화의 밤〉

어제도 하루 종일 비가 내렸는데 오늘도 여전히 비가 내린다. 아침 일찍 식사를 마치고 보스턴으로 떠났다. 떠나면서 여관 주인에게 보스턴이 얼마나 머냐니까? 2시간은 족히 걸린단다. 차에 타고 거리를 알아보니까 100마일이다. 어제 오후에 2시간에 겨우 40마일 왔다.

출발할 때는 비가 조금 내렸으나 곧 비가 억수로 바뀌었다. 미국에 와서 이렇게 많이 비가 내리는 것을 본 적이 없다. 겨울비가 이렇게 오다니. 물안개로 앞이 분간이 잘 되지 않았다. 그래도 소라는 운전을 참 잘했다.

정말로 2시간 만에 롱펠로 하우스에 도착했다. 처음 눈에 띈 것은 아래 문구였다.

> House Built by Major Vassall
> Headquarters of General George Washington
> 1775-1776
> Home of Henry Wordsworth Longfellow
> 837-1882

비가 내리는데도 가끔 방문객이 있었다. 조지아풍의 건물로 빼어난 집이라고 한다.

그 집은 롱펠로의 재혼한 부인 프랜시스 애플턴의 아버지가 부유한 사업가이었는데 딸이 결혼하자 결혼선물로 사준 것이라고 한다. 위의 문구처럼 독립 전쟁시 워싱턴 장군이 본부로 사용하던 곳이기도 했다.

롱펠로는 1837에서 1882년까지 이 집에서 살았다.

첫째 부인인 메어리 포터는 유산 후 22세의 꽃다운 나이에 사망하고 7년간 구애 끝에 재혼했다. 두 번 째 부인은 1861년 촛불이 옷에 붙어 사망했다. 그 후 롱펠로우는 21년 간 어렵게 살았다.

기념관에는 12,000권의 장서와 그가 외국에서 수집한 장식용 공예품과 그림들이 전시되어 있다고 한다.

롱펠로가 세계적으로 유명한 작가나 미술가들을 초대해서 토론하고 이야기했던 정원들. 모든 것이 대문호의 숨결을 느끼게 했다.

이제 보스턴 미술관을 봐야한다. 근처까지 갔으나 출입구를 찾지 못해 몇 번이나 미술관 주위를 돌다가 겨우 찾아 안으로 들어갔다. 입장료는 18불씩 받았다.

보스턴미술관은 1870년에 개관 450,000점의 작품을 소장하고 있고 일년에 백만 명 이상의 방문객이 관람한단다. 세계에서 54번째로 방문객 수가 많다. 미국에서 가장 먼저 설립된 박물관이다. 내노라하는 메트로폴리탄, 필라델피아, 시카고 박물관보다 빠르다. 박물관이 소장하고 있는 미술품은 아래와 같은 시대와 지역 구분으로 되어 있다.

1 Art of Egypt, Nubia, and the Ancient Near East

2 The Classical World

3 Art of Asia

4 Art of Oceania and Africa

5 European Art to 1900

6 Native Art of the Americas

7 American Art to 1900
8 The Modern World

〈보스톤미술관 입구조각〉

마네〈Execution of the Emperor Maximilian〉

모네 〈겨울대로 생 드니〉

르누아르〈 '볼기발에서 춤〉

프랑수아 부세〈봄의 중단〉

고흐 〈우버스의 집들〉

밀레의 〈씨뿌리는 사람The Sower〉, 〈휴식하는 추수자들Harvesters Resting〉, 〈민들레Dandelions〉. 마네Manet의 〈거리의 가수Street Singer〉, 〈막시밀리언 황제의 처형 Execution of the Emperor Maximilian〉. 모네의 작품 〈겨울대로 생 드니, 아르장퇴유Boulevard Saint-Denis, Argenteuil, in Winter〉 〈기브니 근처 움푹들어간 양귀비 밭Poppy Field in a Hollow near Giverny〉 〈라 자포나이스 La Japonaise〉 르누아르Renoir의 〈가장 빛나는 수채화 The Seine at Chatou〉와 〈볼기발에서 춤Dance at Bougival〉 고흐의 〈우체부 Postman Joseph Roulin〉와 〈우버스의 집들 Houses at Auvers〉. 폴 고갱의 〈어디서 와서, 무엇이며, 어디로 가는가?Where do we come from? 'What are we? Where are we going?〉 프랑수아 부세의 〈봄에 중단 Halt at the Spring,1765〉

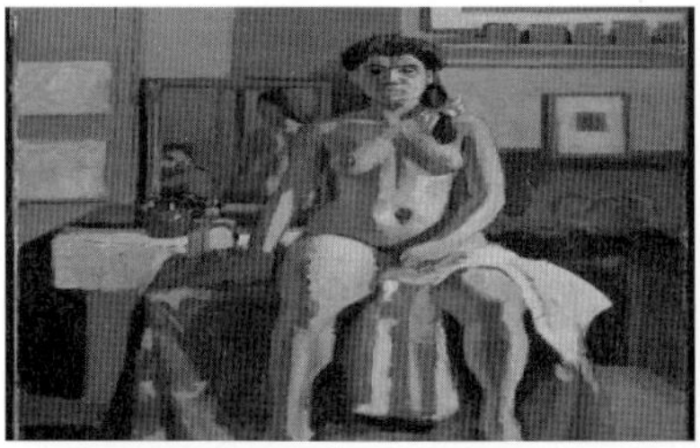

마티스Matisse 〈카메리나〉

피카소 〈사비니 여인의 강간〉

호프만 〈황혼〉

잭슨 폴록의 〈1945 트러불드 퀸〉

다비드 호크니 〈갈로바이 언덕〉

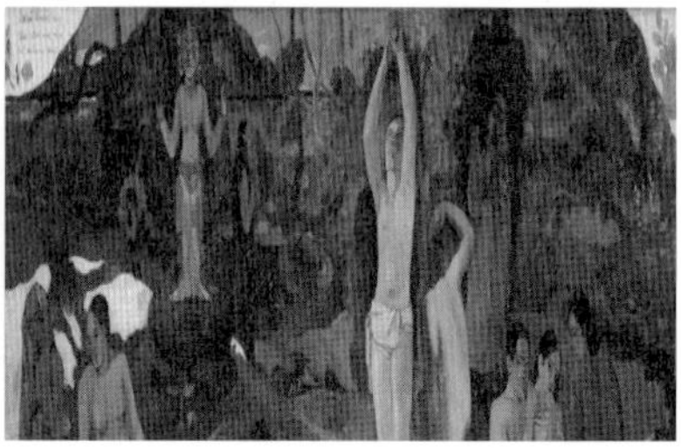

폴 고갱 〈어디서 와서, 무엇이며, 어디로 가는가?〉

현대미술로 마티스Matisse의 〈카메리나Carmelina〉, 피카소의 〈사비니 여인의 강간Rape of the Sabine Women〉 한스 호프만의 〈황혼Twilight〉 조지아 오키프의 〈참제비고깔 2번과 백장미White Rose with Larkspur No. 2〉. 잭슨 폴록의 〈1945 트러불드 퀸Troubled Queen, 1945〉, 다비드 호크니 David Hockney의 〈갈로바이 언덕Garrowby Hill〉의 작품들.

한국관도 있었다. 범종, 자기류, 신라시대의 부처, 칠기 등이었다. 일본이나 중국관에 비해서 너무 빈약했다.

두세 시간에 보스톤 미술관은 볼 수가 없었다. 나는 비상 수단으로 책을 한권 샀다. 책은 The MFA Handbook/ A Guide to the Collections of the Museum of Fine Arts, Boston이었다. 한국에 가져가서 봐야겠다.

〈조선조 백자〉

〈고려 청자〉

〈종〉

보스턴 구시가지는 오래된 건물이 많았다. 낙엽이 하수구를 막아 도로가 물바다가 됐다. 미국도 이렇구나 하는 생각이 들었다. 사람 사는 곳은 비슷하다.

많은 독립 영웅들이 묻힌 올드 그래너리 묘지와 랠프 에머슨이나 헨리 D 소로우, 루이자 M. 앨코드, 워즈워스, 롱펠로우, 호손 등의 문인들이 토론을 벌이거나 정보를 나눈 올드 코너 서점Old Corner Book Store도 보고 싶었다. 올드 코너 서점Old Corner Book Store을 찾았다. 3층의 붉은 벽돌 건물인데 1828년부터 서점으로 호황을 누렸는데, 현재는 다이아몬드 상점으로 변한 것을 확인하고 발길을 돌렸다. 책을 읽지 않는 시대에 이 유명한 서점도 망한 것이다.

내려오는 길도 비가 억수로 와서 어려웠다. 185마일을 달리는데 5시간이 걸렸다. 뉴욕호텔에 도착하니 경기여고 50회 동창들이 우리를 반겨주었다. 짐을 우리가 배당받은 906호실에 가져다 놓고 서둘러 내려왔다. 내려가서 저녁 식사를 했다. 시장하던 터라 맛있게 먹었다. 유진 박의 어머니 장주씨가 나타났다. 류진 박과 같이 나왔다. 유진 박은 우리나라에도 잘 알려진 유명한 전자 바이올린 연주자이다. 키가 보통인 청년이었다. 백옥 같은 얼굴이 준수했다.

〈즐거운 식사 시간〉

〈경운회 open 식〉

경기여고 32회부터 67회까지 총동창회라는데 이번에는 미주에 있는 전 동창들이 뉴욕에 다 모인단다. 정순양 회장이 여러 가지로 애를 쓰는 것 같았다. 안미상 · 김영옥 · 최선향 · 이 경우, 경우씨의 남편인 김창흠씨도 만났다.

김수자 · 최문희의 그림이 전시되었다. 인사동에 걸어놓아도 손색이 없는 그림 같았다.

7시 반이나 되어 식이 시작되었다. 커다란 홀이 사람들로 가득 찼다. 여고 동창인데 남자들이 많이 참석했다. 각자 자리를 잡았다.

애국가와 교가를 합창하고 회장의 짧은 인사말이 끝나자 유진 박의 전자

바이올린 연주가 있었다. 그의 연주는 가히 일품이었다. 장내가 우레와 같은 박수로 떠나갈 듯하였다. 여러 가지 종목이 착착 진행되었다. 재주 있는 사람들이 많았다. 80노인들이 색동옷을 입고 나와서 부채 춤을 추고 흘러간 노래와 가곡을 부르고 젊은 후배들이 젊은이들 폼으로 춤과 노래를 불렀다.

모든 사람이 어울려 춤과 노래를 불렀다. 소라는 음악만 나오면 뿅 가는 스타일이다. 그녀는 동창들과 어울려 춤을 추다가 나를 끌었다. 같이 춤을 추자는 것이었다. 하는 수 없이 나도 끌려나가 춤을 추었다.

향수를 자아내는 아리랑을 부르고 강강술래도 추웠다. 손에 손잡고도 합창했다. 마지막에는 촛불을 켜고 소등을 했다. 엄숙한 분위기이었다.

회가 끝나고 사진 촬영을 하고 50회만 넓은 호실에 모였다. 세어보니 20여명이었다. 김창흠씨와 나만 남자이고 전부 여자들이었다. 그 자리가 어색해서 먼저 906호실로 혼자 돌아왔다.

✲ 2009. 11. 15 일요일 흐리고 맑음 〈타임스 스퀘어의 뮤지컬〉

아침은 비스킷과 커피, 삶아온 밤과 사과로 떼우고 11시에 로비로 내려갔다. 선향이 전화를 해주었다. 내일 같이 워싱턴에 내려가기로 했다.

버스를 타러 도로에 나가서 약 반 시간을 기다렸으나 온 버스는 만원이라 다음 버스를 타란다. 그러나 한 시간 10분의 인터벌이 있어서 버스는 포기하고 자가용을 선택했다. 자가용은 뉴욕시의 주차난 때문에 버스를 타기로 했는데 하는 수 없다. 세대에 분승하니까 14명이 탈 수 있었다.

77번가 주차장에 주차를 하고 점심을 먹으러 갔다. 음식점은 기다리는 사람들이 긴 줄을 설 정도로 유명한 곳이란다. 회장단에서 미리 예약을 해놓아서 우리는 쉽게 들어갈 수 있었다. 벽에 유명인들의 사진이 걸려있었다. 짐작컨대 유명한 예능인, 정치가, 부호가 아닐까. 음식점 안은 좁고 좁았다. 작은 테이블과 의자가 이곳이 뉴욕인가, 뉴욕은 이런 곳인가 하는 느낌이었다. 콘비프corn beef 햄버거를 먹었다. 맛은 있었으나 너무 커서 둘이 반개씩 먹고 하나는 싸왔다. 뉴욕 교포들은 대부분이 남은 음식을 쌌다. 오늘 점심은 뉴욕에 사는 의사부부인 최문희네가 샀단다.

타임스 스퀘어에 가서 사진을 찍고 임페리얼 극장에 가서 뮤지컬 〈빌리 엘리엇〉을 관람했다. 오늘의 주인공은 토니 배첼러Tommy Batchelor이었다. 요금은 각자 $81.50. 대사를 청취하는 능력이 부족해 완전한 감상은 기대하지도 안 했지만 줄거리와 주제는 대충 파악할 수 있었다. 우선 재미가 있었다.

〈타임스 스퀘어에서 라와〉

〈센트럴 파크 주변 건물〉

〈유진 박의 연주〉

〈부채 춤〉

〈뮤지컬 빌리 엘리엇의 한 장면〉

〈백건우 피아노 연주〉

거대한 권력 앞에 자아실현이 좌절된 천재소년의 연기는 너무 처절해서 눈물이 났다. 휴식 시간 후에 이어진 연주는 크리스마스 시즌에 천상의 천국이 연기되었는데 구름위에서 추는 춤이 너무 아름다웠다. 그리고 해피 엔딩으로 끝났다. 장장 3시간의 관람이었다.

뉴욕에 가서 뮤지컬을 봐야 뉴욕에 갔다 왔다고 말할 수 있다는데 그 원을 세번 째 뉴욕에 와서 성취할 수가 있었다.

이제 저녁을 먹으러 갔다. 저녁은 한국식당에 가서 취향대로 시켜먹었다. 나는 육개장을 시켜먹고 라는 돌솥 밥.

저녁을 먹고 백건우의 피아노 연주를 보러갔다. 타임스 스퀘어 근처의 극장이었다.

전반부는 브람스Brahms, Johannes(1833-1897), 후반부는 베토벤Beethoven(1770-1827)을 연주했다. 신기에 가까운 그의 연주. 밖에 나오니 TV 카메라를 든 한 젊은이가 인터뷰를 요청해서 간단하게 응했다. 나는 할 말이 없어 영혼을 맑게 하는 연주 이라고 대답했고 소라는 음악적으로 고상하게 느낌을 말했다.

타임스 스퀘어의 야경은 너무 아름다웠다. 누가 자연은 신이 만들었고 인간은 도시를 건설했다고 했던가. 뉴욕은 최고의 도시이다.

주차장까지 걸어가서 끼리끼리 분승해서 호텔로 돌아왔다. 즐겁고 즐거운 하루이었다. 뮤지컬 값과 호텔 비만 각자 지불하고 모두가 공짜이었다. 염치가 없지만 소라와 나는 여행 중이라 돈을 아껴야한다. 소라는 부끄럽지도 않은지 시종일관 내손을 잡고 다녔다.

뉴욕에 온 보람을 느꼈다.

✲ 2009. 11. 16 월 맑음 〈센트럴 파크〉

김창흠씨 내외는 샌프란시스코로 떠났다. 갈 사람은 가고 결국 남아있는 사람들은 남아 아침 겸 점심을 먹는다는 것이었다. 소라는 그곳까지 참가하겠단다. 선향을 태우고 그곳에 갔다. 이번에도 한식집이었다. 이층에 올라가니 많은 소라의 동창들이 나와 있었다. 자리에 앉았으나 시간이 지날수록 어색해졌다. 다들 음식을 시켜먹었다. 소라와 나는 대구탕 하나를 시켜 둘이 먹었다. 이번에는 산 호세에 사는 영옥씨가 낸 모양이었다. 우리는 얻어먹기만 했다. 식사가 끝나고 헤어질 무렵에 경운회 회장인 정순양씨가 아직도 미혼임을 알았다. 남편이 상당한 위치에 있는 사람인줄 알았는데 추측이 빗나갔다. 상당한 미인인 그녀가 아직 미혼 이라니? 놀라운 일이었다. 하긴 소라도 이제는 내가 있지만 미혼이었으니까.

〈공원 마차〉

〈공원의 호수〉

〈야외 극장〉

〈공원 숲〉

센트럴파크 구경을 하기로 했다. 선향을 태우고 그곳으로 갔다.

공원의 주위에는 고층 아파트와 빌딩이 에워싸고 있고 내부는 나무들이 거목이어서 연륜을 말해주었다. 여러 색으로 물든 단풍은 가을의 정서를 느끼게 했고 오색 낙엽이 많이 보도나 잔디밭에 떨어졌다. 작은 인공 호수와 유유히 노니는 물새들. 곳곳에 설치해놓은 조각 작품과 위인들의 흉상은 절묘한 조화미를 주었다. 센트럴 파크는 뉴욕시의 오아시스 같은 곳이라는 느낌을 받았다. 삶을 즐기는 시민들, 달콤한 꿈에 젖어있는 연인들.

구경을 하고 저녁식사는 하지 않고 워싱턴으로 급히 차를 몰았다. 퇴근시간이라 뉴욕시를 빠져나오는 데도 한 시간이 걸렸다. 선향은 미국에 이민 온 이야기며 미국인과 결혼한 이야기들을 숨김없이 털어놓았다. 얌전하게만 보이던 그녀도 결혼 무렵에 많은 아픔과 어려움을 겪은 것을 알 수 있었다. 그리고 그의 집까지 태워주었다. 그녀의 남편이 저녁식사도 하지 않고 선향을 기다리고 있었다. 밤늦게 숙소에 도착, 샤워도 하지 못하고 쓰러져 잤다.

✻ 2009. 11. 17 화 맑음 〈미국의 미술〉

3박 4일의 여행에서 돌아와 워싱턴 다운타운에 갔다. 소라가 포크 웨이에 나가는 날이다. 아침에 소라가 사무실 명찰을 어디다 두었는지 못 찾아 15분이나 늦게 출발했다. 이미 주차장은 만원이었다. 다른 곳을 찾았으나 쉽지 않았다. 다행히도 핸디캡 장소가 있어 주차하고 전철을 탔다.

10시가 되어 미국미술관American Art Museum에 갔었으나 11: 30에 오라고 해서 프리어 미술관Freer Gallery of Art에 갔다. 프리어 미술관은 아서 M. 새클어 미술관Arthur M. Sackler Gallery of Art 옆에 있다. 두 미술관은 미국에서 아시아 미술관으로 가장 큰 미술관이라고 한다. 프리어 미술관은 1923년에 개관하였으며 신석기 시대부터 현대에 이르기까지 6,000년 동안의 26,000점이나 되는 많은 예술품을 소장하고 있다. 아시아 지역뿐만 아니라 이집트와 중동의 나라까지 포함하고 있으며 미국관도 있다. 프리어 미술관에서 가장 잘 알려진 전시관은 공작 방이다.

〈인도 Dwarka시의 Harivamsa〉

〈한국 고려 상감청자〉

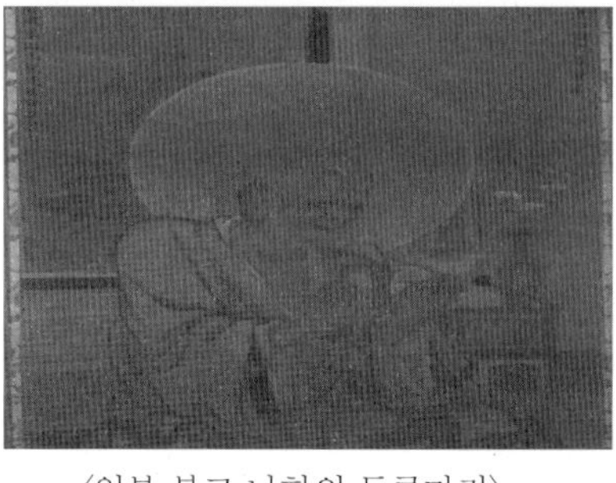
〈일본 불교 나한의 두루마리〉

〈이집트 사람의 관 가면〉

〈황제 Xuanzong(사천)의 여행〉

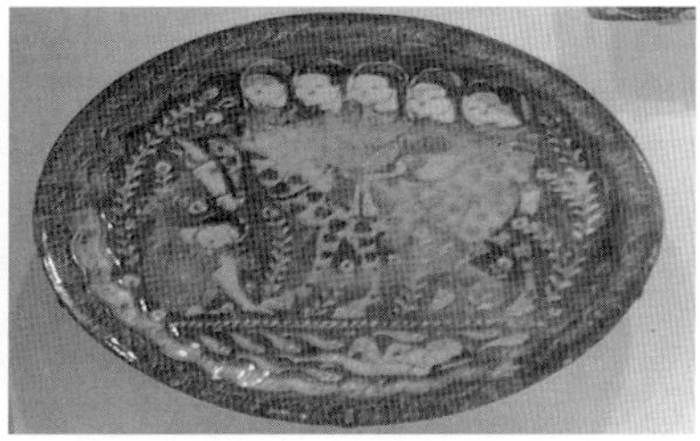

〈 Persian-Ceramic 접시〉

〈freer fallery of art〉

〈부처〉

〈도자기〉

〈도자기〉

〈도자기〉

〈아서 M. 새클어 미술관 건물〉

아서 M. 새클러 미술관은 1987년에 개관하였고 스미스소니언 연구소에서 유일하게 지하로 지어진 미술관이다. 이 미술관의 상당부분은 아서 M. 새클러의 수집품과 보석상 앙리 베버Henri Vever의 수집품들이다. 일본 미술품들이 많아서 기증자가 일본 2세인가 하는 생각을 했다. 우리나라는 겨우 세라믹 한 실, 일본은 5실도 넘는 것 같았다. 중국도 일본과 비슷했다. 인도의 작품들도 많았다. 중동의 여러 나라와 베트남, 타이, 미얀마, 라오스, 캄보디아의 예술품까지 전시해 놓았다.

우리나라의 빈약한 예술품에 심한 자괴심을 느꼈다. 우리나라는 어디나 왜 하고많은 세라믹뿐인가? 고국에는 그림도 많고 서예작품도 많고 많은데, 화가도 많은데. 5000년 역사의 문화민족이 우물 안 개구리이다.

두 미술관의 전시물 가운데 하이라이트를 서술해 놓았는데 다음과 같았다. 사진은 주로 아시아 미술품만 골라봤다.

인도는 〈Dwarka시의 Harivamsa에서〉외 3점, 한국은 〈고려 상감청자〉외 1점, 일본은 〈불교 나한의 두루마리 걸어놓는 그림〉외 2점 이집트는 〈사람의 관가면〉외 1점, 중국은 〈황제 Xuanzong(사천)의 여행〉외 11점, 페르시아는 〈persian-Ceramic 접시〉외 2점을 소개하고 있다. 네팔 1점, 시리아 1점, 쿠산 3점과 같이.

미국 화가들의 작품도 많이 수집했다. 제임스 아보트 맥닝 휘슬러 James Abbott Mcneil Whistler(1834-1903)의 작품은 1,300점이라고 한다.

인상파 화가 토마스 듀잉Thomas Dewing1851-1938), 풍경화가 드와이트 욘Dwight Tryon (1849-1925), 자연주의 화가 애보트 핸덜슨 타이어Abbott Handerson Thayer (1849-1921), 인상파 화가 차일드 하삼Childe Hassam (1859-1935), 사실주의 화가 윈슬로 호머 Winslow Homer (1836-1910), 조각가 아우 세인트 고든 Augustus

Saint-Gaudens (1848-1907), 수채화가 윌라드 메트칼프Willard Metcalf(1858-1925), 초상화가 존 싱어 서전트John Singer Sargent (1856-1925), 인상파 화가 존 헨리 Twachtman (1853-1902)의 작품들이 있었다.

미국 미술의 이해를 돕기 위한 미술사 자료

미국 미술은 추상표현주의와 팝 아트로 대표된다. 2차 대전 후 유럽이 전화에서 깨어나기 전에 미국은 인간의 정신을 표현하는 독자적인 그림을 발표하기 시작했다. 그러나 그런 그림이 나오기까지는 나름의 전통과 훌륭한 선배들의 꾸준한 노력이 있었기 때문에 가능했다.

미국의 미술은 독립과 때를 같이 한다고 할 수 있다. 그 무렵은 신고전주의가 득세하던 시기이다.

신대륙의 레오나르도 다 빈치인 찰스 윌슨 피일과 존 싱글턴 코플리, 조지 워싱턴을 그린 길버트 스튜어트가 선구자이다. 물론 이들은 신고전주의에 속하는 화가들이다.

다음은 낭만주의 화가들이다. 토마스 콜, 프레드릭 에드윈 처치, 알버트 비어스타트 등이다.

풍속화가 조지 칼럼 빙업도 유명하다.

미국 사실주의 화가 윈슬로 호머, 토머스 에킨스, 제임스 아보트 맥닐 휘슬러,

이어서 재떨이파 찰스 쉴러, 찰스 드무스, 조지아 오키프 등이 출현했다.

존 슬러언, 조지 벨로우도 재떨이파에 속한다. 최초의 추상미술 화가들은 마즈던 하틀리, 막스 베버, 조지아 오키프, 아서 도브, 스튜어트 데이비스, 존 마린이 있다.

현장화가 벤턴, 그랜트 우드, 에드워드 호퍼가 있고 더 나아가 사회적 사실주의 화가 벤 샨이나 레지널드 마쉬, 제이컵 로렌스가 있다.

비로소 추상표현주의 화가의 출현을 본다. 선구자적인 화가로는 아쉴 고르키, 한스 호프만 잭슨 폴록이 있다. 유명한 화가로는 잭슨 폴록, 빌램 드 쿠닝, 프란츠 클라인, 한스 호프만, 클리포드 스틸, 로버트 마더웰, 조안 미첼,

색면 추상은 마크 로스코, 바네트 뉴먼, 헬렌 프랑켄탈리, 모리스 루이스.추상표현주의에 반대하는 새로운 유파가 출현했으니 곧 하드에지이다. 에드 라인하르트, 요셉 알버스케네스 놀랜드, 엘스워스 켈리 등이 있다.

팝아트는 로버트 라우젠버그, 제퍼스 존슨, 앤디 워홀, 미니멀리즘은 도널드 저드 포스트모던이즘 화가는 로버트 롱고의 무제 (도시남자)와 신디 셔먼의 무제 (#228) 등이 등장한다. 이상이 미국 미술사의 계보라 할 수 있다.

✻ 2009. 11. 18 수 구름
〈알링턴국립묘지Arlington National Cemetery〉

소라는 국회도서관으로 가고 나는 알링턴국립묘지Arlington National Cemetery에 갔다. 매트로센터 역에서 내려 서로 다른 방향으로 갔다. 지하철의 블루 라인을 타야하는데 레드 라인을 잘못 타서 다시 원 위치로 돌아와 블루 라인을 탔다. 알링턴 묘지는 포토맥 강 건너에 있다. 다섯 번째 역에서 내리면 된다. 정문을 향해서 걸어갔다. 넓은 도로 옆으로 단풍이 지는 커다란 나무들이 도열해 서있었다. 알링턴 묘역은 만추의 단풍을 단 공원이었다. 노란 단풍이 든 은행나무와 늘 푸른 소나무도 보았다.

다음과 같은 글이 눈길을 끌었다.

Welcome To Arlington National Cemetery
Our National Most Sacred Shrine
Please conduct yourselves with Dignity
and respect at all times
Please remember
These are hallowed grounds

우리나라의 가장 신성한 영지인
알링턴국립묘지에 오신 것을 환영합니다.
항상 순국선열들을 존경하며,
품위 있게 행동 해주시길 부탁드립니다.
그리고 부디 이곳이 성지(聖地)임을
기억해 주십시오.

관광안내소에 가서 지도를 구했다. 입구에 있는 '촉감 점자 성조기 동판' 은 인상적이었다. 다음과 같은 글과 점자가 새겨져있었다.

I pledge allegiance to the United States of America and to the Republic for which it stands one nation under God, indivisible with liberty and justice for all.

나는 신의 가호 아래 모두에게 진정한 자유와 정의를 표방하는
미합중국에 충성을 맹세합니다.

이 지역은 원래는 남북 전쟁 때 남군의 총사령관인 로버트 에드워드 리 장군의 아내인 마리아 안나(커스티스) 리의 소유였다. 남군이 패하자 이 토지는 몰수당했다. 넓이는 624 acres이다.

〈알링턴 국립묘지 현판〉

〈묘지〉

〈영원의 불-존 F. 케네디 대통령 묘〉

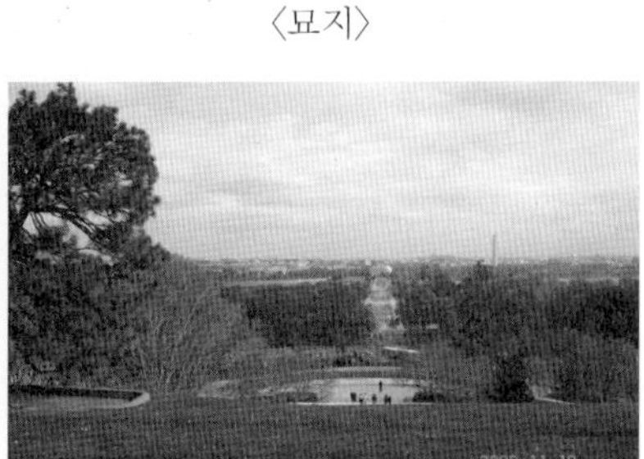

〈알링턴 묘지에서 본 워싱턴 시가〉

영지로 들어서자 존 F. 케네디 대통령의 무덤이 있었다. '영원히 꺼지지 않는 불' 이 타고 있었다. TV에서 자주 본 불꽃이었다. 그의 아내 재크린Jacqueline과 두 아이들, 가까이에는 동생인 로버트 케네디와 에드워드 케네디의 무덤이 있었다. 비운에 간 대통령의 묘지에 참배객들이 그치지 않았다. 나도 그 앞에서 묵념을 했다.

1963년 11월 22일, 케네디 대통령의 저격을 보도한 신문을 뚜렷이 기억하고 있다.

로버트 케네디의 무덤은 하얀 십자가와 조그마한 무덤 표시석이 전부이었다. 표시석 위에 붉은 장미 두 송이를 누군가가 가져다 놓았다.

길옆으로 하얀 묘표가 무수히 많았다. 나라를 위하여 목숨을 바친 거룩한 혼령들이다. 우리나라의 국립묘지와 비슷했다. 다만 장군묘지가 사병묘지에 혼합되어 있었다. 4성 장군묘도 더러 눈에 띄었다.

조금 더 위에는 알링턴 하우스가 있었다. 둥근 원주의 석조건물이었다.

알링턴 하우스는 로버트 리 장군의 집이다. 19세기 상류가정의 생활양식을 엿볼 수 있었다. 그의 부인 마리아 안나 리는 워싱턴 대통령 부인의 증손녀이다. 집 앞에는 리 장군의 무덤도 있었다.

항복한 적장의 집을 문화유산으로 보존하고 사후 국립묘지에 매장하도록 허락한 미국은 왜 그랬을까. 국가의 분열을 원하지 않았기 때문이었을 것이다. 리 장군은 비록 적장이고 패장이었지만 출중한 인물이고 위대한 장군이었다.

그 곳에서 바라보이는 워싱턴 시가지는 아름다웠다. 포토맥 강 건너 링컨 기념관과 워싱턴 탑, 의사당, 알링턴묘지가 일직선상에 놓여있었다. 워싱턴은 잘 계획된 아름다운 도시이다.

구경을 마치고 걷기로 하였다. 걷는 것이 가장 좋은 관광이다. 포토맥 강다리를 건너는 것도 기분 좋은 일이었다. 바다와 가까운 곳이라 그런지 물이 많았다. 사람들이 달리기를 하고 있었다. 링컨 기념관을 지나게 되어 구경을 했다. 링컨의 좌상이 있고 그의 등뒤 벽에는 세계 3대 연설의 하나인 게티스버그 연설 전문이 새겨져있었다. 이미 이연설문을 읽었다.(pp55~56)

〈한국전쟁 공원〉

〈베트남 참전용사 비〉

한국전쟁 조각과 베트남 전쟁 조각을 보며 숙연해졌다. 한국 조각공원 바닥에 다음과 같은 구절에 가슴이 뭉클했다.

> "알지도 못하는나라, 만난적이 없는 사람들을 지키려는 요청에 응한 전쟁 에 참가한 미국의 아들과 딸들을위해"
>
> *미군사망54,246명 UN군 628,833명*

✲ 2009. 11. 19 목 이슬비 〈남미국가의 비자〉

연일 계속되는 관광으로 심신이 지쳐서 숙소에서 쉬고 싶었으나 소라는 페루와 아르헨티나 대사관과 미국이민국을 가자고 해서 가보기로 했다. 미국 이민국은 소라의 미국비자의 기간을 문의하기 위해서이다. 8시 30분에 승용차로 출발했다.

미국이민국은 다른 곳으로 이사를 해서 찾을 수가 없었다. 우리 대사관으로 전화를 했으나 모른다는 대답이었다. 대사관은 그 정도는 알고 있어야 되는 것이 아닌가 하는 생각이 들었다. 다음은 아르헨티나 대사관에 갔다. 노비자라는 명쾌한 답이 나왔다.

페루 대사관에 가서 6. 24일의 선 페스티발에 대한 자세한 이야기를 듣고 왔다. 많은 도움이 되었다. 우리는 돌아오는 길에 Q마트에 가서 점심을 먹고 생선을 사와 굽고 끓여서 먹었다. 저녁에는 소라의 여고 동창 몇 사람에게 나에게 오는 메일의 시를 전송했다.

✲ 2009. 11. 20 금 흐림 〈선 페스티발 알아보기〉

하루 종일 집에서 쉬기로 하였다. 소라도 포크 웨이에 나가지 않는 날이다. 밥을 지어 아침을 먹고 점심은 칼국수로, 저녁은 생선국과 밥을 먹었다. 간식으로 감과 사과를 먹었다. 먹고 쉬고 했더니 살 것 같았다.

소라에게 다리 치료를 권했다. 돈이 많이 들더라도 고쳐서 중남미에 가야할 것 같았다.

중남미에 가서 문제가 생기면 큰일이다. 소라가 내 의견에 찬동해서 그렇게 하기로 하였다. 소아과 의사인 동창에게 부탁해서 한인 의사를 소개받았다.

의사에게 전화해서 월요일에 가보기로 했다.

페루의 사시Sassi에게 메일을 보냈다. 내일 아침에 열어봐야겠다. 선향에게 센트럴 파크의 사진을 몇 장 보냈다. 큰딸 수진이에게도 사진 몇 장 보내고 혈압 약은 보내지 말라고 전했다.

✻ 2009. 11. 21 토 맑음 〈소라의 구두〉

소라가 구두를 사겠다고 해서 상점에 갔다. 상점에서 오늘 하루만 세일을 한단다. 30% 할인이다. 소라의 이야기로는 명품구두 라고 한다. 한국에서는 도저히 살 수 없는 구두란다.

메릴랜드 시티인데 꽤 멀었다. 주소를 입력해서 찾아갔다. 소라는 여름 구두와 겨울 구두를 샀다.

돌아오는 길에 마트에 들려 찹쌀과 대게를 사왔다. 파와 생강가루도 샀다. 집에 돌아와서 점심은 밥을 해먹었다. 오후에는 지친 심신을 쉬었다. 저녁은 떡국을 끓여먹었다.

밤에는 잠을 많이 잤다.

✻ 2009. 11. 22 일 맑음 〈공원의 산책길〉

오전은 쉬고 오후에는 산책을 나갔다. 날씨가 춥지는 안했다. 우리는 작은 마을에 들어가 보았다. 마을에는 사슴들이 어슬렁거리고 있었다. 소라는 짐승만 보면 감탄한다.

마을을 벗어나 공원으로 들어갔다. 아름드리 참나무들이 빽빽했고 쓰러져 누운 거목으로 정글을 연상시켰다. 소라는 페루의 이키토스Iquitos에서 아마존 투어를 한 일이 있다면서, 아마존의 정글도 비슷하다고 말했다. 산을 좀 더 내려가서 개울 가까이 갔다. 쓰러진 나무들이 더 많았다. 폭우에 쓰러진 나무일 것이다. 개울물 수량은 발목을 적실 정도이었고 평지를 흐르는 물이라 그렇게 맑지는 안했다. 다시 돌아와서 차를 타고 다른 길로 가보았다. 한 2마일 정도 달리니까 다리가 하나 나타났고 The Great Seneca Park 라는 푯말이 있었다. 세네카는 로마의 철학자가 아닌가. 길가에 파킹장이 있어 차를 주차해놓고 오솔길을 따라 내려갔다. 비포장의 산책로이었다. 한적한 길이었다. 조금 더 가니까 나무다리가 나타났다. 빨간 열매를 단 키 작은 관목이 있어 사진에 담았다. 멀리서 짐승이 뛰어 도망가는 소리가 들리고 까마귀들이 깍깍 짖었다. 산책객은 별로 없었다. 갑자기 섬뜩한 생각이 들어 돌아왔다.

길가 발밑에는 달래가 많았다. 아무도 캐가지 않는지 너무 무성해서 잡초로 의심할 정도이었다.

✲ 2009. 11. 23 월 하루 종일 비 〈사시〉

워싱턴은 비가 자주 온다. 초겨울인 지금도 그렇다. 피닉스와는 아주 다르다. 하긴 피닉스는 사막의 도시이다.

소개를 받은 정형외과는 한국인이 많이 사는 아난댈Annandale에 있었다. 처음 가보는 지역이었다. 그곳에는 한국 음식점도 눈에 띄었다. 큰 마트도 있었다.

의사는 젊고 여윈 사람이었다. 11시 반에 진찰을 받았다. 소라를 뉘어놓고 다리의 길이를 재보고 하더니 의사의 말이 수술이 잘됐다면서 주사를 한 대 놓아주고 소라가 요구한 handicap 6개월을 끊어주었다. 핸디캡은 주차에 필요하다.

의사의 진찰이 어쩐지 신뢰가 가지 않는데 소라는 고무되어있었다. 그녀가 좋아하면 됐다. 나도 마음을 바꾸었다. 아프긴 하겠지만 시간을 다투는 병은 아니니까.

가까이 한국인이 하는 중국집에 가서 쇠고기 탕수육과 짜장면을 시켜먹었다. 그리고 체이스 은행 ATM을 찾아 두 곳이나 가보았으나 찾을 수 없었다. 찾는 도중에 미국 국방의 본산 펜타곤Pentagon이 나타났다. 펜타

곤이라는 말에 주눅이 들었지만 자유스러운 분위기 같았다. 다만 다른 지역보다 많은 군인들이 눈에 띄었다.

펜타곤은 2001. 9. 11 때 테러로 많은 사람(125명+ 탑승객 64명)이 희생 당한 곳이다. 이유야 어떻든 테러는 이 세상에 있어서는 안 된다.

돌아오는 길에 메모리 스틱을 1개씩 사고 비자 사진을 찍었다.

손자손녀에게 보낼 크리스마스카드도 한 장씩 샀다. 소라가 골라주면서 자기 이름도 넣어달란다. 어떻게 쓰느냐니까 할머니라고 해달란다. 그러겠다고 약속을 했다. 물건을 사가지고 나오니 이미 어두워졌다. 비는 여전히 내리고 집은 멀고멀었다.

소라가 졸리는지 노래를 부르자고 해서 시작했다. 10여곡을 불러서 잠은 달아났지만 노래는 잘 되지 않았다. 노래를 부르기에 지쳐 배호의 노래를 들었다. 이렇게 비오는 날에 딱 어울리는 노래이었다. 배호는 이렇게 청승맞은 노래를 불러서 요절한 것이 아닌가 하는 생각이 문뜩 들었다.

집에 와서 메일을 열어보니 사시로부터 페루의 인티 라이미에 대한 답메일이 왔다. 믿고 그곳으로 결정했다. 결정을 하니 한결 마음이 가벼웠다.

✲ 2009. 11. 28 토 맑음 〈박태환 목사〉

실로 오랜만에 맑은 날이다. 박태환 목사와 만나는 날이다. 샤워도 하고 수염도 깎았다. 옷은 늘 입는 잠바다. 가슴이 설렌다. 금산중고등학교를 졸업한 동창 중에 대학교수가 된 사람이 없었는데 박 목사는 미국 워싱턴에 와서 비록 신학대학교이지만, 교수, 학장에다 목사가 된 유일한 친구이다. 졸업 후에는 한 번도 만난일이 없었다.

그런데 이역만리 미국의 수도에서 이런 만남이니 가슴이 설레지 않을 수가 없었다.

소라와 나는 옷을 입고 기다렸더니 친구에게 연락이 왔다. 우리 여관 로비에 와있다는 것이다. 급히 내려갔더니 그가 부인과 같이 서있었다. 금방 알아볼 수 있었다. 50년 전에 본 그대로의 모습이었다. 탄성을 지르며 서로 굳게 악수를 했다. 소라를 소개하고 박 목사 부인과도 인사를 나누었다. 부인이 미인이었다.

우리 4명은 박 목사 차를 타고 음식점으로 갔다. 가까운 데서 먹으려다 좀 먼 곳으로 차를 몰았다.

자리에 앉자 박 목사는 동창들의 안부를 물었다. 그리고 지나온 이야기들로 꽃을 피웠다. 둘이만 대화를 독점하는 거 같아 안사람들에게는 미안했다. 그동안 지낸 이야기, 가족 이야기들을 나누었다. 자연히 부인 이야기를 했고 나도 소라와의 연애 이야기를 했다.

고등학교 동창 중에 윤태희 라는 친구가 있었는데 중고교 시절에 교회에 열심히 다녔다. 그 친구가 목사가 돼서 고향 성결교회 목사라는 소식도

〈박목사 부부와 함께〉

〈박 목사와 같이〉

들었다. 귀국하면 꼭 찾아봐야겠다. 박 목사와 이야기 하면서 그가 미국에 와서 얼마나 노력했는가를 알 수 있었다.

박 목사 사모님은 고향이 함흥인 이산가족인데 미국에 와서 고생도 많이 했고 참 열심히 살았다고 거듭 말했다.

박 목사가 한 말 중에서 새겨들을 말이 있었다. 하나는 한국은 경쟁적으로 살고 미국은 바쁘게 산다는 말이다. 그렇다. 한국은 경쟁의 사회이다. 미국은 바쁜 사회이다. 어느 쪽이 보람 있는 사회인가. 말 할 필요가 없다. 경쟁은 스트레스를 가져오고 바쁨은 보람을 가져오지 않을까 하는 생각이 들었다.

그는 이미 학장직에서도 퇴직했고 목사직도 내놓은 후란다. 그런데 리타이어 하니까 더 바쁘다고 말했다. 식사를 하고 소라가 얼른 점심값을 먼저 지불했다. 박 목사는 깜짝 놀랐지만 이미 지불해서 어쩔 수 없었다.

사모님이 12월 12일 토요일 저녁에 우리를 초대하겠다고 꼭 오라고 말해서 우리도 그렇게 하겠다고 약속을 했다.

나는 친구에게 내 부끄러운 시집 2권을 사인을 해서 주었다. 책을 낸다는 것은 이래서 좋은 것이다.

박 목사가 여관까지 태워주었지만 우리 여관에는 모실 수가 없었다. 다음에 여관을 보여주어야겠다고 말했다.

✻ 2009. 11. 29 일 구름 약간 〈Valley Park〉

비가 온 후에 춥던 날씨가 풀리더니 오늘은 따뜻한 편이다. 하긴 내일 모래가 12월이다. 워싱턴의 날씨는 대전의 날씨와 비슷하다. 볼리비아 비자를 신청하는데 많은 것을 요구해서 아들과 며느리의 생년월일과 영문표기를 물어보는 메일을 보내고 아침은 부침, 점심은 밥, 저녁은 떡국을 끓여먹었다. 부침 하나로는 둘이 먹기에는 배가 고팠다. 그래서 점심을 좀 일찍 먹고 산책을 나갔다. 넓고 낮은 저지대이었다. 밸리파크 Valley Park 라는 표지판이 있었다. 공원길이 차도와는 달리 좁지만 아스팔트로 포장되었다. 물기가 많은 질퍽한 곳이라 그렇게 한 것 같았다. 군데군데 송판으로 탐방로를 만들어 놓았는데, 아마 뱀으로부터 산책객을 보호하고 불편을 덜어주는 배려를 읽을 수 있었다. 그런 곳은 늪지처럼 물이 자작자작했다. 공원에는 늘 자전거를 타는 사람, 달리기 하는 사람, 걷는 사람들이 있는데 이곳도 마찬가지이었다.

오늘도 길옆에서 달래를 발견했다. 달리 생각해보니까, 미국은 채취를 금지하는지도 모를 일이다. 미국은 법이 엄한 나라이다.

어쩌면 한국에 있는 풀들이 여기서도 다 있는 것 같았다. 식물도 여행을 하는 모양이다. 하긴 지구의 탄생이 상상할 수 없이 긴 시간이니 그럴 법도 하다. 봄에 피는 민들레도 여행을 온 것이 아닐까. 아니 미국에서 한국으로 여행을 왔는지 모를 일이다.

집에 와서 소라가 떡국을 끓였는데 죽이었다. 어제 저녁에 나는 녹두죽을 끓였는데 역시 풀이었다. 우리는 이럴 때 서로 마주보고 웃어넘긴다. 맛있다고 말하면서, 소라가 나보다 마음이 넓다. 긍정적이다.

✼ 2009. 11. 30 월 비 〈다시 국립항공우주박물관〉

또 비가 내렸다. 눈은 오지 않고 비가 내린다. 11월의 마지막을 장식하고 싶은 모양이다. 오랜만에 워싱턴 다운타운에 갔다.

몰의 나무들도 대부분 낙엽이 져서 헐벗었다.

국립항공우주박물관에 다시 가서 사진을 찍어오기로 했다. 비가 내려도 관광객은 여전했다.

오늘은 먼저 번에 스치고 지나간 물건들을 주로 보았다.

에어버스 A 320의 시뮬레이티드 Airbus A 320의 Simulated 이착륙, 우주선과 비행기, 로켓의 복잡하고 정교한 내부, 엔진의 내부, 전시된 거대한 항공모함, 여러 종류의 비행기와 실탄의 종류, 23종류의 훈장, 역대

우주비행사와 우주복, 달 상륙 사진, 달 표면의 우주인의 발자국 사진 등을 보고 사진을 찍었다.

미래 우주의 상상도Envisioning our Future in Space도 눈여겨보았다.

이어서 다음 문구들도 써있었다.

This display area will consider this issues:

Will people be able to travel to far-away worlds beyond the Moon?

Will space flight ever become feasible for everyone?

Do the benefits of human space flight outweigh the risks and expense?

전시공간은 다음과 같은 문제를 고려해야 한다.

사람들은 달보다도 더 먼 우주로 여행할 수 있을까?

모든 사람이 우주여행을 할 때가 올까?

인간의 우주여행은 그 위험과 비용을 감수하고라도 할 가치가 있는 것일까?

항공우주 박물관 별관에 가보려 했으나 비가 와서 다음으로 미루었다.

샌프란시스코의 김창흠 선생에게 CD를 보내달라고 여관 주소를 보냈다. 대전의 완 선생에게서 메일이 왔다. 양 시인에게서도 메일이 왔다.

완 선생과 박태환 목사는 죽마지우로 절친한 사이이다. 완 선생에게 박 목사와 만난 것을 메일로 전했다.

✲ 2009. 12. 1 화 구름
〈다시 American Art Museum and Portrait Gallery〉

비가 그치고 구름이 끼었다. 손자손녀에게 카드를 보내기로 마음먹었다. 작년에도 카드를 보냈는데 참 좋아하더라는 이야기를 희정이에게 들었다. 그런데 풀을 살수가 없어 낭패다. 글씨가 악필이라 컴퓨터에서 글씨를 프린트했기 때문이다. CVS에 가면 있다고 해서 가보았는데 없었다. 하는 수 없이 내일 부치기로 하고 가까이 있는 박물관 기념품 상점에 갔다. 풀이 있는가 물었더니 CVS에 가면 있단다. 없더라니까. 다른 CVS 장소를 자세히 설명해주었다. 점심시간이 돼서 소라를 만나 풀을 사지 못해 아직 카드를 못 붙였다니까. 사무실에 풀이 있을 거라고 말했다. 칼도 사야하고 자도 사야한다니까. 사무실에 다 있을 거라고 그녀는 말했다. 점심을 먹고 나는 소라의 사무실에 가서 카드를 준비해서 둘이 우체국에 갔다. 서울은 보낼 약이 있어 등기로 부치고 인천 딸집에는 보통으로 부쳤다. 요금은 합 29불이었다. 3만원이 넘는 요금이니 우리나라보다 비싼 편이다.

소라는 나의 우수한 비서이다. 그녀는 어려운 일도 척척 처리한다.

점심은 소라와 같이 하고 오후에 그녀는 원주민 박물관으로, 나는 AAM(National Portrait Gallery and Smithsonian American Art Museum)으로 갔다. AAM은 몰에서 조금 떨어진 F 거리와 G 거리 사이에 있다. 1929년에 건립되었으며 년간 방문객은 1,142,600명 이었다.

오늘은 수집품 중 톱 텐을 눈여겨보기로 했다. 톱 텐은 아래와 같다.

Georgia O'Keeffe, Manhattan, 1932

조지아 오키프, 맨해튼, 1932

Experience the dynamism of Manhattan in the 1930s as captured by one of America's most celebrated artists. See how she combines the energy of a thriving metropolis with ethereal paper flowers floating against the sky.

미국의 가장 유명한 예술가중 한 사람이 그린 1930년대 맨해튼의 역동적인 모습을 느껴 봐라. 어떻게 그녀가 그림속에서 하늘위에 떠있는 꽃을 그려 넣어 번성하는 대도시의 에너지를 표현했는지를 지켜봐라.

James Hampton, The Throne of the Third Heaven of the Nations' Millennium

General Assembly, 1950−1964
제임스 햄프턴, 셋째하늘 밀레니엄 총회를 위한 왕좌, 1950−1964

This spellbinding artwork made from cast−off objects was created in secret and discovered in a garage after the artist had died. Marvel at how Hampton created a vision of heaven out of other people's trash.

조지아 오키프 〈맨해튼, 1932〉

제임스 햄프턴〈천년 왕국 총회를 위한 3개의 천국의 옥좌〉

사람들이 버린 물건으로 만들어진 이 마법에 걸린 것 같은 작품은 비밀리에 만들어져서 작가가 죽은 후에야 차고에서 발견되었다. 햄튼이 어떻게 다른 사람의 쓰레기로부터 천국의 모습을 창조 했는지 경이로운 일이다.

Thomas Hart Benton, Achelous and Hercules, 1947
토머스 하트 벤턴, 아켈로스와 헤라클레스, 1947

The surging shapes and churning rhythms of this allegorical mural convey a vibrant vision of post−World War II America. In this painting, Benton draws on Greek myths to create his monumental vision of America's bounty.

높은 파도 모양과 격정적인 리듬을 표현한 이 풍자적인 벽화는 이차세계대전후 미국의 강렬한 비전을 보여준다. 이 그림에서 벤턴은, 그리스 신화를 이용하여 미국의 풍요로움을 보여주는 기념비적인 작품을 완성했다.

Albert Bierstadt, Among the Sierra Nevada, California, 1868
앨버트 비어슈타트 , 시에라 네바다 산맥 사이, 캘리포니아 1868

Bierstadt mesmerized audiences in Europe and America with his idealized vision of the American West. Imagine the reactions of viewers as he presented

토마스 하 트벤턴〈아켈로우스와 헤루쿨레스〉

엘버트 비어슈타트〈시에라 네바다 중에서〉

his latest masterpiece.

비어슈타트의 미국 서부에 대한 이상적인 시각은 유럽과 미국의 독자들을 매혹 시켰다. 그가 새로운 대작을 발표했을 때 이를 지켜보는 사람들의 반응을 상상해보라.

John Singer Sargent, Elizabeth Winthrop Chanler (Mrs. John Jay Chapman), 1893 존 싱어 사전트, 엘리자베스 윈스럽 챈러(존 제이 채프먼 여사), 1893

Sargent was one of the foremost portrait painters in the nineteenth century. He captures the regal bearing and strong will of Elizabeth Winthrop Chanler, who was called Queen Bess by her younger siblings.

사전트는 19세기 가장 유명한 초상화 화가 중 한 사람이다. 그는 엘리자베스 윈스럽 챈러-동생들로부터 퀸배스(영국여왕 엘리자베스1세)라고 불리웠던-의 당당함과 강한 의지를 표현했다.

John LaFarge, Peacocks and Peonies I and II, 1882
존 라파주, 공작과 모란 I과 II, 1882

As Louis Comfort Tiffany's chief rival, La Farge created stained-glass windows with lush jewel tones and exotic subjects.

존 라파주〈공작과 모란 I 과 II〉

존 싱어 사전트〈엘리자베스 윈스롭챈러〉

루이스 컴포트 티파니의 경쟁자로서, 라파주는 이국적인 주제와 럭셔리한 보석톤의 스테인드 글라스를 만들어 냈다.

〈참고: 루이스 컴포트 티파니(세계적 보석브랜드 티파니의 설립자 찰스 루이스 티파니의 아들〉

Nam June Paik, Electronic Superhighway: Continental U.S., Alaska, Hawaii, 1995
백남준, 전자 초고속도로, 미국 본토, 알라스카, 하와이 1995

This video installation is a neon road trip across America. From the Empire State Building to Idaho potatoes, Paik remind us that individual states still have distinct identities and cultures, even in today's information age.

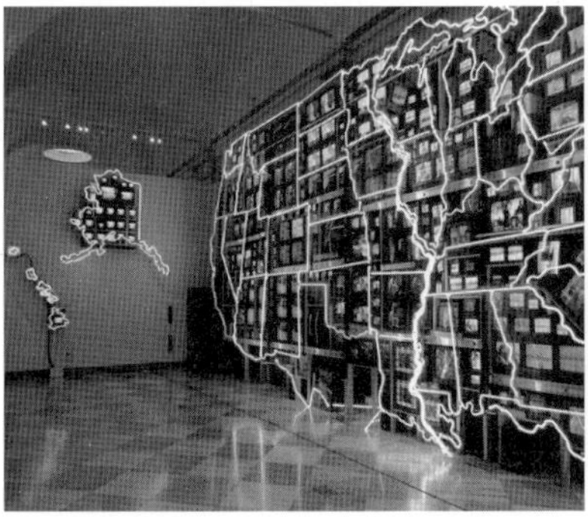

〈전자고속도로: 미국서부, 알라스카, 하와이〉

〈전자고속도로: 미국 본토 동부〉

이 비디오 설치작품은 네온길을 따라 미국을 횡단하는 여행 같다. 엠파이어스테이트 빌딩에서 아이다호의 감자에 이르기까지, 백남준은 오늘날의 정보시대에도 불구하고 각각의 주(州)가 명확한 개성과 문화를 갖고있다는 것을 알려준다.

한국이 낳은 백남준의 작품이 스미스소니언의 이 박물관 수집품 중 톱 10에 들어가서 전시됐다는 점이 믿어지지 않았다. 사실 나는 그의 작품의 우수성을 잘 모른다. 그러나 그가 긍정적이고 따뜻함으로 현대인에게 필요한 철학을 표현하려고 애쓴 점은 알고있다. 『Good morning, Mr. Orwell』 도 『1984년』 이라는 반 유토피아적 소설을 쓴 작가에 대한 저항이다.

＊ 백남준의 유명한 어록 모음

'예술이란 게 반이 사기입니다. 속이고 속는 거지요. 사기 중에서도 고등 사기입니다. 대중을 얼떨떨하게 만드는 게 예술이죠.

'인생 자체가 예술'

'예술가는 절반은 재능이고 절반은 재수'

'표현은 인간의 자유를 뜻한다. 예술은 인간의 배설적 행위이기 때문에 사회의 안전벨트 역할을 한다'

' 애국하면 나라 망한다.'

'세계의 역사는 우리에게 주어진 게임에서 이길 수 없다면 규칙을 바꾸라고 가르쳐 준다.'

제니홀처〈SAAM을 위하여. 2007〉

베쓰 리프만〈연회 2003〉

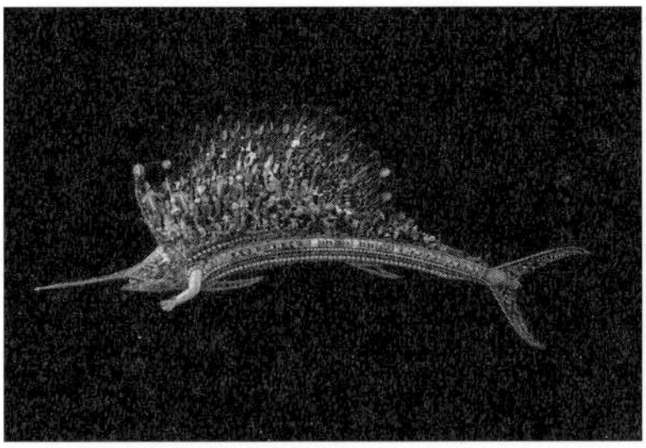

래리 푸엔테〈개임 피시, 1988〉

웰리엄 T〈What's it all mean:〉

'달은 가장 오래된 TV다'

'영혼의 신비한 새인 소문은 호모 사피엔스가 만들어낸 최초의 라디오다.'

Jenny Holzer, For SAAM, 2007

제니 홀저, SAAM을 위하여. 2007〉

Sixty-two hundred LED lights bring words alive in this sculpture created for the museum. The words are programmed to swirl and travel around the body of the piece, varying in size and direction.

6,200개의 LED를 사용하여 여러 가지 단어가 몸통에 나타나 움직이도록 구성된 이 작품은 박물관을 위해 만들어 졌다. 이 단어들은 그 크기와 방향을 달리하며 작품의 몸체를 회전하거나 움직이도록 프로그램 되어있다.

Beth Lipman, Bancketje (Banquet), 2003

베쓰 리프만, 연회, 2003

This tour-de-force glass sculpture captures the visual sumptuousness and excess of a feast like the ones depicted in 17th-century Dutch still-life paintings. It is made of 400 individual pieces!

17세기 네덜란드 정물화에서나 볼 수 있는 호화로운 연회에 사용될 것만 같은 이 절묘한 유리 작품은 우리의 눈을 즐겁게 한다. 이 작품은 400여개의 유리 제품을 이용하여 만들어졌다.

Larry Fuente, Game Fish, 1988
래리 푸엔테, 게임 피쉬, 1988

Fuente transforms recognizable forms with a colorful array of toys, trinkets, beads, plastic figurines, and more. The title of this work is both a play on its classic fisherman's trophy shape and the game pieces that encrust the surface.

푸엔테는 형형색색의 장난감이나 값싼 장신구, 구슬, 플라스틱 물체와 같은 물건을 늘어놓는 방법으로 작품을 만들었다. 이 작품의 제목은 "클래식한 어부의 트로피에 대한 유희" 가 될 수도 "장난감으로 덮은 외피" 가 될 수도 있다.

미술관에 쓰여 있는 미술에 대한 경구가 있어, 적어본다.

Art is a birth, and you can't go to a teacher and find out how to be born...you have to struggle...until that image, the one that comes out of your need to create, emerges.

Malcah Zeldis, 1978(민예화가Falk Artist)

예술은 탄생이다. 따라서 선생님으로부터 태어나는 방법을 배울 수는 없다. 여러분은 창조하려는 이미지가 마음속에 떠오를 때까지 고뇌 해야만 한다.

맬카 젤디스 1978

I look at nature
I see myself,
Paintings are Mirrors,
So is nature

Arthur Dove(모던이스트, 추상화가)

나는 자연을 본다. 나는 자신을 본다.
그림은 거울이다. 자연도 그렇다.

아더 도브

Where there is an open mind,
There will always be a Frontier.

Charles F. Ketering, 1876-1958

(American inventor, engineer, businessman, and the holder of 186 patents)
열린 마음으로 본다면

항상 미개척 분야가 존재한다.
찰스 F. 케터링 1876-1958
(미국의 발명가, 엔지니어, 사업가, 특허 186개의 보유자)
Being inexhaustible
Life and Nature
Are a constant stimulus
for-creative mind.
Hans Hofmann, 1880-1966
무한한 생명과 자연은
창조적인 마음에 대한
끝없는 자극이다.
한스호프만
〈추상표현주의 작가 '서로 상반되는 듯한 보색의 직사각형 그림' 〉

Ideals are like stars...
you choose them as your guides
and following them
you will reach your destiny
Carl Schurz, Faneuil hall, Boston, 1859
(a German revolutionary, American statesman and reformer, and Union Army General in the American Civil War. He was also an accomplished journalist, newspaper editor and orator, who in 1869 became the first German-born American elected to the United States Senate.)
이상이란 별과 같다.
네가 좋아하는 별을 고르고
이 별을 따라가다 보면
운명을 만나게 될 것이다.
카를 슈르츠, 패늘회관Faneuil hall, 보스톤, 1895
(독일 혁명가, 미국 정치가이자 개혁가이며 미국 남북전쟁 당시 북부군의 장군이었다. 그는1869년 미국 상원에 선출된 최초의 독일 태생 미국인이었으며 기자, 신문 편집인, 웅변가였다.)

One can't paint
New York as it is,
but rather as it is felt.
Georgia O'keeffe, 1926(미국 모던이즘 화가)

뉴욕을 있는 그대로 그릴 수는 없다.
차라리 느낀 그대로를 그려라.
조지아 오키프.

What's it all mean: William T. Wiley, in Retrospect.
그것 모두는 무얼 의미하는가: 윌리엄 T. 윌리 회상에서.

For over fifty years William T. Wiley(b. 1937)has created a distinctive body of work that embraces popular culture as well as fine art. He is best known as a leading California artist whose importance in the San Francisco Bay Area is well established. He enjoyed international success early in his career in the 1960s and '70s. On the East Coast, he was often referred to as a California "funk" regionalist, yet his work has stood the test of time, resisting passing fashion. Wiley has emerged as an artist of national stature with more relevance than ever.

Art, politics, war, global warming, and foolishness and ambition, love and anger are summoned by Wiley's fertile imagination and recorded in the personal vocabulary of symbols, puns, and images that crowd his objects. His work demands close attention, but his wit and sense of the absurd make it accessible even to those who do not immediately discern the ambiguous allusions and layers of meaning. Wiley seeks to engage us in the exploration in which he himself engages to create his art.

50여년 이상 윌리암 T. 와일리(1937년생)는 대중문화와 미술 분야에서 특색 있는 작품을 선보였다. 그는 캘리포니아를 이끄는 예술가로 가장 잘 알려져 있었으며, 샌프란시스코 만(San Francisco Bay) 부근에서 그의 명성은 확고했다. 일찌기 1960년대와 70년대에 예술가로 활동을 하여 세계적인 명성을 얻었다. 미동부에서 그는 자주 캘리포니아 지역의 "펑크 아티스트California "funk" regionalist" 로 불려졌지만, 그의 작품은 일회성 유행이 아닌 오랜 시간 역사에 남을 작품이 되었다.

예술, 정치, 전쟁, 지구 온난화, 그리고 어리석음과 야심, 사랑과 분노는 와일리의 풍부한 상상력에 의해 불러내어져 그의 작품 속에서 상징, 위트, 이미지로 나타내어졌다. 그의 작품은 세심한 주의를 필요로 하지만, 그의 위트와 부조리에 대한 센스는 애매모호한 암시나 작품에 대한 의미를 즉시 알아채지 못하는 사람들조차도 이를 즐길 수 있도록 했다. 와일리는 작품을 창조하는 과정에 우리를 참여시켜 이것을 같이 탐구하고자 했다.

미국 미술관을 관람하면 미국 미술의 역사를 볼 수가 있다. 너무 현대에 치우치지 않은 점이 좋았다. 미술에 대한 이와 같은 경구는 미술의 이해와 감상에 많은 도움이 될것이다.

✲ 2009. 12. 2 수 비 〈볼리비아 비자〉

매사추세츠 거리로 가서 먼저 한국영사관에 갔다. 여사무원이 내 전자여권을 내주었다. 전자여권 이라고 해서 뭐가 많이 다른가? 했더니 똑 같았다. 다만 여권에 전자칩이 들어있다는 것이었다.

볼리비아 영사관으로 갔다. 서류를 제출했더니 바로 비자가 나왔다. 볼리비아는 까다로울 줄 알았는데 의외로 쉽게 나왔다. 테러리스트가 아닌 담에 돈 쓰러가는 사람 막을 이유가 없을 것이다.

그런데 날자가 우리가 방문할 시기와 맞지 않는 것 같았다. 소라에게 이야기 했더니 괜찮다고 말했다.

다음은 멕시코 영사관이다. 내비는 잘 인도해주었다. 우리는 멕시코 영사관에 가서 많은 자료를 가지고 왔다.

이것으로 오늘 일은 일단 끝난 셈이다.

E메일을 열어보았더니 둘째 딸 지은이의 메일이 와 있었다. 반가웠다. 그런데 그 애가 일에 지쳐있는 것 같았다. 욕심을 부려서는 안 되는 데 하는 생각이 들어 즉시 메일을 보냈다.

✲ 2009. 12. 3 목 흐림 〈다시 스미스소니언 원주민 도서관〉

워싱턴 시가를 통과해서 얼마를 가야 원주민 도서관은 있었다. 한 번 와 본 곳이라 쉽게 찾았다. 마침 린이Lynne라는 사서가 있었다. 그녀는 참 친절하다. 우리는 한 달 만에 만났는데 반갑게 인사하고 작업을 시작했다.

원주민 도서관도 대단하다. 서고에 들어가 보았는데 엄청난 양의 책에 놀랐고 서고가 컴퓨터로 완전 자동화되어있었다. 나는 의자에 앉아 기다리고 소라는 가져간 책을 돌려주고 빌려갈 책을 찾아달라고 부탁을 하고 사서는 컴퓨터로 검색을 했다.

나도 책을 2권 빌려오기로 했다. 마추픽춰에 관한 책과 리차드에버하트 저 『시와 시인에 대하여 Of Poetry and Poets by Richard Eberhart(1904~2005)』이었다.

책을 읽을지는 모르지만 20일 정도의 시간이 있고 남미여행에 보탬이 될지 모르겠다.

✲ 2009. 12. 4 금 흐림 〈미국의 대법원〉

국회도서관을 나올 때 소라와 번호가 바뀌어 가방을 안 내주어 몇 번 다투었다. 내 가방 안에 여권이 있어 인정해주었다.

밖에 나오니 국회의사당 뒤쪽이 보였다. 사진을 몇 장 찍고 오른쪽으로 갔다. 근사한 건물이 있어 가까이 가보니 미국의 대법원이었다. 대법원은 국회의사당 바로 뒤쪽에 있었다.

백악관, 국회의사당, 대법원의 건물배치가 미국적 이라는 생각이 들었다. 미국 삼권분립의 중심은 의회가 중심이다. 민주주의 국가의 표본인 셈이다.

관광객들이 사진도 찍고 안으로 들어가서 나도 따라 들어갔다. 검사가 더 철저했다. 역대의 유명한 대법원장과 대법관들의 동상이 복도의 곳곳에 새겨져있었다. 구경을 하고 밖으로 나와 미술책을 사고 싶어 Art Museum West의 기념품상점에 가보았다. 찾는 책이 없었다. 다리에 힘이 빠지고 돌아다닐 의욕도 없어 매트로센터 역에 가서 소라를 기다렸다. 30분 이상을 기다려도 소라가 나오지 않았다.

소라를 만나 전철을 타고 돌아왔으나 중간에서 갈아타는 신호를 잘 못 보아 두 정거장이나 더 갔다 돌아와서 둘이 20불을 더냈다. 집에 오자 많이 어두웠다.

박 목사 부부가 떡과 김치, 깻잎, 과자 등을 가지고 밤에 찾아왔다. 이런 손님을 여관방에 들어오라고 하지도 못했다. 소라가 청소를 하지 않아 싫어해서이다. 귀한 손님을 이렇게 푸대접하는 것이 아닌데. 박 목사보다 사모님께 죄송했다. 그러나 어쩌랴. 소라 편을 들어야한다. 밤에 잠이 안 왔다.

✲ 2009. 12. 5 토 첫눈 〈김 선생의 CD〉

눈내리는 공원을 걷다가 집에 와서 포도주를 한잔 마시고 메일을 열어보았다.

샌 프란시스코의 김 선생에게서 메일이 왔다. 그의 첫사랑에 대한 이야기를 글로 써서 보냈다. 재미있는 글이었다. 사진작가인 그는 재주가 많은 분이다. 김 선생이 보낸 CD도 도착했다. 219장의 많은 사진이었다. 내 컴퓨터에 저장을 하고 한장 한장 보았더니 사진이 참 좋았다. 프로와 아마의 차이가 완연했다. 또 조오지아 오키프의 그림엽서에 크리스마스 카드도 우송했다. 글씨가 활달하고 멋이 있었다.

고상한 품위에 인격자인 좋은 분이시다. 오래 동안 교우가 이어졌으면 좋겠다.

✲ 2009. 12. 8 화 맑음 〈다시 찾은 허시온 미술관〉

어제 찍은 사진 중에서 300장이 화면에 안 뜬다. 필시 메모리 스틱이 고장이 난 것 같다. 홍명상가에서 싸게 산 것인데. 이런 결과가 초래되었다. 싼 것이 비지떡이라더니, 미국에 와서 이런 순간을 맞이하게 되다니. 첫눈 오는 광경도 대법원 사진도 어제 찍은 사진 일부도 날아가 버린 것이다. 오늘 다시 찍어야겠다.

오늘은 워싱턴의 유니언스테이션을 구경하기 위해서 소라와 헤어졌다. 메트로폴리탄에서 세 정거장만 가면 유니온 스테이션이 있다. 소라는 메트로폴리탄에서 내려 블루라인이나 오린지로 갈아타고 세 정거장 가면 랑

〈역사앞의 종〉

〈역사〉

〈철도〉

팡트 푸라자가 나온다.

유니온 정거장은 미국 수도의 정거장답게 잘 지어놓았다. 고전적인 양식의 육중한 석조 건물이었다. 앞에는 자유의 종이 있고 성조기 3개가 휘날리고 있었다. 때가 때인 만큼 대형 크리스마스 추리를 설치해놓았다.

오늘날 유니온 역은 워싱턴에서 가장 분주한 장소가 됐고 연간 320만명이 방문한다. 매일 약 13,000명이 열차를 타고 내린다. 역사 안에는 많은 상점과 카페, 음식점이 있다. 홀 내부가 화려하고 아름다웠다. 구경할만한 곳이었다.

오후에는 가까이에 있는 허시혼 미술관에 가서 다시 300장 넘는 사진을 찍었다. 사진이 잘 나오기를 기대했다.

허시온 미술관은 전시하이라이트에 대하여 다음과 같은 글을 써놓았다. 참고삼아 적어 본다.

collection highlights

On view in these galleries are highlights from the Hirshhorn's collections of nearly 12,000 objects. Including both modern and contemporary works in a range of mediums –painting, sculpture, and video– these installations reveal the diversity and richness of the Museum's holdings. Joseph H. Hirshhorn(1899–1981) was dedicated to the art and artists of his time and purchased many works by artists he particularly admired.

Consequently, one of the strengths of the collection is its in–depth holdings by such notable twentieth–century figures as Alexander Calder, Willem De Kooning, Color Field painter Morris Louis, and Clyfford Still. In addition to galleries that focus on these individual artists are innovative groupings that explore specific themes and ideas.

전시 하이라이트

이들 갤러리에 전시중인 작품들은 허시혼 미술관의 12,000여 소장품 중 하이라이트들이다. 근현대의 다양한 표현 작품-그림, 조각, 비디오- 을 아우르는 이번 전시는 박물관이 보유하고 있는 작품의 다양성과 풍성함을 보여준다. 조셉 H. 허시혼(1899-1981)은 동시대의 예술과 예술가들에게 헌신적이었으며, 그가 특히 좋아하고 존중하는 예술가들로부터 많은 작품을 구입했다.

이들 소장품의 강점은 알렉산더 칼더, 빌렘 드 쿠닝, 색면추상주의자Color Field painter 모리스 루이스와 클리포드 스틸과 같은 20세기의 유명한 예술가들의 깊이 있는 작품을 모았다는 것이다. 이에 덧붙여, 이러한 개인 작가들에 초점을 맞춘 갤러리가 결국은 특정한 주제와 아이디어의 모음이라는 것이다.

2009년 12. 9 수 맑음 〈국립우편박물관National Postal Museum〉

소라는 국회도서관에 가고 나는 국립우편박물관National Postal Museum에 갔다. 국립우편박물관은 유니온 역 옆에 있었다. 바로 길 건너이다.

우편이 무슨 박물관이 되겠느냐 하는 생각이었는데, 건물부터가 범상치 않았다. 1993년 개관되었다니 역사가 그리 깊은 것은 아니었다. 이 건물은 워싱턴의 우편 업무를 1914년에서 1986년까지 총괄하던 곳이다.

이곳도 검열이 철저했다. 그리고 다른 곳과 달리 사진 촬영이 금지되었다. 그렇게 크지는 않았지만 미국우편의 역사를 되돌아보게 하는 교육적인 곳임을 알 수 있었다.

우편에 동원되었던 총과 마차, 차, 열차와 비행기까지 수집해 놓았다. 우편물 우송에 비행기라니? 워낙 광대한 나라이니까. 지금도 항공우편이 많지 않은가. 우표수집가를 위한 가이드도 잘 소개해 놓았다.

손자손녀와 와보고 싶은 교육의 장이었다.

〈우편박물관〉

돌아올 때는 걸어서 왔기 때문에 국회의사당 주위를 사진에 담았다. 대법원도 건물 밖은 다시 찍었다.

✲ 2009. 12. 10 목 흐림 〈노벨상은 미국이 독식〉

오늘은 노벨상을 수여하는 날이다. 신문에 미국인이 노벨 평화상을 받는 오바마 대통령을 포함 10명이 수상한다고 소개했다.

경제학-엘리너 오스트롬Elinor Ostrom, Economics 미국.미국인
경제학-올리버 윌리엄슨Oliver Eaton Williamson, Economics 미국. 미국인
평화-버락 오바마Barack H. Obama, Peace 미국 미국인
화학-토머스 스테이츠Thomas A. Steiz, Chemistry 미국. 미국인
물리-윌러드 보일Willard S. Boyle, Physics 캐나다 출신. 미국인
물리-찰스 카오Charles K. Kao, Physics 중국 출신. 미국인. 영국인. 홍콩인.
물리-조지 E 스미스George E. Smith, Physics 미국. 미국인

생의학-엘리자베스 블랙번Elizabeth Blackburn, Physiology or Medicine 호주 출신. 호주인. 미국인

생의학-캐럴 그라이더Carol W. Grcide, Physiology or Medicine 미국.미국인

생의학-잭 쇼스택Jack W. Szostak, Physiology or Medicine 영국 출신, 캐나다인. 미국인.

경제학 2명 평화 1명 화학 1명 물리학 3명 생리 의학 3명이다. 우리나라는 금년에도 소식이 없는데, 미국은 한 해에 10명이라니 질투도 나고 부럽기도 했다. 금년도 문학은 독일의 여류 소설가, 시인, 수필가인 헤르타 뮐러 Herta Muller(1953~)가 받았다.

금년도 노벨상을 받은 사람 13명 중 문학상의 헤르타 뮐러와 화학상의 아다 요나트(이스라엘), 벤카트라만 라마크리시난(인도 출신 영국 거주. 미국인. 영국인) 3명만 빼고 모두 미국인이며 미국에서 거주한다. 찰스 카오는 미국인이라고 하기에는 좀 문제가 있다.

노벨상이 다는 아니지만 우리나라도 수상자가 나오기를 학수고대한다.

그 동안의 노벨상 수상자들을 조사해보고 싶은 호기심이 발동했다. 미국이 단연 톱이다. 강대국이 그냥 되는 것이 아니다. 아래 표를 보고 생각해 보기 바란다.

*** 노벨상 수상자 랭킹 현황**

순위	종류 / 나라	물리 /234	화학 /199	의학 /245	경제 /87	문학 /126	평화 /126	명
1	미국	92	65	95	52	12	22	338
		39.3%	32.7	38.8	59.8	9.5	17.4	
2	영국	23	27	33	8	13	14	118
		9.8%	13.7	13.5	9.2	10.3	11.1	
3	독일	32	29	23	2	10	6	102
		13.7%	14.6	9.4	2.3	7.9	4.8	
4	프랑스	13	10	13	2	15	12	65
		5.6%	5.0	5.3	2.3	11.9	9.5	
5	스웨덴	4	4	7	2	8	5	30
		1.7%	2.0	2.9	2.3	6.3	4.2	

6	러시아	12	3	2	2	5	3	27
		5.1%	1.5	0.8	2.3	4.0	1.2	
7	스위즈랜드	5	6	9		2	4	26
		2.1%	3.0	3.7		1.6	3.2	
8	캐나다	3	8	4	3	1	2	21
		1.3%	4.0	1.6	3.4	0.8	1.6	
9	이태리	5	1	6	1	6	1	20
		2.1%	0.5	2.4	1.1	4.8	0.8	
9	일본	7	8	2		2	1	20
		3.0%	4.0	0.8		1.6	0.8	
11	오스트리아	4	3	7	1	1	3	19
		1.7%	1.5	2.9	1.1	1.8	1.2	
11	네델랜드	10	3	3	2		1	19
		4.3%	1.5	1.2	2.3		0.8	
13	폴란드	2	2	2	1	5	3	15
		0.9%	1.0	0.8	1.1	4.2	1.2	
14	덴마크	3	1	5	1	3	1	14
		1.3%	0.5	2.0	1.1	1.2	0.8	
15	오스트라리아	3	1	7	1	1		13
		1.3%	0.5	2.9	1.1	0.8		
16	헝가리	3	4	3	1	1		12
		1.3%	2.0	1.2	1.1	0.8		
16	노르웨이	1	3		3	3	2	12
		0.4%	1.5		3.4	1.2	1.6	
18	이스라엘		4		2	1	3	10
			2.0		2.3	0.8	1.2	
18	벨지움		1	4		1	4	10
			0.5	1.6		0.8	3.2	
20	중국	4	1			2	2	9
		1.7%	0.5			1.6	1.6	
20	사우스아프리카			3		2	4	9
				1.2		1.6	3.2	
계		226	184	228	84	94	93	909

* 경제는 1969년부터 수여

* 한 분야이상 수상한 국가

나라	물리	화학	의학	경제	문화	평화	계
알바니아			1			1	2
아르헨티나		1	2			2	5
아젠바이잔	1						1
벵그라데시						2	2
벨아루스	1			1		2	4
브라질			1				1

보스니아		1			1		2
불가리아					1		1
칠레					2		2
콜롬비아					1		1
코스타리카						1	1
크로아티아		2					2
체코		1	2		1	1	5
동티모르						2	2
에집트	1				1	2	4
파로 아일런드			1				1
가나						1	1
그리스					2		2
과테말라					1	1	2
홍콩	1						1
아이스란드						1	1
인도	1	1	2	1	1	2	8
아일란드	1				4	2	7
캐나						1	1
한국						1	1
라트비아		1					1
리베리아						2	2
리투아니아		1			1		2
룩샘부르크	1		1				2
멕시코		1			1	1	3
미암마						1	1
뉴질랜드		2	1				3
나이지리아					1		1
파키스탄	1						1
팔레스타인						1	1
페루					1		1
폴두칼			1		1	2	4
루마니아			1		1	1	3
세르비아					1		1
세인트 루시아				1	1		2
슬로베니아		1					1
스페인			2		6		8
타이완		1					1
티벳						1	1
트리니다드					1		1
터키					1	1	2
우크라이나	1	1	1				3
베네주엘라			1				1
베트남						1	1
예멘						1	1
소계	8	15	17	3	32	33	108
총계	234	199	245	87	126	126	1,017

아직도 안 가본 박물관이 몇 개 있다. 오늘은 국립 아프리카 박물관 National Museum of African Art에 가보기로 했다.

1964년 개인 박물관으로 개관하였으며 1979년 스미스소니언 박물관에 편입되었다. 아프리카 여러 나라-말리, 케머룬, 탄자니아, 콩코, 남아프리카, 가나, 그리고 모로코 등의 미술품이 전시되었다. 수집품들은 조각, 탈, 가구, 그리고 나무로 만든 악기 등이다. 아프리카 전 지역의 유물과 유적 6,000여점 이상을 전시하고 있었다.

이 박물관은 지하에 있으며 스미소니언 케슬의 앞 정원에 입구가 있다.

〈건물〉

〈오바마 대통령 초상〉

〈흙으로 만든 병사의 상〉

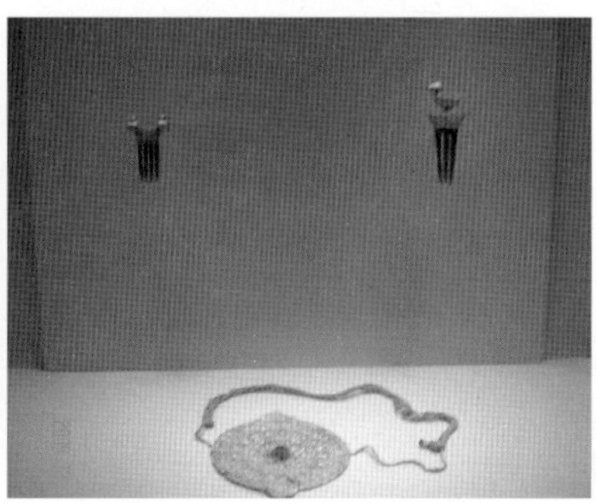
〈금으로 만든 장신구〉

〈가면〉

〈그림〉

〈진열실〉

〈조각 작품〉

입구에 들어가니 오바마 대통령의 사진이 걸려있었다. 흑인들이 자랑할만한 인물이 분명하다. 진열품들이 소박하면서 해학적이어서 재미가 있었다.

사진을 많이 찍었다.

✲ 2009. 12. 11 금 맑음 〈미국의 국가〉

국립미국역사박물관National Museum of American History에 다시 갔다. 1964년에 개관한 이 박물관은 약 300만개의 유물을 보유하고 있다.

말할 것도 없이 건국 이래 짧기는 하지만 미국역사 유산-사회, 정치, 경제, 문화, 과학, 군대 등의 전 분야에서 유물을 총 망라한 박물관이다. 미국인들은 국가의 상징인 국기와 국가를 신성시한다. 그것은 국가 존재 가치를 어떤 나라국민보다 올바로 알기 때문이라고 생각한다.

국가 백년대계를 생각할 때 이런 박물관은 꼭 필요할 것 같았다. 이 박물관을 관람하면서 나는 금문교를 생각했다. 무엇이든지 튼튼히 라는 말이 생각나기 때문이었다. 미국국가를 불러보자.

그대 이른 새벽녘 저 빛을 보라
황혼의 마지막 광휘에 환호하는 우리들의 긍지
위험한 전투 속에서 광대한 선과 빛나는 별들
저 성벽 너머로 찬란히 빛나도다.
창공에서 분주한 포탄과 탄환의 붉은 섬광들은
밤새 우리 깃발이 펄럭이는 증거
물결치듯 성조기여
자유와 용맹의 나라에 펄럭이리
저 깊은 곳 안개 속에서 희미하게 보이는 해안에는
거만한 적 말없이 두려움 속에 휴식을 취한다
드높이 치솟은 절벽 위로 산들 바람에 나부끼는 저 모습
반쯤은 가리고 반쯤은 모습을 드러낸 채 펄럭이고
이제 아침의 첫 광휘에 휩싸인
찬란한 영광 속 한 줄기 저 빛이여
우리의 성조기, 영원토록 펄럭이리
자유와 용맹의 나라에 펄럭이리
폐허된 전쟁터와 전투의 혼란 속에
거만한 맹세 노래하던 저 악대는 어디에
이제 더 이상 고향과 나라를 떠나지 말아야지

그들의 피로 사악한 자신들의 발자국을 씻어냈도다
노예된 사람이 어딜 가도 피하지 못하는 것은
패주의 공포와 무덤의 빛
승리 속의 성조기여
자유와 용맹의 나라에 펄럭이리
자유인은 어디에서건
사랑하는 고향과 황량한 전쟁터 그 어디에서건
하늘이 구한 이땅 승리와 평화로 축복받도다.
우리에게 나라를 보존시켜준 저 힘을 사랑하라
정당한 대의로 우린 이긴다
주님 안에 우리의 믿음 있다는 것을 좌우명 삼아
자유와 용맹의 나라에 펄럭이리.

DEFENCE OF FORT M'HENRY.

The annexed song was composed under the following circumstances— A gentleman had left Baltimore, in a flag of truce for the purpose of getting released from the British fleet, a friend of his who had been captured at Marlborough.—He went as far as the mouth of the Patuxent, and was not permitted to return lest the intended attack on Baltimore should be disclosed. He was therefore brought up the Bay to the mouth of the Patapsco, where the flag vessel was kept under the guns of a frigate, and he was compelled to witness the bombardment of Fort M'Henry, which the Admiral had boasted that he would carry in a few hours, and that the city must fall. He watched the flag at the Fort through the whole day with an anxiety that can be better felt than described, until the night prevented him from seeing it. In the night he watched the Bomb Shells, and at early dawn his eye was again greeted by the proudly waving flag of his country.

Tune—Anacreon in Heaven.

O! say can you see by the dawn's early light,
What so proudly we hailed at the twilight's last gleaming,
Whose broad stripes and bright stars through the perilous fight,
O'er the ramparts we watch'd, were so gallantly streaming?
And the Rockets' red glare, the Bombs bursting in air,
Gave proof through the night that our Flag was still there;
O! say does that star-spangled Banner yet wave,
O'er the Land of the free, and the home of the brave?

On the shore dimly seen through the mists of the deep,
Where the foe's haughty host in dread silence reposes,
What is that which the breeze, o'er the towering steep,
As it fitfully blows, half conceals, half discloses?
Now it catches the gleam of the morning's first beam,
In full glory reflected new shines in the stream,
'Tis the star spangled banner, O! long may it wave
O'er the land of the free and the home of the brave.

And where is that band who so vauntingly swore
That the havoc of war and the battle's confusion,
A home and a country, shall leave us no more?
Their blood has washed out their foul footsteps pollution
No refuge could save the hireling and slave,
From the terror of flight or the gloom of the grave,
And the star-spangled banner in triumph doth wave,
O'er the Land of the Free, and the Home of the Brave.

O! thus be it ever when freemen shall stand,
Between their lov'd home, and the war's desolation,
Blest with vict'ry and peace, may the Heav'n rescued land,
Praise the Power that hath made and preserv'd us a nation!
Then conquer we must, when our cause it is just,
And this be our motto—"In God is our Trust;"
And the star-spangled Banner in triumph shall wave,
O'er the Land of the Free, and the Home of the Brave.

인터넷에서 옮겨왔다. 영어 글자는 잘 보이지 않지만 그대로 두었다.

어쩐지 그대로 두는 것이 나을 것 같았다. 아마추어 시인이 쓴 가사라고 하는데 아마와 프로의 차이는 무엇인가. 미국은 프로 시인이 없는가? 물론 미국에 프로 시인들이 많이 있다. 이런 점이 바로 미국적이다. 얼마나 애국적인가. 가사가 너무 전쟁장면을 부각시킨 것 같은 생각이 든다. 길이도 너무 길고. 그러나 미국인들은 국기의 상징성을 높이 평가하고 있다. 국가의 독립과 주권의 중요성은 무엇과도 바꿀 수 없는 것이다.

1812년 6월 18일에 미국이 영국에 선전 포고를 하면서 발발한 32개월(2년 8개월) 간의 충돌이다.

이 전쟁의 원인은 크게 두 가지로 나뉜다. 첫째, 당시 미국의 대통령이던 제임스 매디슨과 그의 지지세력들이 영국에 적대적이었다는 것과, 둘째, 영국이 프랑스로 가던 미국 선박들을 나포하여 미국의 수출에 타격을 주었다는 것이다. 이 전쟁은 누구의 승리도 없이 끝났다.

미국은 백악관이 불에 타 잿더미가 되는 등 많은 피해를 입었다. 이 불타버린 백악관을 메디슨이 하얗게 칠했는데, 이것이 오늘날까지 이어지고 있다.

그러나 이 전쟁은 제 2차 독립전쟁이라고 할 만큼 의의가 있는 전쟁이었다.

〈Star-Spangled Banner: 볼티모어 전투 때 맥헨리 요새에서 휘날렸던 거대한 기 병대기. 5,000의 영국군 병사가 19척의 함대로 1814년 9. 12-9. 13에 걸친 25시간 동안 함포사격과 폭우에도 펄럭인 성조기를 보고 아마추어 시인 프랜시스 스콧 키가 〈맥헨리 요새의 방어〉 라는 시를 썼는데 이 시가 후에 미국 국가가 되었음〉

✻ 2009. 12. 12 토 흐림 〈워싱턴의 소라 동창 모임과 박 목사 댁〉

워싱턴에 사는 소라의 여고동창 모임에 가기로 한 날이다. 나는 집에 있겠다니까 소라가 같이 가자고 조른다.

일찍 출발했다. 버지니아 쪽의 이가梨家 음식점이란다. 시간이 좀 남아 이곳저곳 구경을 하고 다시 음식점에 도착해서 기다려도 아무도 오지 않아 이상한 생각이 들었다. 소라가 음식점 뒤쪽으로 가보자고 해서 가보았더니 그쪽 음식점 이가에 이미 동창들이 와 있었다. 모두 6명이 모였다. 임영혜씨는 2시 경에 온단다. 의사라 바쁜가보다. 선향씨도 곧 왔다.

이가는 한국음식점이었다. 교포들은 모임을 주로 한국음식점에서 하는 것 같았다. 유유상종이다. 소라의 여고동창들은 의사가 많았다. 의사이기 때문에 이민 올 생각을 했는지 모를 일이다. 직접 물어볼 수도 없는 노릇이다.

식사를 마치고는 이웃에 있는 송정님씨 댁에 갔다. 개인 주택이 아니고 일종의 빌라 같았다. 집안은 깨끗했다. 미국에 이민 온 중산층 가정 같았다. 집안이 잘 정돈되어있었다. 안주인의 취미가 고상함을 알 수 있었다. 파리에 가서 구입했다는 그림도 벽에 걸어놓았다. 다과를 대접 받았다.

저녁에는 박 목사 댁에 가야해서 좀 일찍 나왔다. 여관에 와서 조금 있으니까 박 목사가 차를 가지고 와서 그 차를 타고 출발했다. 박 목사 집은 포토맥 강변에 있었다. 경치가 아주 좋은 곳이었다. 목사부인이 반갑게 맞아주었다. 먼지 하나 없는 청결한 집에 푸짐한 음식을 장만해놓았다.

이제 워싱턴에서 세 번 째 만나 이야기가 술술 풀렸다. 이민 와서 고생한 이야기. 목사와 박사 된 이야기. 신학대학 다닌 이야기. 결혼 이야기 등이었다.

부인 이야기가 미국에 처음 왔을 때 실망이 컸단다. 미국은 천국인줄 알았는데, 이곳도 사람 사는 곳이더란다. 열심히 살아야하는 곳이었단다. 그래서 고생을 많이 했다고 이야기 했다.

소라는 나와 만난 이야기. 민요를 채보한 이야기를 하고 나는 동창들 이야기 문학을 하게 된 이야기 등을 했다. 음식을 배불리 먹고 박 목사와 부인으로부터 교회에 나오라는 설교를 한참 듣고 두툼한 성경책을 선물로 받아들고 여관으로 왔다. 물론 박 목사가 차로 태워다주었다.

동기간 같은 친구의 환대에 감사했다. 그 친구는 보람찬 삶을 살았다.

✲ 2009. 12. 14 월 맑음 〈국립 항공우주 박물관 별관〉

국립 항공우주 박물관의 스티븐 F. 우드바-해이지 센터The National Air and Space Museum's Steven F. Udvar-Hazy Center는 가서 보지 못했다.

소라는 늘 바쁘고 혼자 가기는 싫고 해서이다.

자료를 보고 기록한다: 워싱턴 D.C.의 덜레스 공항에 있는 이 박물관은 총면적 71,000m^2 로 상당이 넓다. 몰에 있는 National Air and Space Museum의 별관인 셈이다. 너무 커서 몰의 박물관에는 진열할 수 없는 163개의 비행기와 154개의 우주선이 전시되어 있고 수천 개의 호기심을 돋우는 보다 작은 품목이 있다고 한다.

2003년에 개관했으며 요금은 무료이나 주차비는 받으며 1년 방문객은 2009년에 1,186,493명이었다고 한다.

전시실은 2개인데 보잉 애비에션 행거The Boeing Aviation

Hangar(27,286.3m^2)와 제임스 S. 맥도날드 스페이스 행거James S. McDonnell Space Hanger(4,930.1m^2)로 20m 높이의 건물이다. 비행기 전시실에는 북쪽은 군용 비행기 남쪽은 민간비행기가 주로이다. 우주

〈박물관 공중 촬영〉

〈박물관 복잡한 내부〉

〈우주비행에 필요한 물품〉

〈우주왕복 디스커버리호〉

〈록히드 sr-71블랙버드〉

〈히로시마 원폭기〉

관에는 우주비행, 로켓과 미사일, 우주과학, 실용위성 등이 있다고 한다.

항공 시뮬레이터와 아이맥스영화관도 있다.

진열품 가운데는 1903년 라이트 형제의 플라이어Flyer, 아폴로 11호, 러시아의 소유즈 우주선, 원자탄을 투하한 에노라 게이Enola Gay 등 이며 공중에 스카이워크skywalks가 있어 전시물을 마주볼nose-to-nose 수도 있다고 한다.

세계 최고의 항공역사박물관으로 손색이 없다고 생각되고 학생들의 교육장으로 바람직한 곳이라고 생각했다.

✻ 2009. 12. 15. 화 구름 〈다시 자연사 박물관 사진 촬영〉

어제 날씨가 화창했는데 오늘은 구름이 끼었다. 자연사박물관에 가서 사진을 찍을 작정이다. 먼저 찍은 사진으로는 부족할 것 같다는 생각이 들어서이다.

1층과 2층의 나비관과 광석관을 철저히 찍었다. 점심을 먹고 다시 갔다. 오늘은 소라도 따라나섰다. 소라와 몰을 이렇게 걸어보기는 처음인 것 같다. 손을 꼭 잡고 걸었다. 소라는 한국관만 보겠단다. 소라는 한국관만 보

〈세종대왕과 한글〉

〈한국 전시관〉

고 사무실로 돌아갔다.

〈한복의 아름다움〉

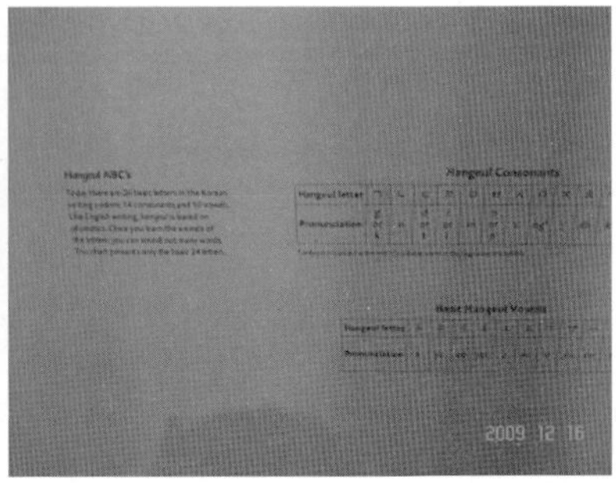

〈한글 ABC's〉

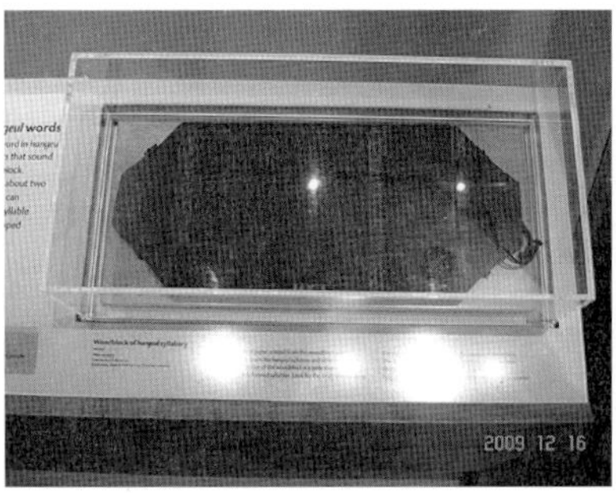

〈한글 자음표 목판〉

〈족두리와 비녀〉

포유동물관이 1층에 있는데 오전에 빠트려서 오후에 찍었다. 지하에 내려가서 조류도 찍었다.

오전에는 300장은 찍은 것 같고 오후에도 그 정도 찍을 것 같다. 포유류 전시관부터 들렸다. 박제를 한 큰 짐승들도 다 찍었다. 다윈관도 사진에 담았다. 다윈탄생 200주년이고 그의 너무도 유명한 책 『종의 기원On the Origin of Species』 150주년이란다.

보석 홀, 지구, 달, 운석 홀, 흙 홀 등도 사진에 담았다.

개미의 숨은 일생; 농부 병정, 건축 개미도 사진에 담았다. 오후에도

300장은 찍은 것 같다.

사진만 잘 나온다면 좋은 자료가 될 것 같았다. 남는 것은 사진뿐이니까. 기억은 믿을만한 것이 못된다.

좀 일찍 포크 웨이에 가면서 거리의 사진도 찍었다. 가로수 잎이 이제는 다 져서 앙상한 나무들이다. 겨울이 깊었다.

쿠스코에서 사시로부터 메일이 왔다. 우리가 제시한 여관을 구하기가 어려운 모양이다. 얼마정도의 여관을 원하는지 다시 연락하란다.

친구 완으로부터 메일이 왔다.

✲ 2009. 12. 16 수요일 맑음
〈내 시선집 『Poems of In-Hwan Bae』을 donation하다〉

구름 한 점 없이 맑은 날이었다. 오늘은 국회도서관에 가기로 했다. 소라는 여러 번 갔지만 나는 세 번 째 가는가 보다.

내 시선집 『Poems of In-Hwan Bae』를 기증할 생각이다. 비록 무명의 시인이지만 미국의 국회도서관에서는 내 시집을 잘 보관해 줄 것이다. 그런데 잘 받아줄지 모르겠다.

먼저 들린 곳은 메디슨 건물이었다. 소라가 사고 싶은 CD가 있었는데 담당자가 없으니 내일 오란다. 소라는 내일 오기로 했다. 그리고 제퍼슨 빌딩에 가서 다시 물어보았더니 1시에 담당자가 온단다. 미국은 이런 점은 퍽 복잡하다. 소라는 복사할 것이 있다면서 복사할 책을 주문했고 나는 의자에 앉아 기다렸다. 조금 있다가 소라의 가방을 맡기고 Main Reading Room에 들어갔다. 내 책을 받은 나이 지긋한 사무원이 조금 기다리란다. 한국문학을 담당하는 사람이 온단다. 책을 도내션donation하는 것도 쉽지가 않다.

〈국회도서관 사서와 함께〉

〈국회도서관 내부〉

조금 있으니까 한국말을 하는 사무원이 왔다. 30대 쯤 보이는 여직원이었는데, 영어와 한국말을 자유자재로 구사했다. 교포란다. 그녀의 영어실력이 부러웠다.

그녀는 책을 기증해주신다니 고맙다며 책을 보여 달란다.

나는 내 책을 2권 주었다. 책이 잘 나왔다며 귀국하면 다른 책도 보내란다. 그녀와 기념사진을 찍고 헤어졌다. 미국의 국회도서관은 내 시집을 보관해 줄 것이다. 휴지통에 버리지는 않겠지.

우리는 복사실로 갔다. 소라는 책 2권을 복사하겠다고 말했다. 책 2권을 복사하고 국회도서관을 나왔다. 하루해가 저물고 있었다.

✲ 2009. 12. 17 목 맑음 〈소라의 종무식〉

소라는 오늘 종무식을 하러 포크 웨이에 갔다. 오늘로서 스미소니언의 근무는 끝난다. 근무래야 일을 도와준 것이 아니고 자기 일을 한 것이아닌가 하는 생각이다. 어쨌든 무사히 마치게 되어 다행이다.

국회도서관 아담스Adams건물 옆에 있는 셰익스피어 도서관Folger

Shakespeare Library에 가보기로 하였다. 국회도서관은 몇 번 가봤기 때문에 쉽게 찾을 수 있었다.

무료관람이었다.

셰익스피어 도서관은 실업가 핸리 크래이 폴걸Henry Clay Folger과 그의 부인 애밀리 조단 폴걸Emily Jordon Folger이 세운 도서관이다. 현대식 대리석 건물이다. 프랑스 태생 유명한 건축가 폴 필립 크레트Paul Philippe Cret의 설계로 지은 건물로 사적지로 등재되었다. 내부 시설도 튜터양식으로 고풍스러웠다.

1500~1750년까지의 희귀한 자료들을 수집해 놓았다. 이 도서관의 구체적인 수집내용은 책이 250,000권 이상, 55,000개의 원고(에리자베스 1세 시대와 존던에서부터 마크 트웨인과 휘트먼까지) 250,000개의 프로그램, 통계상으로 50,000개가 넘는 작품들이다.

또한 중요행사로는 극장, 시, 음악회, 전시, 강연 등이 있다고 한다.

셰익스피어를 본격적으로 연구하는 학자들은 이곳에 오면 많은 자료를 구할 수 있을 것 같았다.

영미 문학의 영원한 상징인 셰익스피어 도서관이 미국의 수도 워싱턴에 있다는 것은 자랑할 만하다.

워싱턴 시의 건물을 보고 싶었다. 가는 도중 FBI 본부 건물J. Edgar Hoover Building, Washington, D.C.을 보았다. 미국 최고의 법 집행조직인 연방수사국 본부는 1908년에 설치되었다고 한다.

소라는 이수증을 받아들고 오후 5시에 아래층으로 내려왔다.

그녀의 이력에 스미소니언에서 자원 봉사한 경력이 추가될 것이다.

✲ 2009. 12. 19 토 하루 종일 눈 〈폭설〉

하루 종일 눈이 내렸다. 먼저 내린 눈에 비하면 폭설이었다. 이렇게 많

〈여관에서 본 눈 내린 정경〉

이 눈이 내리는 것을 오랫만에 본다.

아침을 먹고 밤새 내린 눈을 치우러나갔다. 거의 한자는 온 것 같았다. 차에 쌓인 눈을 치우는 도구가 마땅한 게 없어 주걱을 가지고나가서 치웠다. 눈이 너무 많이 내려서 밖에 나갈 엄두가 나지 않았다. 오전에는 빨래를 하고 책을 좀 보았다.

점심은 국수를 해먹었다.

하루 종일 눈이 그치지 않고 내렸다. 술 생각이 났다. 소라도 포도주 한 잔은 마실 수 있다.

남은 신 김치, 감자, 버섯, 양파, 대파, 당근, 고추, 마늘을 썰어 넣고 반죽을 해서 부침을 붙였다. 이런 눈내리는 날은 부침에 막걸리가 최고다. 소라는 부침을 잘 먹는다. 맛있게 먹는 것을 보면 음식을 만든 보람을 느낀다. 막걸리가 없어 대신 포도주를 마셨다. 한국마트에는 다 있는데 막걸리는 없다.

중남미 여행계획을 다시 검토해 봐야겠다. 5개월의 긴 여행인 민큼 계획이 치밀해야 한다. 쿠바도 한 번 가보고 싶은 곳인데, 뺀 것이 서운했다.

이미 비행기표를 사놓았기 때문에 여정을 바꾸면 여러 가지 문제가 파생될 것이다. 다음기회로 미룰 수밖에.

내일 교회에 나갈 수 있을지 걱정을 하고 있는데 박 목사에게서 전화가 왔다. 그도 역시 걱정하고 있었다. 내일 날씨를 봐서 결정하잔다.

밤에도 눈이 내렸다. 아마 한자 반은 오지 않았을까.

눈이 내리면 모두들 기분이 좋다. 그러나 눈이 온다고 마냥 좋아할 수도 없다. 눈으로 인한 피해가 너무 많기 때문이다.

✲ 2009. 12. 20 일요일 맑음 〈워싱턴에서 교회에 갔다〉

아침에 일어나니 날씨가 맑았다. 설경에 햇빛이 눈부시게 비쳤다. 천상의 나라 같았다. 나무 가지마다 맺힌 눈꽃은 너무 아름다웠다. 고국 생각이 간절했다. 차에 쌓인 눈을 치웠다.

오전에는 각자 공부를 했다. 나는 원고정리를 했다. 일기도 컴퓨터에 좀 옮겼다.

박 목사에게 전화가 왔다. 교회는 오후 1시에 예배가 있단다. 기다리면 데리러오겠단다. 눈 때문에 걱정을 했더니, 괜찮단다. 박 목사가 차를 가지고 부인과 같이 왔다. 우리는 승용차로 교회로 향했다. 박 목사는 금년에는 유독 눈이 많이 온다고 말했다. 큰 도로는 눈을 치워서 지장이 없었다.

조그마한 교회이었는데 피닉스의 지구촌 교회보다는 컸고 신도들이 달랐다. 피닉스는 학생들이 주로인데 이곳은 성인들이 많은 것 같았다. 예배 일부는 영어로 했다. 대학생쯤 되어 보이는 도움이가 목사의 말을 통역하는 식이었다.

그러니 시간이 많이 걸렸다. 그 교회에서 점심을 얻어먹었다.

박 목사 부부에게 점심대접을 하려고 했는데, 교회에서 점심을 먹어서

25일 지구촌 교회에 가는 날에 대접하기로 했다.

박목사가 우리 여관에 데려다주어서 이번에는 여관방으로 두 분을 모셨다. 협소한 여관이지만 좋다고 말했다.

빈 손으로 보낼 수가 없어 쩔쩔맸는데 마침 볶아놓은 땅콩이 있어 손에 들려 보냈다. 마음이 좀 편안했다.

✲ 2009. 12. 21 월 흐림 〈제퍼슨 기념관〉

빌린 책을 가져다주기 위해서 인디언 도서관에 가기로 했다. 비디오테이프도 가져다 주어야한다. 이번에 3번 째 가는 길이다. 이제 마지막이다.

인디언 도서관에 들렀더니 사무원이 없었다. 전화를 해서 알아본 결과 눈이 너무 많이 와서 휴관이란다. 가져간 책과 비디오를 경비원에게 맡기고 왔다.

워싱턴도 며칠 안 남았다. 돌아오는 길에 백악관과 제퍼슨 기념관도 가보기로 하였다.

워싱턴 시내에 돌아와서 제퍼슨Thomas Jefferson (1743-1826)기념관으로 갔다. 미국 독립선언서의 작성자이며 건국의 기초를 놓은 위인이시다. 미국의 3대 대통령(1801-1809)이기도 했다.

보기 드물게 박식한 인물로, 제퍼슨은 개인의 생명, 자유, 행복추구권을 보호하는 것이 국가의 목적이라고 생각했다.

이 기념관은 국회의사당, 백악관, 워싱턴 기념관, 링컨 기념관과 같이 원형 기둥의 건축물이다. 제퍼슨이 좋아한 고전적인 양식으로 지었다고 한다.

제퍼슨이 독립선언문의 초안을 읽고 있는 모습을 조각해 놓았다.

이따금 우리 같은 관광객이 방문했다.

〈제퍼슨 기념관〉

〈백악관〉

〈크리스마스트리와 기념탑〉

〈백악관 오른쪽 건물들〉

이내 백악관으로 갔다. 나는 두 번 왔지만, 소라는 처음이다. 눈에 싸인 백악관은 더 하얗게 보였다. 더 아름다웠다. 그런데 어쩐 일인지 먼저 갔을 때보다 훨씬 가까이에 가서 볼 수 있었다. 복이 있는 사람은 다른 것 같았다. 사진을 찍고 여관으로 돌아왔다.

✲ 2009. 12. 22 수 흐림 〈준이와 린이의 카드〉

미국은 대서양쪽의 항구도시들이 주로 수도이었다. 미국의 동부에 치우쳐 있다. 브라질처럼 국토의 중심부로 옮길 가능성도 있지만 미국은 수도를 옮기고 싶지는 않은 것 같다.

지도를 보면 워싱턴 D.C.의 위치가 기가 막힌다. 체서피크 베이Chesapeake Bay 깊숙이 있기 때문에 지정학 상으로 볼 때 많은 것을 갖추고 있다고 생각한다. 서부에서는 멀리 떨어져 있지만 유럽과는 가까운 거리이다. 바닷가에 있으면서도 내해 깊숙이 있기 때문에 쓰나미의 위협도 없는 곳이다. 가장 중요한 것은 수도가 된지 200년 이상의 역사가 있다는 것이다.

대도시는 강가나 바닷가에 세워지는데, 워싱턴에 포토맥 강과 아나코스티아 리버Anacostia River가 있다. 너무 큰 강도 아닌 알맞은 강이다.

준이와 린이에게 카드가 왔다. 이제 겨우 유치원에 들어갔는데 카드를 보냈다. 삐뚤삐뚤한 글씨에 정이 담뿍 담겨있다. 사진을 찍어서 보관했다. 그 애들이 크면 보여주어야겠다. 손자손녀는 참으로 예쁘다.

〈손녀 서린의 크리스마스카드〉

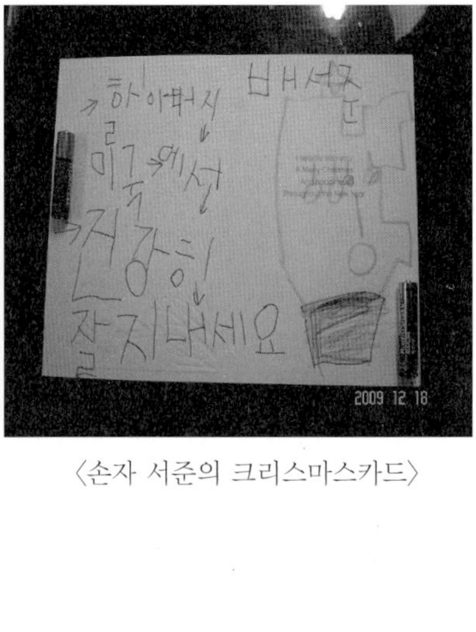

〈손자 서준의 크리스마스카드〉

✲2009. 12. 23 수 흐림 〈건하와 산하의 성탄절 카드〉

소라와 워싱턴 기념탑에 가보기로 했다. 이제까지 전망대까지 올라가 보지 못한 것은 이해가 가지 않는다. 아마 티켓 구하기가 어려워서 그랬던 거 같다. 무료이지만 08:00부터 표를 배부하기 때문에 일찍 서둘렀다. 07:00에 출발했다. 오늘 꼭 구경을 해야 한다.

워싱턴 기념탑은 몰의 서쪽 끝에 있는 방첨탑이다. 더 미룰 여유가 없다.

계단이 898개라는데 그 계단으로 올라가려면 너무 힘들 것 같아 엘리베이터를 타기로 했다. 전망대까지 올라가는데 순간 같았다. 눈 깜짝할 시간이었다. 워싱턴 시가지가 한눈에 들어왔다.

전망대에서 바라보는 워싱턴 시가는 참으로 아름다웠다. 찬란한 아침햇빛에 눈이 부셨다.

동쪽은 국회의사당, 남쪽은 제퍼슨 기념관, 서쪽은 링컨 기념관과 강건너 알링턴 국립묘지, 북쪽은 백악관이 자리 잡고 있었다.

이 기념탑에는 외국에서 증정한 190개의 조각한 돌이 박혀 있다고 한다.

안타깝게 2011년 8. 23 버지니아 지진으로 첨탑 부분이 손상되어 보수 중이라고 한다.

오늘은 외손자와 지은이와 사위에게 카드가 왔다. 건하 산하는 이제 글씨도 제법 쓴다. 기쁜 날이었다. (2008년 사위식구 카드 사진 1권p222에)

✲ 2009. 12. 24 목 흐림 〈워싱턴의 대성당〉

크리스마스 이브날이다. 26일은 여관 계약이 만료된다. 27일은 남쪽으로 여행을 떠날 것이다.

우선 빨래부터 했다. 청소도하고 짐 정리를 했다.

우리가 2달간 산 여관방도 사진에 담았다. 소라와 내 컴퓨터도 사진에 담아두었다. 부엌과 소파도 사진에 담았다.

서준 · 서린 · 건하 · 산하의 카드, 사위와 딸의 카드도 사진에 담았다. 먼 훗날 추억이 될 것이다.

오후에는 한국 마트에 가서 1달 동안 여행에 필요한 것들을 사왔다. 쌀과 된장, 간장, 과일과 과자류, 껌 등을 사오고 오늘 내일 먹을 갈비와 생선도 사왔다.

불고기를 해먹어야겠다. 불고기는 피닉스에서 해봐서 잘 한다. 포도주도 남은 것이 있다.

둘이 협력해서 요리를 했더니 푸짐하게 해놓고 무사히 여행을 하도록 서로의 건강과 행운을 빌면서 한잔했다. 소라도 이제 술을 좀 마신다. 포도주 한두 잔은 건강에 좋다.

대성당을 찾아가기로 하였다. 인터넷에 다음과 같은 글귀가 있었다.

> Basilica of the National Shrine of the Immaculate Conception: 성모 무염시태 국립 대성당聖母無染始胎國立大聖堂은 미국 워싱턴 D.C.에 있는 로마 가톨릭교회의 성당이다. 수호성인은 미국의 수호성인이기도 한 원죄 없이 잉태된 성모 마리아이다. 대성당은 미국에서 가장 큰 가톨릭 성당이며, 세계에서 여덟 번째로 큰 종교 건물이다. 또한 워싱턴 D.C.에서 가장 높은 건물이기도 하다

이런 건물을 보지않고 워싱턴을 떠난다면 죄를 지을 것 같았다. 성모무염시태국립대성당은 워싱턴 D.C.의 북동쪽 미시간 에비뉴 미국카톨릭대학교 곁에 있었다.

한눈에 어마어마했다. 개신교국가인 미국에서 이런 성당이 있을 수 있을까? 케네디 대통령이 당선되었을 때 신문에 미국에서 카톨릭 신자가 대통령이 되었다고 대서특필했던 것을 기억하고 있다.

건축양식은 네오비잔틴 양식이며 1920년 착공 1961년에 완공을 보았다고 한다. 웅장하고 아름다운 대성당이었다. 내부 장식도 화려했다. 대성당의 성화상은 예술가 얀 헨리크 드 로젠의 작품이란다.

우리같은 관광객들이 많았다. 신자들도 많아 사람들로 가득 찼다. 신자

〈성당 건물〉

〈성당 내부〉

〈워싱턴 시내 건물〉

〈13시가지와 건물〉

〈시가지와 건물〉

〈기념품상 내부〉

〈몰의 겨울 산책로〉

〈모아이 상〉

는 아니지만 이날 성당을 찾은 것은 참 잘 한 일이었다.

성탄 미사는 한 시에 있다고 해서 여관으로 돌아갔다.

✲ 2009. 12. 25 금 흐림 〈워싱턴의 지구촌 교회〉

12월 25일 스미스소니언박물관이 일 년 중 유일하게 휴무하는 날이다. 그만큼 12월 25일은 미국의 명절 중에 명절이 아닐까.

오늘은 박 목사와 워싱턴 지구촌교회에 가기로 했다. 준비를 하고 9시 20분에 로비에 가서 기다리고 있었다. 곧 박 목사 내외가 와서 지구촌 교회에 갔다.

〈슈퍼마캣〉

〈워싱턴에서 머물던 여관〉

지구촌 교회는 피닉스의 송재호 목사가 근무하던 곳이라 해서 관심이 있었다. 그리고 소라의 여고 동창이 그 교회에 나온다고 해서 만나기로 했다.

운전은 그 곳 지리를 잘 아는 박 목사가 했다. 아직도 눈이 많이 남아있었다.

지구촌 교회는 생각보다 컸다. 신도도 많았다. 소라의 친구는 기다린

〈지구촌 교회 예배 장면〉

〈교회 앞에서〉

〈아리랑 식당에서 박목사 부부와 함께〉

장소가 틀려서인지 만날 수가 없었다. 목사의 설교가 끝나고 친교의 시간을 가졌다. 겨우 빵 한쪽이었다. 박 목사의 형제분들과 인사를 나누었다.

참 우애가 좋은 집안이구나 하는 생각이 들었다.

박 목사 내외와 같이 점심을 먹기 위해서 한인 식당에 갔다. 해물탕과 갈비를 시켜먹었다. 소주 한 병을 곁들였더니 100불이 나왔다.

어쩌면 박 목사와 나누는 마지막 식사가 될지 모른다. 맛있게 점심을 먹었다. 소라가 재빠르게 점심값을 냈다.친구 부인이 오늘 점심을 얻어먹었으니 갚아야한다면서 내일 다시 목사댁에 초대한단다. 한 번 가보았는데 됐노라고 해도 막무가내다. 형제라도 이 보다 더 할 수 있을까 하는 생각이 들었다. 워싱턴에서의 마지막 밤을 박 목사 내외와 보내는 것도 좋을 것 같았다. 마음이 약해져서 그렇게 하기로 했다.

✲ 2009. 12. 26 토 흐림 〈두 번 째 박 목사 댁 방문〉

낮에는 여행준비를 했다. 내일부터 남부 여러 주를 관광하고 2010. 1. 20일 경에 피닉스에 도착할 예정이다. 그리고 2월3일에 멕시코로 여행을 떠난다.

빨래도 하고 여관에서의 사무적인 일도 처리했다. 오후에 산책을 나갔다. 공원의 나무들이 눈에 파묻혀 깊은 잠을 자고 있었다. 온화한 날씨라 가지에서 눈덩이가 계속 떨어졌다.

박 목사에게 전화가 와서 우리차로 가겠다고 말을 해놓고 출발하려는데 가정집이라 내비에 나타나지 않아 그 시간에 대갈 수가 없었다. 결국 박 목사가 차를 가지고 와서 갈 수밖에 없었다.

떡국이 불었다는 전화를 박 목사는 받았다. 참 미안했다. 우리 과실이었기 때문이었다.

깨끗하게 치워진 집안, 손님접대에 많은 시간을 투자한 것을 알았다. 형제처럼 대해주는 동창내외에게 진심으로 감사했다. 우리는 사가지고 간 꽃을 사모님에게 건넸다. 먼저 방문했을 때는 못 봤는데 가장 먼저 눈에 띤 것은 밀레의 만종이었다. 박 목사부부의 모습과 어쩌면 그렇게 같을까. 정말 감명을 받았다.

〈서제의 박 목사〉

정말로 불은 떡국이지만 맛있게 먹었다. 고등어도 먹고 귤도 먹고, 포도주도 한 잔씩 마셨다. 끝으로 차도 마셨다.

저녁식사 후 집안 구경을 시켜주어서 돌아보았다. 일층의 침실, 이층에 올라가서 박 목사의 서제와 회의실, 큰 식당, 지하서고 등을 구경시켜주었다. 그가 받은 박사학위와 논문집, 그의 저서 등을 보며 한 인간의 보람찬 삶을 보았다. 친구 부인과 하직을 하고 그 정겨운 집을 떠났다. 박 목사가 차로 태워다주었다. 우리는 이별을 했다. 언제 만나게 될지 모른다. 미국과 한국은 너무 멀다.

✲ 2009. 12. 27 일요일 맑음 〈워싱턴 D.C. 아듀〉

어제 밤에 소라는 늦게까지 짐을 꾸렸다. 새벽에도 일찍 일어나 짐을 꾸렸다. 이런 자잘한 일은 여자들이 잘 한다. 소라도 별수 없는 여자이다. 아침 식사를 하고 짐을 차로 날랐다. 주로 남자인 내가 날랐다. 마트에서 많은 것을 사와서 트렁크에 넣고 뒷좌석도 창문이 보이지 않을 정도로 잔뜩 실었다. 서둘렀으나 짐을 싣고 빠진 것이 있나 없나 다시 확인하고 체크아웃을 한 것이 10시 10분이었다.

밖에 나와서 차를 타며 2달간 몸담았던 고마운 익스텐디드 스테이 디럭스 호텔Extended Stay Deluxe Hotel에게 정든사람에게 하듯 '잘 있어' 하고 인사를 했다.

I-270S로 해서 정들었던 워싱턴 D.C.를 떠났다. 겨울이라 참나무 숲은 눈에 덮혀 잠들어 있었다. 새들도 추위에 떨며 봄을 고대하고 있었다. 눈물이 핑 돌았다. 소라의 눈에도 눈물이 고였다

버지니아 주를 통과할 무렵부터 눈은 없었다. 참나무는 키가 작아졌고 소나무가 나타나기 시작했다. 미국은 지역이 넓어 나무의 분포를 살펴보면 재미가 있다. 차창을 스치고 지나가는 경치에 아쉬움이 묻어났다. 이제 동부는 마지막이다. 내 생전에 올 수가 있을까.

미국의 남부를 구경하고 피닉스에 가서 중남미 여행 준비를 할 예정이다. S.C의 찰스톤까지 가려고 했으나 300마일을 달려 작은 마을의 여관에 들어갔다. 세금 포함 40불이라는데 볼품없는 여관이었다. 그래도 비수기라 요금이 싼 것 같았다.

✻ 2009. 12. 28 월요일 맑음 〈섬터 요새〉

찰스톤에 가는 도중에 소라는 민감한 문제를 꺼냈다. 죽으면 자기를 어디에다 묻어주겠는가 하는 질문이었다. 참 난감한 문제이다. 듣기 좋으라고 우선 내옆에 묻어주겠다고 대답했다. 그러나 이 대답은 무책임한 대답

이다. 십중팔구 다섯 살이나 위이고 남자인 내가 먼저 죽을 것이다. 그것은 아이들의 문제이다. 아이들이 소라를 제 어미 옆에 묻어줄 리가 없다. 나 또한 소라옆에 묻어달라고 말할 수도 없다. 또한 관습의 문제이기도 하고. 앞으로 고민할 문제이니 미해결로 둘 수밖에 없다.

〈몰트리 대포와 해전도〉

〈넓은 몰트리 요새〉

〈대포〉

〈몰트리 요새〉

차는 잘 달리는데 찰스톤은 나타나지 않는다. 찰스톤은 1690년대에는 북미주에서 5대 도시가운데 하나였으며 1840년대만 해도 10대 도시의 하나였지만 지금은 교외지역을 다 합쳐 37만 정도의 중소도시이다. 숙소에서 그렇게 멀지않을 줄 알았는데 오전 내내 달려도 보이지 않는다. 사실은 지난번에 찰스톤에 갔었는데 그곳에 유명한 요새가 있는지도 몰랐다. 섬터 요새Fort Sumter(the Civil War)와 몰트리 요새Fort Moultrie(the American Revolution)가 그렇게 유명한지도 몰랐다. 그래서 이번에 꼭 들려보고 싶었다. 12시가 지난 후에야 몰트리 요새 안내소에 들렀다. 설리반Sullivans섬에 있는 몰트리 요새를 구경했다. 1776년 미국의 독립전쟁때 영국군에게 최초로 승리한 전략적인 요충지이다. 요새는 섬이름을 따서 설리반 요새 이었으나 전투를 승리로 이끈 몰트리 장군의 이름을 따서 지금의 이름으로 바뀌었다고 한다. 규모는 다른 요새와 비슷했다. 다만 지형적으로 보아서 조수潮水의 강이 찰스톤에 4개(Wando, Cooper, Stono, and Ashley)나 있고 내륙에는 호수도 있어 다른 어느 항구보다 수로가 잘 발달되어 전략적인 요충지가 되는 것 같았다.

아직 봄이 멀었는데도 풀이 파릇파릇했고 노오란 민들레도 피었다.

섬터요새Fort Sumter National Monument는1860년 12월 20일 남북전쟁의 시발점이 된 곳으로 강하구의 가운데에 있어서 배를 타고 가야한다고 해서 포기했다. 바다 바람에 멀리 진지의 깃발이 나부꼈다.

구경을 마치고 플로리다의 잭슨빌을 내비에 입력해서 I-95S로 떠났지만 사반나에도 도착하지 못하고 여관에 투숙했다. 우리가 선호하는 대이지 인 Days Inn이다. 인터넷을 해보니 연결이 되었다. 일찍 잤다. 몸이 근질거리고 벌레가 기어 다니는 것 같아 일어나보니 빈대가 있었다. 참으로 오래 만에 보는 그리운 친구이다. 어처구니가 없으면서 반가운 생각이 들었다. 6.25 전후에 특히 빈대가 많았다. 시골집의 벽에 의례히 빈대 핏자국이 무슨 추상화의 그림처럼 널려있었다. 미국에도 이런 여관이 아직도 있구나!

〈섬터 요새〉

소라가 여관에 빈대가 있다는 이야기를 했을 때 설마 하고 생각했었는데. 미국에 빈대가 있다는 이야기는 DDT의 남용이 없었다는 것이니 좋게 생각할 수도 있겠다.

✲ 2009. 12. 29 화 맑음 〈티무쿠안 생태 또는 역사 보존지역〉

아침은 빵으로 떼웠다. 갈 길이 멀어 일찍 출발했다. 아침부터 소라는 조는 것 같았다. 어제 밤에 빈대소동으로 잠을 설쳐서 그런지 소라는 계속 졸았다. 오전에 2번이나 차를 세우고 잠시 잤는데도 그렇다. 소라가 졸면 우리는 노래를 부른다. 그래도 졸면 다시 자야한다. 졸음운전이 얼마나 무서운가를 소라가 나보다 더 잘 알 것이다.

소라는 의자를 뒤로 재끼고 본격적으로 잘 자세를 취했다. 남쪽이 따뜻할 거 같다며 옷을 얇게 입은 소라에게 담요를 꺼내서 덮어주었다. 나는 깨어있었다. 졸리지도 않았다.

무료한 시간이 흘러갔다.

〈칼로인 요새 지도〉

〈티무쿠안 인디언들이 고기잡는 상상도〉

플로리다 주는 아열대 기후에 인구가 미국의 주 중 4위이며 가장 높은 봉우리가 104m 밖에 안 되는 습지와 호수가 많은 곳이다. 관광지가 많다.

특히 올랜도, 마이애미, 에버글레이즈, 키웨스트 등은 가볼만한 곳으로 소개되어 있다. 잭슨빌리는 플로리다의 북동쪽 해변에 있는 도시이고 인구가 827, 908로 미국에서 11번째(인구로) 되는 도시이다.

소라는 한 시간 쯤 단잠을 자고 일어났다. 점심을 먹으려고 빵을 찾았으나 못 찾고 옥수수만 먹으면서 길을 떠났다.

곧 잭슨빌 가까이에 있는 티무쿠안 생태 또는 역사 보존지역 Timucuan Ecological & Historic Preserve에 도착했다. 넓이가 46,000acre(186km²)이며 성 존스 강St. Johns River 어구의 생태보전지역이 있고 카롤인 요새Fort Caroline, 킹슬리Kingsley 농원, 바다해먹 숲과 플로리다 주의 북동쪽에 살았던 티무쿠안 인디안의 유적이 있는 루스벨트 지역으로 구성되어 있었다. 티무쿠안 인디언들은 이제까지 보지못한 어부 인디언들이었다.

나무들은 정글처럼 우거졌고 스페인 모스moss가 기분 나쁘게 엉켜있었다. 스페인 모스는 아열대성 기후의 플로리다를 침울하게 만들어주었다. 시내는 들어가지 않고 해변 길을 선택하였으나 내비가 계속 I-95를 고집

해서 가까운 마을로 들어가서 내비를 끄고 도로 표시판만 보고 천천히 달렸다. 해변 도로는 신호등 관계로 늦지만 바다를 보며 달릴 수 있다는 것이 좋았다.

〈도로변의 과일 가게〉

〈스페인 모스〉

〈마을의 둥구나무〉

〈마이애미의 고층건물〉

37불이나 주고 넣은 기름이 바닥이 나고, 해가 지고 있어 숙소를 찾아 들어갔다. 야자수 나무가 노을빛을 받아 황금빛으로 물들었다. 찾아든 여관은 세탁기가 밖에 있어서 불편했다. 세탁기 수도 얼마 안 되었다. 건조기에 넣을 세탁물을 어느 백인이 다른 세탁기에 넣어서 소라는 기분이 상했다. 소라는 결벽증이 심해 어떤 때론 피곤하다.

플로리다도 생각보다 추운 곳이었다. 플로리다도 겨울은 겨울이었다.

✲ 2009. 12. 30 수요일 맑음 〈마이애미〉

마이애미로 가려고 US-1을 달렸다. 웨스트 팜 비치West Palm Beach를 지날 무렵 야자나무가 쭉쭉 뻗은 가로수는 아름다웠다. 귀공자처럼 자란 야자수를 보니 이곳이 풍요로운 아열대지역이라는 점을 새삼 느낄 수 있었다. 적당한 강수량과 햇빛과 온도의 조화일 것이다.

해변 길을 달리는 것은 기분 좋은 일이라 소라는 콧노래를 불렀다. 도중에 식당에 들어가 점심을 먹고 다시 달렸다. 마이애미에 도착한 것은 오후 4시 무렵이었다. 마이애미는 세계적인 휴양지답게 고급 호텔이 즐비했다. 멀리보이는 항구에는 대형 기중기들이 10여대가 넘었다.

곧장 마이애미 비치로 갔다. 해변에는 사람들이 들끓었다. 비치 식당들에도 관광객이 붐볐다. 시즌이 지난 비수기인데다 오후 4시라 수영하는 사람은 많지 않았다. 그래도 용감한 사람들은 쌀쌀한 날씨에도 불구하고 수영을 했다. 겨울인데도 관광객은 많았다. 바다 빛은 맑고 투명한 옥색이었다. 백사장은 그렇게 넓지도 깨끗하지도 않았다. 파도가 백사장까지 밀려와 목화송이 같은 흰 포말을 일구었다.

신발을 벗고 둘이 해변을 거닐었다. 파도가 발밑에서 부서져 옷을 적셨다. 마이애미의 해변을 소라와 이렇게 걷다니! 행복이 가슴에 충만했다. 물새들도 사람들에 질세라 백사장에 내려앉아 아종아종 걸었다. 성수기는

〈야자수 거리〉

〈해변에서 소라와〉

〈마이애미 해변〉

〈마이애미 비치 경치〉

대단할 거 같다는 생각이 들었다.

이제 키웨스트로 가야한다. 가는 도중에 시골 숙소에서 자기로 했다. 역시 US-1S를 달렸다.

마이애미를 벗어나 해질 무렵에 여관에 들었다. 버짓여관이었다. 싱글침대라 50불 남짓했다. 여관의 인터넷의 강도가 약해서 쓸 수가 없었다. 아침 식사를 준다고 해서 기대가 되었다. 소라는 일찍 자고 나는 TV를 보다 잤다. 큰딸 수진이가 보낸 돈이 들어온 것을 확인했다.

✲ 2009. 12. 31 목요일 맑은 후 흐림 〈키웨스트〉

오늘이 12월 31일이다. 한해를 마무리하는 날이다. 돌이켜보면 2000년을 맞이한 것이 얼마 안 된 것 같은데 10년이 훌쩍 지난 것이다. 세월이 참 빠르다. 아침을 여관에서 주는 오트밀과 우유, 커피로 하고 키웨스트로 향해 달렸다. 키웨스트는 미국의 최남단에 있는 섬이다. 마이애미로부터는 208km이고 쿠바의 하바나로부터는 171km의 거리이다. 1938년에 섬을 연결하는 US-1의 고속도로가 개통됨으로 국제적인 관광지가 되었다.

〈키웨스트 가는 다리〉

〈등대〉

겨울 백악관이 키웨스트에 있어 미국의 몇 명 대통령이 휴가를 위해서 이곳을 다녀갔다.

헨리 트루먼Harry Truman, 프랭크린 뉴스벨트Franklin D. Roosevelt, 아이젠하우어Eisenhower, 존 케네디John F. Kennedy, 지미 카터Jimmy Carter 대통령 등 이다.

그곳에 가면 시가 써질 것 같아 기대가 되었다. 꼭 갈치의 등처럼 길만 나있는 섬을 지나갔다. 조그마한 섬들을 다리로 연결해 놓았다. 길옆에는 푸른 아열대의 나무들이 무성했다. 단풍으로 물든 나무는 구경할 수 없었다. 음식점과 카페들도 많았고 가끔 등대도 보이고 맑은 바닷물에는 고기들이 많이 노닐었다. 육안으로 볼 수 있을 정도이다. 보트를 타고 바다 낚시를 떠나는 부부 혹은 연인들도 많았다.

점점이 많은 섬들이 눈에 띄었다. 미국은 섬도 많은 나라다. 다리는 어느 것은 2km도 넘었다. 전부 사십이삼 개 인 것 같았다. 다리 숫자를 세다가 하도 많아서 잊어먹었다. 미국은 왜 이 대공사를 했을까? 모르긴 해도 뉴우 프론티어 정신일 것이다.

노스 캐롤라이나 주에 있는 두개의 해상공원, 케이프해터라스국립해안공원Cape Hatteras National Seashore과 케이프룩아웃국립해안공원 Cape Lookout National Seashore 보다 더 환상적인 드라이브 길이었다.

4시간 달린 후에 키웨스트에 도착했다. 면적 19.2km², 인구 25,478명의 섬 도시이다. 우리나라의 대흑산도의 넓이가 19.7km² 로 비슷하고 여의도 면적이 2.95km² 이니 미루어 짐작할 수 있을 것이다. 도시는 깨끗했고 관광객으로 분주했다. 섬은 나무들이 우거졌고 아열대의 꽃들이 피어있어 환상적인 아름다움을 느낄 수 있었다. 이래서 명사들이 이곳을 찾았구나 하는 생각이 들었다.

키웨스트에는 어네스트 헤밍웨이Ernest Hemingway와 『욕망이라는 이름의 전차A Streetcar Named Desire』로 유명한 테네시 윌리엄스 Tennessee Williams등 문인들의 집이 있는 곳이다. 윌리엄스가 살았던 집은 아직은 개인 소유라고 한다. 언젠가 그의 기념관도 열지 않을까?

헤밍웨이 기념관은 화이트 헤드White Head 거리 907번지에 있었다. 고급 주택이라는 인상을 주었다. 정원의 꽃과 나무들. 천경자 화가가 1983년 이곳을 방문하고 그린 그림이 생각났다.

〈키웨스트 관광 차〉

〈낭만적인 낚시 배〉

〈키웨스트 시내〉

〈키웨스트 비치〉

이 집은 헤밍웨이가 두 번 째 결혼한 아내 폴린의 친척이 결혼선물로 사 주었다고 한다. 폴린은 이집을 20,000불을 주고 다시 고쳤다. 스페인 내란의 특파원으로 갔다 온 헤밍웨이는 폴린의 사치에 놀란다. 그는 결국 아내 폴린에게 이혼당해 쿠바의 하바나로 떠난다.

〈헤밍웨이 집 간판〉

〈헤밍웨이 집필 모습〉

작가는 그 집에서 『무기여 잘 있거라A Farewell to Arms』, 단편작품의 고전이라할 수 있는 『키리만자로의 눈The Snow of Kilimanjaro』과 『프랜시스 매콤버의 짧고 행복한 생애The Short Happy Life of Francis Macomber』 등을 썼다. 벽마다 걸려있는 사진, 편지, 기사들이 눈에 띄었다. 하바나에서 쓴 『노인과 바다』의 사진과 자료들도 있었다.

가장 관심이 간 곳은 말할 것도 없이 별채의 작업실과 서재이었다. 이제는 골동품이 다 된 그가 가장 아꼈다던 타이프라이터, 그의 손때가 묻은 두꺼운 커버의 낡은 책들. 그가 모은 기념품들, 폴린이 사들인 사치스런 가구인 의자와 원형탁자들이 그대로 보존되어 있었다.

수영복으로 갈아 입고 비치에 갔다. 카리브 해의 옥빛 물빛이 아름다웠다. 마이애미의 해수욕장보다 한 수 위이었다. 그러나 추워서 바다에는 들어갈 수 없었다.

마이애미는 일출이 아름답고 키웨스트는 낙조가 아름답다더니 과연 그랬다. 미국의 서남부를 다니면서 숱한 낙조를 보았는데 키웨스트만큼 신비스러운 곳은 없었다. 바다와 하늘을 온통 붉은 색으로 물들이더니 순식간에 어둠이 다가왔다. 바로 황홀한 죽음이었다.

저녁은 시푸드를 들고 섬에서 하룻밤을 보냈다. 년말을 이 섬에서 보낸 셈이다. 관광지라 여관비가 $100이 넘었다.

2010. 1. 1 금 맑은 후 비 〈에버글레이즈Everglades National Park〉

아침에 컴을 열어보니 장덕천 시인에게 메일이 왔다. 안부 편지이었다. 그가 살고 있는 대청댐 호안의 연꽃마을, 글사랑 노타리에 가서 도란도란 이야기를 나누고 싶다. 양태의 총무도 보고싶다. 비아리의 강가람 시인과 이옥순 수필가도 보고 싶다. 박숙자 수필가도 보고 싶다. 양창환 수필가도 보고 싶다. 전원에서 식구들이 한 사람 한 사람이 떠오른다.

여관에서 주는 아침을 먹고 새벽에 에버글레이즈Everglades National Park로 향했다. 낙조 못지않게 일출도 아름다웠다. 드라이브를 좋아하는 연인들에게 이 길을 권하고 싶다.

에버글레이즈에 가는 길은 넓은 평야이었다. 주위에 농경지가 나타났다. 어마어마하게 큰 밭들이었다. 겨울인데도 씨를 뿌려서 싹이 텄다. 밭 주위에는 야자나무가 울타리처럼 에워쌌다. 바람이 많은 곳이라 방풍림 같았다. 드디어 공원에 도착했다.

이 공원은 미국의 5대 국립공원중 하나 이다. 크기는 6.110km^2 이며 1979년에 유네스코 자연유산지역으로 1987년에 람사중요습지로 등재되었다. 350종 이상의 새, 300여종의 물고기, 40여종의 포유류, 50종의 파충류가 살고 있는 미국에서 가장 큰 야생지역wilderness area이다.

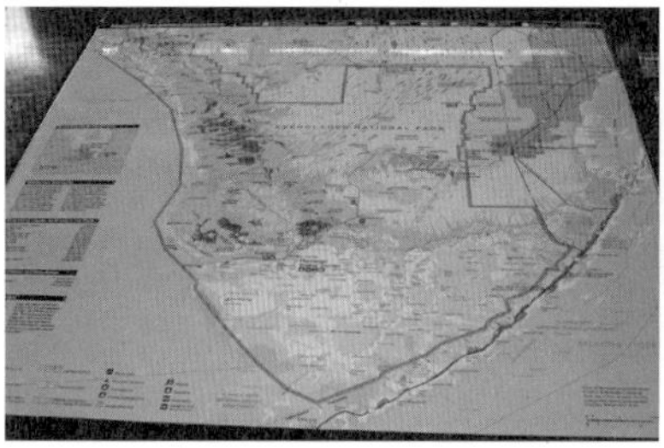

〈키웨스트 시내〉

〈키웨스트 비치〉

〈키웨스트 시내〉

〈키웨스트 비치〉

〈키웨스트 시내〉

〈키웨스트 비치〉

오늘이 1월 1일이라 문을 열지 않으면 어떻게 하나 했는데 다행히도 열어 놓았다. 우리는 먼저 보트투어를 하기로 했다. 공원 안으로 깊숙이 들어갔다.

내부로 차를 몰았다. 자연 늪지에서 백로 한 마리가 우리를 반겼다.

곧 소나무 숲이 나타났다. 소나무는 15년생 정도 자란 나무들이 대부분이었다. 안면도의 소나무에 비하면 어린 소나무이었다. 내 상상으로는 이곳의 소나무가 훨씬 클 걸로 생각했는데 그게 아니었다. 아마 소금물에 죽어서 다시 난 것이 아닐까? 작년 10월에 버지니아 주의 체서피크 만 다리 북쪽의 레퓨그스Refuge's 비지트 센터 근처에서 많은 소나무가 말라죽은 것을 보았다. 소나무는 소금물에 죽고 다시 나고 그랬을 거다. 또 하나의 이유는 아마 불일 것이다. 불이 생태계의 변화를 주도하기도 한다. 미국의 국립공원은 자연 화재가 가끔 일어난다.

한 시간쯤 달리자 플라밍고 투어회사가 나타났다. 주차장과 선착장만 있는 곳이었다. 투어회사는 보트투어를 한다고 했다. 강 쪽과 바다 쪽의 2종류 티켓을 구입했다. 강 쪽은 조그마한 수로이었는데 수로 가에 맹그로브 나무가, 모래둔덕에는 사이프러스가 숲을 이루고 있었다. 맹그로브나무가 해일의 피해를 막아주는 방파 림이라고 안내인이 설명했다. 맹그로브 나무 밑에 앨러게이터Alligator가 쉬고 있었다. 새끼인지 몸집이 작았다. 물빛은 짙은 갈색이었다. 아마존 강 물빛도 이렇다고 소라가 말했다. 보트에는 삼십여 명이 탔고 수로를 빠져나가 호수로 들어갔다. 곳곳에 낚시하는 보트가 눈에 띄었고 카누를 타는 젊은이들도 있었다. 호수를 빠져나가자 더 큰 호수가 나타났다. 배는 바람과 물결을 가르며 미끄러져나갔다.

낚싯배들이 여럿 눈에 띄었다. 이런 곳은 낚시가 잘될 것 같았다. 나도 한 때 낚시에 미친 일이 있었다.

돌아와서 바다 쪽의 투어를 기다리고 있는데 하늘이 먹구름에 덮이더니 바로 장대같은 비가 쏟아지기 시작했다. 주위가 그믐밤처럼 어두워졌다. 그렇게 검은 하늘과 빗줄기는 내 생전 처음이었다.

날은 언제 비가 내렸느냐는 듯이 개였고 우리는 다시 배를 탔다. 산호초가 약 400여개가 있다는데, 여하튼 바다 구경이었다. 점점이 흩어져있는 산호초와 열대 식물들과 바다 속 해초는 다른 곳에서는 볼 수 없는 아름다움이었다. 파도는 알맞게 출렁이었다. 그곳에도 낚싯배가 여럿이었다. 시간에 여유만

〈갈대〉

〈소나무〉

있다면 나도 낚시를 즐기고 싶었다.

〈초저녁의 작은 연못〉

〈깃에 찾아든 새들〉

〈학들〉

〈뻥 뚫린 고속도로〉

보트 투어를 마치고 차를 몰고 나오다가 옆길로 들어섰다. 로얄 팜 투어 Royal Palm Tour는 안 보았으면 서운할 뻔 했다. 야자나무로 둘러싸인 작은 호수에는 물고기가 많았다. 커다란 고기들이 벌레를 잡아먹느라고 수면위로 연신 뛰어올랐다. 날이 어두워지자 학들이 건너편 숲으로 날아들기 시작했다. 하루의 일을 이야기하는지 그쪽은 부산했다. 습지에는 갈대들이 빽빽했다. 낚시는 '금지' 이었다.

이미 어두워져서 사진을 찍었으나 안 나올 것 같았다. 공원의 표고가 4피트밖에 안된다니 바닷물이 들어올 것 같았다. 이곳은 허리케인이 잦은 곳이 아니냐. 홈스테드Homestead 시로 나와 잠을 잤다. 바쁜 하루이었다.

✲ 2010. 1. 2 토 맑음 〈케이프캐나베랄 해안공원Cape Canaveral National Seashore〉

케이프캐나베랄 해안공원Cape Canaveral National Seashore을 향해서 출발했다. 내비가 시키는 대로 달렸더니 I-95로 가지 않고 어찌된 영문인지 플로리다 턴피크Florida's Turnpike로 유도해서 케이프 캐나베랄 해안공원까지 가는데 10불 이상을 냈다. 유료도로라 그런지 도로가 넓고 가로수가 잘 가꾸어졌다. 중국뷔페에 가서 점심을 배불리 먹었다. 소라는 게 다리를 많이 먹고 나는 쇠고기를 주로 먹었다. 음식이 푸짐해서 돈 아까운 줄을 몰랐다.

케이프캐나베랄 해안공원은 해안 길이가 24마일, 넓이는 230km^2 이며 1,000종류 이상의 식물과 14종의 멸종위기의 종을 포함해서 310 종의 새들의 서식지이다.

〈드넓은 고속도로〉

〈국립해안공원 바다가에서〉

〈바다거북 서식지〉

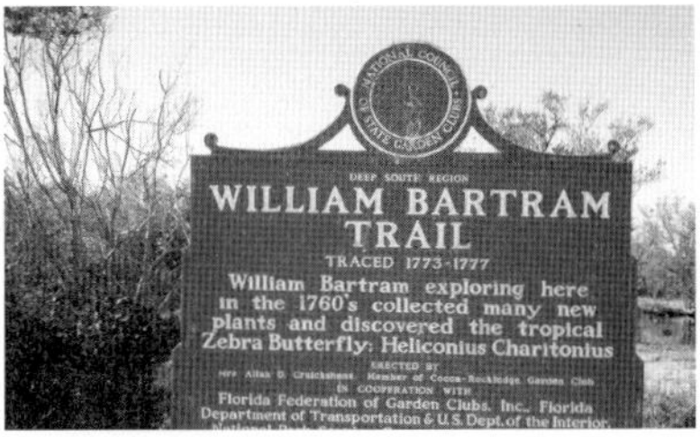

〈윌리엄 바르트램 트레일〉

〈공원 호수의 물새〉

이 해안공원의 특징은 해변이 길다는 것과 잘 가꾸어져있다는 점일 것이다. 해안의 모래사장에는 거북이가 알을 낳는 곳도 있었고 넓은 백사장은 성수기에는 사람들을 불러 모을 것 같았다. 특히 호수에는 새떼들이 참 많았다. 차를 타고 가고 싶은 곳은 어디나 가도록 도로가 정비되었으며 개방된 점도 좋았다.

구경을 하고 올랜드Orlando로 갔는데 그곳에 그 유명한 디즈니랜드가 있다는 것은 솔직히 몰랐다. 다만 플로리다 주에 미국에서 두 번 째 건설된 디즈니랜드가 있다는 것만 알았다. 우리는 이미 LA에서 디즈니랜드에 가봐서 도시를 벗어나 여관을 잡았다. 디즈니랜드는 더 이상 관심 사항이 아니었다.

✲ 2010. 1. 3 일 구름 〈플로리다 주여 안녕〉

1월 3일에도 유료도로가 이어져서 통행료를 지불했다. 이 통행료로 인하여 플로리다의 인상이 좋지 않았다.

앨라배마 주의 서쪽 맨 위쪽에 있는 러셀케이브Rusell Cave에 가기 위해서 조지아 주를 통과해야한다.

아열대 지역인데도 날씨가 추웠다. 내의를 입었는데도 몸이 떨렸다. 이제 I-75 도로를 달리고 있었다. 플로리다는 나무가 잘 자라는 곳이다. 사람은 이렇게 추운데 나무는 춥지 않은가보다. 우리는 북으로북으로 달렸다. 이제 플로리다는 그만 볼 작정이다. 주유소에서 닭다리를 사서 차안에서 점심으로 먹었다. 닭다리 하나에다 빵 한 조각이면 된다. 소라는 어떨 때론 아이들처럼 빵 대신 아이스크림을 먹었다. 주의 경계를 넘어 조지아 주에 진입했다.

휘발유 값으로 70불이 소요되었다. 플로리다는 기름값도 비쌌다. 조지아 주는 『바람과 함께 사라지다』의 무대라 그런지 목화밭이 많았다. 밭에는 목화를 쌓아놓은 곳이 더러 있었다. 비가 오면 어쩌나 걱정이 됐다. 아직도 추수하지 않은 목화밭도 있었다. 목장은 별로 보이지 않았다. 밭도 황폐하고 과수원도 방치된 것을 보니 미국에서도 농업은 역시 힘든 직업이구나 하는 생각이 들었다.

티프톤Tifton에서 US-82 도로로 바꾸어 타고 콜럼버스 시에 도착해서 여관을 잡았다. 여관에서 모처럼 된장국을 끓이고 밥을 해먹었다. 밤에 세탁을 했다.

✻ 2010. 1. 4 월 구름 〈The Russell Cave National Monument〉

콜럼버스 시에서 자고 US-27로 조지아 주의 서북쪽 끝까지 올라가다가 섬머빌에서 48번 주도로 117앨라배마 주도로 가서 테네시 강을 건너 러셀동굴이 있는 브리지포트Bridgeport에 도착했다. 테네시 강은 강폭이 넓었다. 지도를 보니 러셀 케이브는 앨라배마 주의 북동쪽 꼭대기에 있었다.

1시 전이었다. 맥도날드 가게 앞에 정차하고 커피와 햄버거를 사 먹고 러셀캐이브cave를 찾아갔다. 내비가 잘 되지 않아 사람에게 여러 번 물었다. 미국의 도로 간판도 잘 된 것은 아니었다.

러셀캐이브 5마일이라는 표시판을 보고 10마일을 달려도 나오지 않아 다시 돌아왔다. 다시 러셀캐이브 5마일이라는 표시판을 보고 달렸다. 10여 마일을 달렸으나 발견하지 못했다.

〈러셀 케이브〉

〈동굴안에 내川가 있다〉

〈동굴안의 여자 마네킹〉

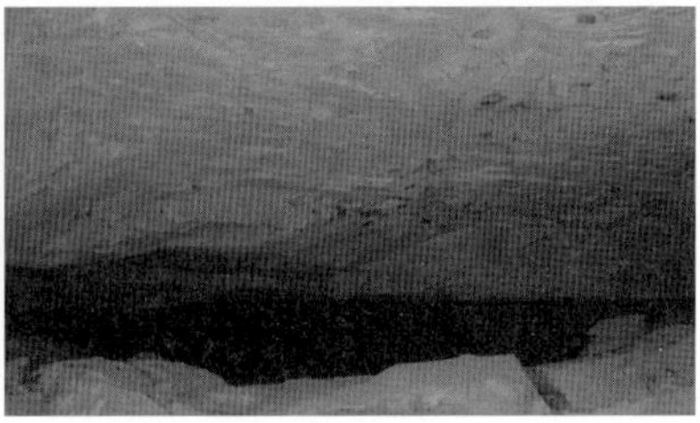

〈컴컴한 동굴 속〉

주유소에 가서 다시 물어보고 왔던 도로를 다시 천천히 유심히 보면서 달렸다. 옆길로 들어가라는 화살표가 너무 작아 못 본 것이었다. 큰 글씨일 거라는 선입견이 문제이었다. 〈The Russell Cave National Monument〉라고 해서 우리나라처럼 큰 글씨로 써놓았을 줄 알았는데 그게 아니었다. 눈에 띄지 않을 정도의 작은 글씨라 못 본 것이었다.

큰 도로에서 좌측으로 꺾어 농로와 같은 좁은 길을 30분 이상 달려 러셀케이브에 도착했다.

비지트 센터에 들어갔다. 박물관도 겸한 곳이었다. 직원은 두 사람이었다. 한국에서 왔다고 했더니 못 알아들었다. 이런 경우 삼성과 현대를 말하면 대부분은 알아듣는다. 삼성과 현대의 위력을 실감한 순간이었다.

러셀케이브는 면적이 1.3km^2 의 조그마한 곳이다. 1961년 케네디 대통령에 의해 국가사적지 National Monument가 된 곳이다.

〈뮤지움 및 안내소〉

〈기념관 앞의 드넓은 밭〉

이 동굴에서 약 일만 년 동안 사람이 살았다. 적어도 기원전 7000년 전부터 1650년까지. 사실 이 지역이외의 어떤 지역에서도 최초의 토착인이 어떻게 먹고 의복을 입고 스스로를 보호했는가의 단서를 제공해주는 곳은 없다고 한다. 박물관에는 불을 만드는 방법, 각종 연장, 토기조각, 화살촉과 창끝 등 많은 유물을 보았다. 동굴바닥에서는 7000년 전의 사람의 유골과 동물의 뼈 등이 발견되었다고 한다.

우리는 직원들과 기념사진을 찍었다. 관광객이 별로 없어서 퍽 친절했다. 박물관을 보고 동굴에 갔다. 동굴은 남향의 산기슭에 있었다. 커다란 동굴의 입구가 보였다. 입구는 2개인데 아래입구에서는 수량이 많은 물이 흘러나왔다. 윗 입구는 커다란 굴이었다. 미국에서 90번 째 되는 굴이라 넓고 높아서 사람이 사는데 천연적인 조건을 갖춘 집 이었다. 이렇게 커다란 개울물이 동굴 안으로 흐르는 동굴은 이제 껏 한 번도 본 일이 없다.

주위의 산림은 음식과 연료를 제공해주었을 것이다. 동굴 앞에 있는 넓은 밭은 농토로 사용되었을 것이다.

구경을 하고 브리지포터에 와서 여관을 정했다. 모텔 6이었다. 지난해 서남부를 여행할 때는 모텔 6를 많이 이용했는데 동부와 남부의 여행에서는 거의 이용하지 못했다. 그래서 반가웠다.

✲ 2010. 1. 5 화 맑음
〈나체즈트레이스 파크웨이 Natches Trace Parkway와 엘비스 프레슬리 생가Birthplace of Elvis Presley〉

아침부터 옥신각신했다. 가끔 우리는 이렇게 한다. 사람의 마음은 한결 같지가 않다. 릴케도 이래서 결혼생활을 일찌감치 청산하고 독신생활을 했는지 모른다. 사실 소라도 평생을 혼자 산 여자가 아니냐! 어려움이 많을 것이다. 나도 솔직히 혼자 있고 싶을 때가 있다. 혼자 있어보면 그렇지가 않다. 같이 있고 싶다. 이게 사람의 심정이다.

미시시피 주로 가기위해서 US-72 도로를 서쪽으로 달렸다. 앨라배마 주의 서북쪽 맨 끝에 있는 체록키Cherokee마을에서 나체즈트래스 파크웨

〈Old Trace〉

〈The Old Natchez Trace〉

〈나치즈 길〉

〈길옆의 마운드〉

이Natchez Trace Parkway로 접어들었다.

나체즈트래스 공원길은 미시시피 주의 나체즈에서 테네시 주의 내쉬빌까지의 444마일(715km)의 길이다.

The Old Natchez Trace와 Old Trace의 설명문이 도로변에 서있었다.

The Old Natchez Trace

In the early 1800's many thoughtful Americans believed that isolation and the difficulties of communication would force the Mississippi Valley settlements to form a separate nation. Hoping to hold the frontier, Congress in 1800 established a post route from Nashville to Natchez.

The Trace, then a series of Indian trails, had drawn from the Secretary of State the bitter comment. "The passage of mail from Natchez is as tedious as from Europe when westerly winds prevail." To speed the mail, President Jefferson ordered the Army to clear out the trail and make it a road.

Post riders, carrying letters, dispatches, and newspapers, helped bind the vast, turbulent frontier to the Republic. However their day passed by the mid-1830's when steamboats, running from New Orleans to Pittsburgh, robbed the Trace of its usefulness as a main post road.

United States Department of the Interior National Park Service

올드 나체즈 트레이스The Old Natchez Trace

1800년대 초반 사려 깊은 많은 미국인들은 미시시피 계곡 정착민들이 고립과 소통의 어려움으로 별도의 국가를 만들지도 모른다고 생각했다. 이러한 변방을 지키기 위해 1800년 의회는 내슈빌에서 나체즈까지 우편물이 배송될 수 있는 길을 만들었다. 이 길-이후 일련의 인디언 트레일(Indian trail)-에 대해 미 국무장관은 "편서풍이 불게 되면, 이 길을 따라 나체즈로 부터 오는 우편물은 유럽에서 오는 것만큼이나 더딜 것이다" 라며 독설을 쏟아냈다. 우편물의 배송 시간을 줄이기 위해 제퍼슨 대통령은 군대에게 이 우편로(trail)를 정비하여 포장도로(road)로 만들 것을 명령하였다.

편지, 긴급 공문, 신문을 나르는 파발꾼(post rider)은 광대하고 광폭한 변방을 미합중국에서 벗어나지 못하도록 묶어놓았다. 하지만 이 길의 중요성은 1830년대 중반 뉴올리언스부터 피츠버그까지 운행하는 증기선의 등장으로 사라졌다.

Old Trace

Preserved here is a portion of a nearly 200-year old road- the Old Natchez Trace. Maintaining this 500-mile long wildness road in the early 1800's was a difficult if not hopeless task.

As you look down the sunken trench note the large trees growing on the edge of the 10-feet wide strip we clear today. These trees are mute testimony to the endless struggle between man to alter and change, and nature to reclaim, restore, and heal.

United States Department of the Interior National Park Service

올드 트레이스Old Trace

여기에 보존되어있는 것은 거의 200년이나 오래된 길인 올드 나체즈 트레이스(Old Natchez Trace)의 일부분 이다. 1800년대 초기 500마일(약 800km) 길이의 야생에 방치된 길(wildness road)을 유지보수하는 것은 거의 불가능에 가까울 정도로 힘든 일이었다. 썬큰트렌치(sunken trench, 주위 대지보다 낮은 길)를 내려 보며, 폭이 3미터 가량 되는 길의 양편 경사부에 자라고 있는 커다란 나무들에 주목해 보길 바란다. 이 나무들은 길을 변화시키고 바꾸려는 인간과 그 변화를 치유하고 복구시켜 되돌리려는 자연과의 끊임 없는 투쟁에 대한 무언의 증언이다.

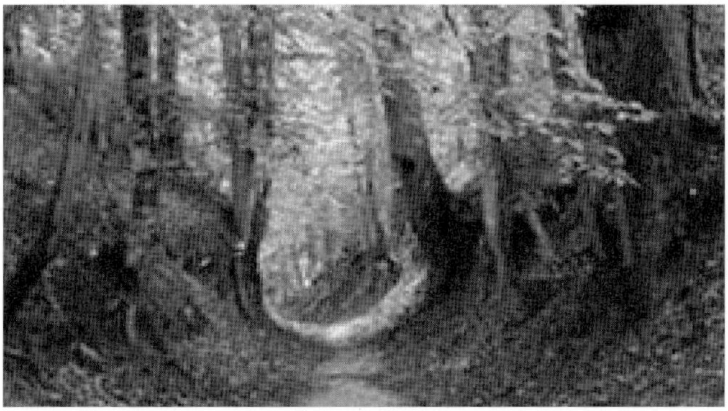

〈썬큰트랜치〉

아름다운 경치와 북미 10000년의 역사를 간직하고 있는 곳이다. 길은 이차선 도로이었고 평탄했으며 곳곳에 박물관과 유적지가 있었다. 가는 도중에 투펄로Tupelo에서 엘비스 프레슬리 생가를 발견해서 기뻤다.

〈탄생지〉

〈기념관 건물〉

〈앨비스 프레슬리의 동상〉

〈탄생지 표시판〉

〈기념관 내부〉

〈분수〉

내슈빌에서 엘비스 프레슬리의 저택과 묘가 있는 멤피스에 가지 못한 것이 아쉬웠는데 다행이었다.

입구에는 다음과 같은 표시판이 있었다.

Birthplace of Elvis Presley
엘비스 프레슬리 생가

Elvis Aaron Presley was born Jan. 8, 1935, in this house, built by his father. Presley's career as a singer and entertainer redefined American popular music. He died Aug. 16, 1977, at Memphis, Tennessee.
엘비스 아론 프레슬리는 1935년 1월 8일에 그의 아버지가 지은 이 집에서 태어났다. 가수이자 엔터테이너였던 엘비스 프레슬리는 미국 대중음악의 새로운 장을 열었다. 그는 테네시주 멤피스에서 1977년 8월 16일 사망했다.

아담한 단층의 양옥에 그를 추억하는 악기와 사진, 그가 타고 다니던 승용차, 동상이 있었고 특이한 것은 스토리 월 Story Wall이 있어서 그의 일생에 대해서 써놓았다. 그는 대중가수로서 로큰롤, 가스펠, 록, 펑크, 발라드, 팝 등의 장르에서 모두 정상급 이었으며 세계에서 비틀즈와 함께 가장 많은 앨범을 판 아티스트로 기록되어 있다. 판매된 수가 약 10억장 이상을 기록한 것으로 추정한다. 그의 감미로운 음악이 홀에 녹아들었다.

〈러브 미 텐더Love Me Tender〉, 〈블루 크리스마스Blue Christmas〉, 〈헬프 미 메이크 잇 트루 더 나이트Help Me Make It Through The Night〉 등

〈Wall Story〉

〈승용차〉

이 간간히 흘러나온다.

CD를 하나 사서 차에서 음악을 듣기로 했다. 음악을 전공한 소라는 음량이 풍부하다고 말했다. 내가 들어도 그런 것 같았다.

나체즈트레이스 공원길의 오파호마Ofahoma에서 16 지방 도로로 해서 미시시피 주의 소도시 필라델피아Philadelphia로 방향을 바꾸었다. 가는 길은 전형적인 시골길이었다. 커다란 카지노의 건물이 보였다. 인디언 마을이라는 표시이다.

언젠가 읽은 〈필라델피아〉 라는 희곡인지 소설인지가 희미하게 떠올랐다. 인간의 근본적이고 심층적인 문제를 다룬 작품으로 기억했다. 소설이 나옴직한 분위기이었다. 슈퍼 인에 여장을 풀었다. 다행히도 인터넷의 강도가 강했다. 미룬 메일을 보낼 수가 있어 좋았다. 침대에 벌레가 있는지 근질거렸다. 침구를 갈지 않았는지 역겨운 향수냄새가 났다. 고단해서 잠에 떨어졌다.

✻ 2010. 1. 6 수 맑음 〈촉토족Choctaw〉

아침을 먹고 촉토족 원주민 박물관을 찾았다. 어제 밤에 침대에 곰팡이 균이 있었는지 몸이 근질거렸다. 박물관은 쉽게 찾을 수 있었다. Mississippi Band of Choctaw Indians 1945이라는 간판이 있었다.

소라의 눈길을 끈 것은 Choctaw Social Dance 이었다. 촉토족 원주민들은 많은 전통적인 춤과 노래를 보존하고 있었다. 결혼 춤, 우정 춤, 짝을 훔치는 춤이 쇼셜 모임의 중요한 부분이다. 거북 춤, 뱀 춤, 너구리 춤, 메추라기 춤 등도 있었다.

그러나 축제 기간이 지나 그런 춤을 볼 수는 없었다. 소라는 운 좋게도 노래를 2곡 채보할 수 있었다.

필라델피아는 1830년대 대부분의 촉토족Choctaw이 오크라호마 주로 강제 이주될 때까지 촉토족 영토의 심장부이었다. 지금은 인구가 7,477명(2010census)의 소도시이다.

1830년의 댄싱 래빗 크리크 조약에 의거 19,554명의 인디언과 6,000명의 흑인 중 12,500명이 강제 이주 당했으며 그중 4,000명 이상이 질병과 과로로 사망했다.

〈촉토족 박물관의 오바마 대통령 사진〉

〈아름다운 바구니〉

〈절구통〉

어쨌든 이러한 미국의 조치는 한참 잘못된 것이었다. 원주민들과의 갈등은 미국의 지울 수 없는 치부인 것이다.

어제 온 16 지방 도로를 달려 오파호마에 돌아와서 나체즈트레이스 공원길을 내려와 킨톤Cinton에서 I-20으로 빅스버그Vicksburg에 도착했다. 미시시피 강을 배를 타고 내려가 보고 싶었기 때문이었다. 그러나 배를 타는 곳도 여행안내소도 찾지 못해서 포기하고 다시 남쪽으로 향했다.

미시시피 강은 대단했다. 강물은 흙탕물이었다. 강 양안에는 나무들이 무성하게 자라고 있었다. 도로에서 강물은 잘 보이지 않았다.

〈촉토 정신〉

〈촉토 인디언의 미시시피 밴드〉

〈웰캄 투 미시시피〉

해가 질 무렵 나체즈에 도착 여관에 들었다. 여관들이 서로 경쟁을 하는지 요금이 39.99불이라고 써놓고는 세금포함 51.50불을 받았다. 방은 깨끗했으나 난방이 안 되어 춥게 잤다. 내일 우리는 증기선을 타고 째즈의 고향 뉴올리언스까지 갈 것이다.

✲ 2010. 1. 7 목 비 구름 〈파버티 포인트 국립기념역사유적지 Poverty Point National Monument/State Historic Site〉

소라는 아침에 일어나더니 파버티 포인트 국립기념역사유적지Poverty Point National Monument/State Historic Site에 간다는 것이다. 위치를 찾아보니 루이지애나 주 북동쪽 끝에 있다. 그렇다면 어제 정오에 빅스버그에 갔을 때 갈 것이지 한나절을 내려온 길을 되돌아간다는 것은 짜증나는 일이었다. 그렇다고 성질을 부릴 수도 없었다.

설상가상으로 미시시피 강을 내려가는 증기선은 없었다. 사실 나는 미시시피 강에 온 이상 마크 트웨인Mark Twain의 아이들처럼 배를 타고 싶었다. 배를 타는 것은 미시시피 강을 더 가까이 보는 것이기 때문이다. 소라도 내 의견에 동의했었다. 그런데 정작 증기선이 없다. 증기선은 역사속으로 사라졌다.

미시시피 강의 육중한 다리를 건너 파버티 포인트로 향했다. 소라가 가고 싶은 곳에 가기로 마음을 고쳐먹었다.

비가 조금씩 내리고 날씨는 추웠다. 남미에 가면 차도 없이 어떻게 한다? 오전 11시에 파버티 포인트 내쇼날 무브먼트에 도착했다. 미시시피 강으로부터 24.9km 떨어진 곳이었다. 그곳은 지금까지 보지 못한 곳이었다.

〈토루를 만드는 인디언들〉

〈관리인과 소라〉

〈퍼버티 포인트 소개〉

〈미시시피 강 다리〉

〈퍼버티 포인트〉

〈토루 트래일 코스〉

Introducing Poverty Point

The Poverty Point complex consists of 6 concentric ridges which are in an octagonal arrangement. Poverty Point Mound, which has the peculiar shape of a bird effigy, Mound 'B' which has a burial mound, Motley Mound, and the Lower Jackson Mound. All of these have been subject to nearly 2000 years of erosive action by both nature and man.

파버티 포인트 소개

파버티 포인트 단지는 중앙광장을 중심으로 동심원을 이루며 형성된 6개의 반원형 봉우리로 되어있다. 이것 외에 다른 흙구조물mound도 있는데 날아가는 새의 형태를 한 흙구조물인 파버티 포인트 마운드Poverty Point Mound, 무덤이 있는 마운드 BMound B와 모틀리 마운드Motley Mound 그리고 로우어 잭슨 마운드Lower Jackson Mound 등이 있다. 이들은 거의 2000년 동안 자연과 사람으로부터 손상을 입어왔다.

BC 700- 1700사이의 유적으로 거대한 토루土壘earthwork가 6개 있었다. 토루란 흙을 쌓아올린 마운드이다.

미국의 토루는 주로 루이지애나 주의 미시시피 강 지류의 유역에서 발견된다. 오하이오 밸리와 리들 테네시 강 유역에서 발견되었다. 토루는 석재

〈Decorated Objects〉

〈Lapidary Industry〉

〈돌창Spearpoint〉

가 없는 지역의 흙으로 만든 피라미드pyramid 라고 보면 타당할 것이다.

파버티 포인트는 방사선 탄소 측정에 의하면 3500년 전에 만들어졌다고 한다.

파버티 포인트의 규모는 다음과 같다.

마운드 A는 가장 크고 새 모양이고 땅섬Earth Island이라고 하며 238,000m^3 이다.
마운드 B는 광장 마운드이며 사람의 매장 뼈가 나왔다.
마운드 E는 볼코트 마운드이다.
Dunbar 마운드는 귀금속 조각이 발굴되었고
Jackson 마운드는 가장 낮은데, 가장 오래된 마운드로 추정된다.
원뿔형 마운드는 고리모양에다 높이가 7.5m이었다.
아래의 3 마운드는 다른 마운드보다 훨씬 작았다.

이들 마운드에는 나무들이 자라 산처럼 보였다. 소라는 꼼꼼히 보고 나는 대충 보았다. 마운드 A는 사실 나는 올라가지 않았는데 소라는 혼자 올라갔다 내려왔다.

영국의 스톤헨지나 이집트의 거대한 피라미드는 농경사회의 작품인데 반하여 마운드는 수렵사회의 작품이다. 아니 돌이 없고 흙만 있는 곳의 산물로 추정되었다.

유적지의 직원은 가까운 곳에 왓슨 브레이크 마운드가 있는데 파버티 포인트 보다 훨씬 오래됐다고 말했다.

왓슨 브레이크는 5400년 전의 마운드이고 북쪽 루이지애나 주의 몬로시 근처 쾌치타Quachita 강 유역에 있고 11개의 마운드가 있으며 크기는 높이가 1-8m 밑변의 폭이 270m이다.

미국에서 가장 오래된 마운드는 루이지애나 주 남동쪽의 바톤 러즈 시 근교에 있는 몬테 사노 유적지 중의 한 마운드이다. 시대는 무려 6220년 전이라고 하나 아직 공인된 것은 아닌 듯하다.

〈철교 같은 미시시피 다리〉

〈Delta Music Museum〉

〈음악가들〉

마운드가 홍수다발지역과 계곡에 사는 토착인들에 의해서 만들어진 것을 보면 아마도 수해의 피난처인 것 같고 점차 축제나 마을의 공동행사로 쓰이거나 사원, 추장이나 메디신 맨의 가옥으로 사용된 듯하다.

뉴올리언스에 가는 길은 미시시피 강둑의 길로 가기로 했다. 미시시피 강변의 평야가 끝도 없이 전개되었다. 논들도 보였다. 한눈에도 땅이 너무 비옥할 것 같았다. 가끔 유정이 있는 듯 원유를 한가롭게 품어내는 오일 펌프oil pump를 보았다.

이래서 조지타운의 쌀 박물관에서 벼농사지역이 루이지애나로, 택사스로,

캘리포니아로 이동했다고 하는 것 같았다. 우리나라 농부들이 이땅을 보면 무어라고 말할까.

퍼버티 포인트의 직원이 미시시피 앨리게이터가 있는데 지금은 동면하고 있다고 알려주었다. 과문한 탓인지 악어가 동면한다는 이야기는 처음 들었다. 미시시피 강둑에 영어로 Old River Control Complex 라는 간판이 있었다. 아마 홍수대비시설이었던 것 같다. 그렇게 크지는 않지만 정유공장도 눈에 들어왔다. 늦게 루이지애나 주의 주도인 베튼루이지Baton Rough 시에 도착했다. 잘 여관을 알아보았으나 값이 장난이 아니었다. 우리는 다행히도 데이지 인 여관에 투숙했다. 51불을 지불하고.

✲ 2010. 1 8 금 구름 〈재즈의 메카 뉴올리언스〉

아침에 식사를 하러 식당에 갔더니 순전히 노동자들이 식사를 하고 있었다. 여행객은 한 사람도 없었다. 옷을 보니 넝마인 작업복이다.

어느 나라나 마찬가지로 가난한 사람이 많다. 빈부의 차다. 뉴올리언스로 길을 재촉했다. 주도 베튼루이지Baton Rouge는 인구가 222,064이고 광역시로는 802,484명으로 주에서 두 번 째이며 석유화학공업이 발달되었고 미국에서 9번째 큰 항구이다. 커다란 정유공장을 보았다.

〈배턴루지의 정유공장〉

뉴올리언스New Orleans는 보기 드물게 프랑스인이 건설한 도시이다. 시의 인구는 454,863명으로 루이지애나 주에서는 가장 큰 도시이다. 미시시피 강의 동서쪽 재방의 삼각주에 있으며 폰찬트레인 호수Lake Pontchartrain의 남쪽에 있고 멕시코 만의 항구도시이다. 게다가 허리케인이 자주 내습 하는 재난의 도시이다.

컨트리 음악이 내시빌(테네시 주의 주도)이라면 뉴올리언스는 재즈의 메카이다. 뉴올리언스에서는 무엇보다 재즈 국립역사공원에 가보고 싶었다. 내비에 입력을 했는데도 잘 나오지 않았다. 공원 같지 않은 지역을 몇 번이고 맴돌았다. 사람들에게 물어보아도 잘 알지 못했다. 결국 경찰에게 의뢰해서 찾았다. 공원이 아니라 부두가의 거리이었다. 명성에 비해서 너무 초라하다고 생각했다. 이런 국립 사적 공원도 있구나 하고 생각했다. 유명한 재즈 음악가의 동상이 몇 개 서 있을 뿐 공원냄새는 나지 않았다. 공원은 1994년 미국의 가장 널리 알려진 음악의 장르인 재즈의 기원과 전개를 기념하기 위해서 만들어졌다고 한다. 그렇게 오래된 일도 아니다. 그러나 아! 이곳이 재즈의 발상지이구나 하는 생각에 고개가 끄덕여졌다.

〈프리저베이션 홀 4의 축음기〉

〈프리저베이션 홀 4의 내부〉

〈재즈의 수도〉

그 유명하다는 프리저베이션 홀 4에 들어가 보았다. 재즈의 역사와 유명한 음악가들의 사진, 기념할 만한 사진들이 전시되어 있었다.

재즈는 20세기 초에 흑인 노예의 애환을 담은 음악과 유럽 음악이 어우러져 새로운 음악이 만들어진 것이다. 이것이 재즈의 모태이다. 그후 1917년 재즈는 뉴욕과 시카고, LA등 대도시로 퍼져나갔다.

재즈 연주자로는 트럼펫 연주자 루이 암스트롱Louis Armstrong, 색스폰 연주자인 시드니 벳세이Sidney Bechet, 클라리넷 연주자인 지미 눈Jlimmie Noone, 드럼 연주자 워런 베비 도즈Warren 'Baby' Dodds, 클라리넷 연주자인 조니 도즈Johnny Dodds 등이 있다.

팸플릿 한 장을 얻고 사진을 좀 찍고 길을 떠났다.

루이 암스트롱(Louis Armstrong, 1901년 8월 4일 ~ 1971년 7월 6일)은 미국의 재즈 음악가이다. 그는 뉴올리언스에서 태어났으며, 13세경부터 트럼펫(처음에는 코넷)을 배워, 1922년에는 시카고에서 킹올리버 악단에 참가했다. 1925년에는 〈핫 파이브 세븐〉의 취입을 하고, 악단도 조직하였다. '핫 파이브'(Hot Five)의 이름으로 취입된 수십곡은 재즈 사상 불멸의 명반으로 평가받는다. 재즈의 산 역사이며 증인이기도 하였던 그의 절정기는 1930년을 중심으로 한 몇해 동안이었다.

70세까지 현역으로 활약했던 그는 영화에도 자주 출연하였으며, 뉴욕 퀸스에서 70세의 나이로 사망하였다.

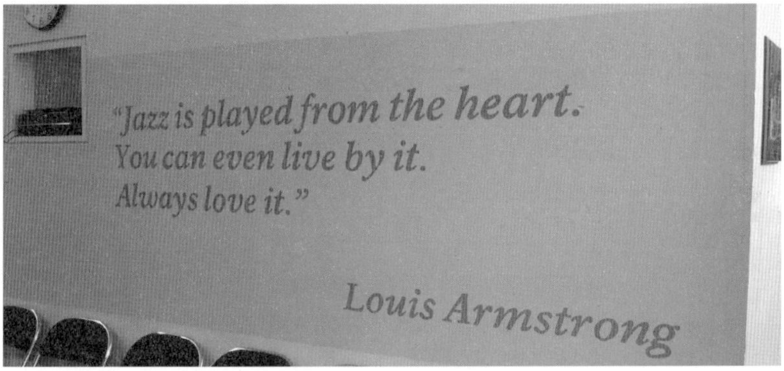

〈루이 암스트롱의 명언〉

〈재즈공원의 여가수 동상〉

〈재즈공원의 가수 동상〉

이제 미시시피 강의 하구를 보러 갈 작정이다. 다음은 세계적인 강의 명세표이다. 미시시피 강은 미주리 강과 오하이오 강을 빼고 미네소타주에서 발원하는 원줄기만 이야기하기도 하지만 두 지류를 합친 것으로 통계를 작성했다.

유출량 연장별 유역 면적별 세계 10대 강

순위	강 이름	주	평균 유출량 m³ /초	강 이름	주	연장 km	강 이름	주	유역면적 km²
1	아마존 Amazon	남미	209,000	나일 Nail	아프리카	6,650	Amazon 아마존	남미	7,050,000
2	콩고 Congo	아프리카	41,000	아마존 Amazon	남미	6,400	Riodera Plata 라플라타	남미	4,144,000
3	오리노코 Orinoco	남미	33,000	양자강 揚子江 Yangtze	아시아	6,418	Congo 콩고	아프리카	4,014,500
4	양자강 揚子江 Yangtze	아시아	30,166	미시시피 Mississippi	북미	6,270	Nail 나일	아프리카	3,400,000
5	라플라타 Rio de ra Plata	남미	22,000	예니세이 Yenisei	아시아	5,539	Mississippi 미시시피	북미	3,220,000
6	예니세이 Yenisei	아시아	19,600	황하 黃河 Huang He	아시아	5,464	Ob-lrtysh 옵일티쉬	아시아	2,972,497
7	레나 Lena	아시아	16,871	메콩 Mekong	아시아	4,909	예니세이 Yenisei	아시아	2,580,000
8	미시시피 Mssissippi	북미	16,792	라플라타 Rio de la Plata	남미	4,876	Lena 레나	아시아	2,500,000
9	메콩 Mekong	아시아	16,000	콩고 Congo	아프리카	4,700	Amur 아무르	아시아	1,855,000
10	갠디스 Genges	아시아	12,500	레나 Lena	아시아	4,472	양자강 Yangtze	아시아	1,808,500

* 남미의 파라나Parana 강은 라플라타Rio de la Plata에 포함

미시시피 강은 부채살 처럼 퍼져서 바다로 흘러들어간다. 바다와 만나는 강을 보고 싶었다. 하구에는 베니스 라는 작은 마을이 있다. 우선 그곳까지 차를 타고 가기로 했다.

철교 같은 미시시피 강의 다리를 건너 울렁거리는 가슴을 진정시키면서 차를 몰았다. 홍학 두 마리가 강 건너에서 먹이를 찾고 있었다. 강물은 흙탕물이었고 강안에는 죽은 나무들이 을씨년스러웠다.

지도를 보면 미시시피 강의 하구는 강물이 운반해 온 모래와 흙으로 바

〈미시시피 강의 홍학 한쌍〉

〈최남단 지점 표시판〉

다로 뻗어간다. 물길도 부챗살처럼 퍼져 나간다. 바로 옆길로 차를 몰았으나 둑의 높이 때문에 강은 볼 수 없었다.

베니스에 도착했을 때 다음과 같은 푯말을 보았다.

> Welcome Gateway to the Gulf
> You have reached the southernmost point in Louisiana

베니스 다음에는 파일롯타운pilottown이 있지만 통제구역이었다. 하구에는 크고 작은 많은 호수와 물웅덩이가 있었고 물새들이 참 많았다. 무슨 공장인지 잘 모르지만 공장들도 있었다. 큰 강이라 부채살 같은 하구는 볼 수 없었다. 비행기를 타지 않고는 불가능할 것 같았다.

땅에는 쑥과 엉겅퀴들이 푸르렀고 갈대들은 내 키의 두 배는 되는 것 같았다. 관광객은 우리이외에는 한 사람도 없었다. 이런 것을 보고싶은 사람은 흔치않은 것 같았다. 불현듯 두려운 생각이 들어 차에 앉아서 좀 쉬다가 돌아왔다.

돌아오는 길에 차를 세우고 강둑에 올라가 보았다. 거기에는 잭슨 요새가 있었다. 미시시피 강을 올라오는 적군을 방어하는 요새일 것이다. 강 건너에는 필립 요새가 있다고 한다. 남북전쟁 때 전투지로 국가 사적지이다. 우리나라의 성터는 관광지로 그렇게 유명하지 않은데 미국은 우리나라의 성과 같은 전쟁터를 관광지로 해놓았다. 전쟁을 선호하는 호전성 때문인가.

잭슨 요새는 카트리나와 리타 허리케인 때 6주 이상 물에 잠겨 파괴되었다.

미시시피 강이 힘차게 흐르는 것도 보았다. 강 양안에는 유조선과 석탄

〈물에 침수당한 유적지〉

〈석탄 운반선〉

〈미시시피 강 하구의 굴뚝 공장 〉

을 실은 수많은 배들이 정박해있었다. 공장들도 보였다. 과연 미시시피 강임을 실감했다.

도로 가에 농부가 재배한 과일을 파는 가게에 가서 귤을 좀 사고 텍사스 주로 행했다. 소라가 피곤하다고 해서 조그마한 도시에 들려 잠을 자고 세탁도 했다.

✲ 2010. 1. 9 토 맑음 〈텍사스 휴스턴〉

날씨가 맑았다. 데이지 인에서 제공하는 아침식사는 괜찮은 편이었다. 고기와 감자, 생선, 오트밀, 커피, 쌀 스프까지 주었다. 아침을 든든히 먹고 휴스턴으로 출발했다.

어제와 같이 지도에 붉은 리봉이 그려있는 베스트 로드인 US-90을 달

〈드넓은 논〉

〈벼 낟알을 찾는 새때 〉

〈물에 잠긴 논〉

〈곡식 창고〉

리다가 14 지방도로로 접어들었다. 루이지애나 남부 해안을 달리는 중이

다. 겨울이라 농작물은 보이지 않았지만 벼 재배 지역이라 논이 많았다. US-90을 달리는데 어제그제부터 논에 갈대 같은 것이 있어 유심히 보아도 알 수가 없었다. 갈대를 논에 재배하지는 않을 것이고 벼는 추수한지 오래됐다. 마침 사람이 있기에 차를 멈추고 물었더니 사탕수수란다. 그 농부는 사탕수수를 두 토막을 가져다주면서 먹어보란다. 참 친절한 사람이다. 사탕수수대가 무척 달았다. 어렸을 때 어머니가 꺾어주시던 상탕수수대가 생각나서 콧등이 찡했다.

14 지방도에 진입해서 관광안내소를 찾았다. 그곳에서 쌀 공장(정미소)을 소개받아 가보기로 했다. 14 도로변에 논이 많았다. 한국의 논과 꼭 같았다. 고향에 온 기분이었다. 과연 광활한 벼 재배 지대이었다. 김제의 만경평야 같았다.

한국의 정미소와 별 다를바 없는 정미소를 잠깐 구경하고 I-10으로 도로를 바꾸었다. 27 지방 도로를 타고 내려가 82지방 도로로 텍사스 주에 가려했으나 내비가 말을 듣지 않았다. 휴스턴까지는 120마일 2시간 남짓하면 갈 수 있는 거리다.

주 경계표시가 나왔다. 관광안내소에 들어갔다. 관광안내소가 다른 주에 비해서 컸다. 그리고 관광지가 의외로 많은 것을 깨달았다.

텍사스 주는 알래스카 주에 이어 미국에서 두 번째로 넓은 주, 인구는 캘리포니아 주 다음으로 두 번째로 많은 주이다. 석유가 많이 나고 우주공업이 발달된 주이다. 1836년 멕시코로부터 텍사스 공화국으로 독립하였다가 1845년 미국에 합병되어 28번째 주가 되었다.

텍사스 주에는 큰 도시로 휴스턴 · 댈러스 · 오스틴 · 샌안토니오가 있는데 그 중 휴스턴을 선택했다. 댈러스는 케네디 대통령이 암살당한 곳이라 인상이 좋지가 않았다. 휴스턴은 미국에서 네 번째로 큰 도시이다. 인구가 2,100,263명이며 경제는 석유 · 석유화학, 제조업, 항공산업, 운송업 등이다. 특히 유명한 것은 NASA's Johnson Space Center가 있다.

저녁 무렵 휴스턴 시에 가까이 가면서는 대규모 정유공장이 즐비했다. 과연 텍사스는 유전의 주이구나! 하고 생각했다. 우리는 내일 구경할

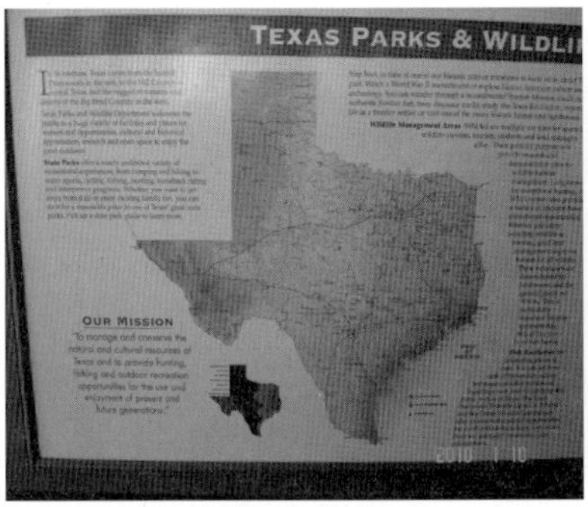

〈텍사스 주〉

〈휴스턴의 정유공장〉

NASA 근처에 여관을 정했다. 여관비가 싸고 깨끗했다. 소라는 늘 웃는다. 나와 여행하는 것이 즐거운가보다.

✲ 2010. 1. 10 일 맑음 〈휴스턴〉

휴스턴 날씨는 무척 춥다. 위도가 피닉스보다 훨씬 남쪽인데, 피닉스보다 더 춥다. 휴스턴은 열대 기후인 줄 알았는데 그곳도 겨울은 겨울이었다. 바닷가라 그런지도 모르겠다. 바람이 심하게 불어서 체감 온도가 더 낮은 것 같았다. 위도는 피닉스가 훨씬 위에 있다. 2008년에 나는 겨울을 피닉스에서 보냈다. 여행을 하면서 느낀 것이 기온은 위도와는 그렇게 관계가 없다는 사실이었다. 기온은 고도와 기류와 강수량 해수 등의 여러 가지 요인에 의해서 결정되는 불가해한 현상이라면 오버인지 모르겠다.

휴스턴의 첫인상은 빌딩이었고 정유공장이었고 시내가 깨끗함 이었다. 우리는 NASA를 먼저 구경하고 다음에 미술관을 가기로 했다.

워싱턴의 에어 앤 스페이스 뮤지움은 공짜이었는데 이곳은 입장료를 지불해야했다. 어떻게 다른가 볼일이다. 트램tram 투어를 하기 위해서 밖으로 나갔는데, 너무 추워 재킷을 입으러 승용차로 갔다. 소라도 내의를 안 입어 승용차에 가서 트렁크 깊숙한 곳에서 내의를 꺼내 입었다. 관광객과 합류해서 나사를 한 바퀴 돌았다. 크고 넓었다.

이미 워싱턴의 에어 앤 스페이스 박물관을 본 후라 NASA가 굉장하게 보이지 않았다. 오히려 NASA가 작은 규모이었다. 그러나 그것은 겉만 보고 한 소리이었다. 이곳의 낡은 건물과 한적한 곳이라는 생각 때문이었다. 건물로 결정할 일이 아니라 사람일 것이다. 어떤 사람들이 모여 있는가 일 것이다. 내용이 무엇인가도 중요하다.

이제 내부를 볼 시간이다. 한 사무실에 들어가서 설명을 들었다. 그곳은

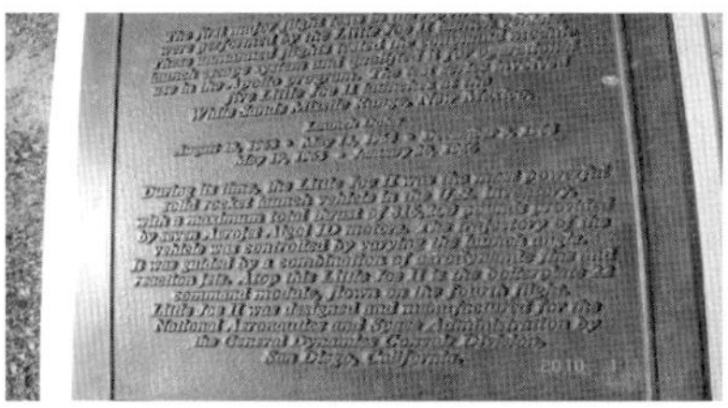

〈Little Joe Ⅱ 설명문〉

〈Little Joe Ⅱ〉

〈복잡한 내부〉

〈우주센터 건물〉

NASA의 지상 조정실이라고 했다. 곧바로 진열실을 보았다. 우주를 비행했던 로켓과 관제실, 비행사의 훈련용 시설을 보았다. 아폴로 호의 실물

을 보고 깜짝 놀랬다. 굉장히 컸다. 저렇게 큰 것을 어떻게 우주로 쏘아 올렸을까? 어떻게 그런 무모한 발상을 했을까? 하는 의구심이 일어났다. 박물관에 있는 것은 장난감 같은 축소형이었다. 워싱턴의 에어 앤 스페이스 뮤지움과 비슷한 수준이지만 NASA는 관광객을 직접 인도해주는 점이 좋았다. 휴스턴에서 소득은 다음과 같은 우주비행의 초기를 설명하는 안내판이었다. 사진에 담았다. 사진을 잘 못 찌어 윗부분이 없어졌다.

The first major flight tests in the Space Center
were performed by the Little Joe Ⅱ launch vehicle.
These unmanned flights tested the command module
launch escape system and qualified it for operational
use in the Apollo program. The test series involved
five Little Joe Ⅱ launch launches at the
White Sands Missile Range, New Mexico.

Launch Daies
August 28, 1963 · May 13, 1964 · December 8, 1964 ·
May 19, 1965 · January 20, 1966

스페이스 센터에서 첫 번째 중요한 비행시험은 리틀죠 II 발사체로 이루어졌다. 이 무인 발사체는 사령선의 비상탈출장치와, 이 발사체가 아폴로 우주프로그램에 적합한지 여부를 테스트 했다. 리틀죠 II 발사체의 다섯 차례의 발사시험을 포함한 이러한 일련의 테스트는 뉴멕시코주 미사일 성능 시험장White Sands Missile Range에서 이루어졌다.

발사일
1963. 8. 28 · 1964 5. 13 · 1964. 12. 8 ·
1965. 12. 8 · 1966. 1. 20

During its time, the little Joe Ⅱ was the most powerful

solid rocket launch vehicle in the U.S. inventory
with a maximum total thrust of 316,200 pounds provided
by seven Aerojet Algol ID motors. The trajectory of the
vehicle was controlled by varying the lunch angle.〈launch angle〉
It was guided by a combination of aerodynamic fins and
reaction jets. Atop this Little Joe Ⅱ is the boilerplate 22
command module, flown on the fourth flight.
Little Joe Ⅱ was designed and manufactured for the
National Aeronautics and Space Administration by
the General Dynamics Convair Division,
San Dieag, California

당시 리틀죠 II 발사체는 미국이 보유한 가장 강력한 고체연료 로켓 이었으며, 7개의 에어로젯 알골아이디Aerojet Algol ID 엔진을 사용해 총 추력 316,200파운드를 낼 수 있었다. 발사체의 궤도는 발사각을 변화시켜 조정할 수 있었으며, 비행 중에는 공기역학적 핀fin과 제어용 측추력reaction jet을 이용해 궤도를 수정했다. 리틀죠 II 발사체 상부는 보일러플레이트(발사체 윗부분의 테스트용 우주선)가 있었는데 4번째 발사에서 비행을 테스트했다. 리틀죠 II 발사체는 NASA에서 사용될 목적으로 캘리포니아 산디에고에 위치한 제너럴 다이나믹사GM의 콘베어 디비전Convair Division이 설계와 제작을 했다.

우리는 그곳에서 점심을 사먹고 휴스턴의 미술관에 갔다.

〈위공위성 앞에서 소라와〉

〈휴스턴의 빌딩 숲〉

미국의 4대 도시답게 미술관 역시 훌륭했다. 미국의 5대 미술관이라고 하는데 그렇게 순서를 정하는 것은 무의미할 것 같다. 미국의 대도시, 뉴욕 · LA · 시카고 · 필라델피아 · 보스턴 · 워싱턴 D.C.의 미술관은 하나같이 훌륭했다. 휴스턴의 미술관 역시 훌륭했다.

고흐, 샤갈, 피카소, 마티스, 모내, 마내의 작품이 전시되었다. 미국의 추상표현주의 작가들, 팝 아트의 작품들도 다수 있었다. 고흐의 바위 라는 작품은 다른 미술관에서는 보지 못했다. 원주민의 토기, 한국의 고려청자, 아프리카 미술품 등. 일 년에 백만 명 이상의 관람객이 방문한다고 한다.

조각 공원The Lillie and Hugh Roy Cullen Sculpture Garden에 갔다. 알베르토 자코메티, 앙리 마티스, 알렉산더 칼더, 데비드 스미스, 루이스 브르주아 등의 작품들이 눈에 띄었다. 아름다운 나무들과 조화를 이룬 조각품들이 관광객의 시선을 사로잡았다.

Your Bright Future 12 contemporary artist from Korea가 눈에 확 들어왔다. 그러나 동시대 미술은 사실 흥미가 없다.

휴스턴의 다운타운의 건축물은 대단했다. 뉴욕이나 시카고에 못지않은

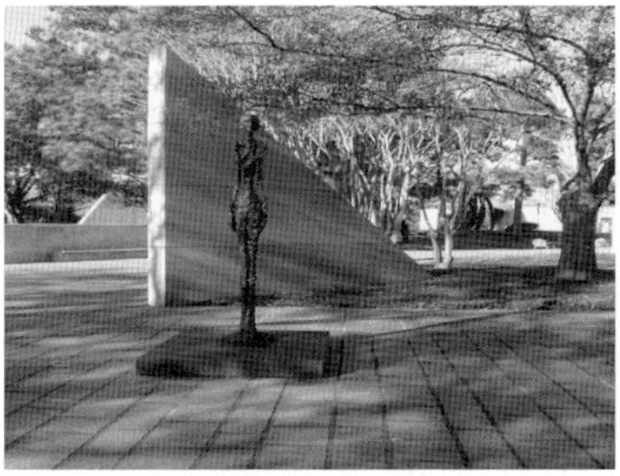

알베르토 자코메티 〈작품〉

안토니오 보르델리 〈아담〉

알렉산더 칼더 〈작품〉

플랭크 〈스텔라〉

데이비드 스미스 〈작〉

〈한국 출신 12명 미술가전〉

도시의 미관이었다. 아마 신흥도시라 더 깨끗하지 않을까 하는 생각을 했다. 뉴욕의 건축물은 세월의 때가 묻어있었다. 구 시가지라고 할까. 워싱턴은 낮은 건물이 주이다. 도시의 건물로 버금가는 곳은 시카고와 마이애미가 아닐까.

휴스턴에서 하루 더 자려다가 오스틴Austin으로 향했다. 차는 서쪽으로 달렸다. 서부로 가는 휴스턴 시가는 한가했다. 고압선 철탑들이 끝없이 이어졌다. 다른 주의 철탑처럼 낮지 않고 높았다. 우리나라 철탑처럼 3층으로 고압선을 연결했다.

드넓은 목장도 보였다. 끝없이 펼쳐진 농장도 보였다.

✲ 2010. 1. 11 월 맑음 〈라이브 음악의 수도 오스틴〉

US-290으로 길딩스Giddings 라는 작은 도시에 도착해서 잠을 잤다.

아침에 일어나 문을 여니 새들이 봄을 맞이한 듯 지저귀었다. 휴스턴에서 맛보던 그런 추위는 아닌 것 같았다. 어제 중국집에서 사 온 밥을 오븐에 데워서 아침식사를 하고 US-290으로 텍사스의 주도 오스틴Austin으로 향했다. 오스틴은 미국에서 13번째 인구가 많은 도시이다. 인구는 820,611명이다. 텍사스 주 중남부 밸코너스 벼랑을 끼고도는 콜로라도 강가에 있는 아름다운 도시이다. 1839년 멕시코로부터 독립을 선언한 텍사스 공화국의 수도로 결정되었다고 한다.

음악에 관심이 많은 소라가 오스틴에 있는 텍사스 음악 박물관을 보고 싶다고 말했다. '오스틴은 세계 라이브 음악의 수도Austin's official slogan is The Live Music Capital of the World,' 라고 하는 곳이다.

해가 질 무렵이면 '인공달빛' 이 시를 비춘다. 투숙한 여관에서 60마일 정도 떨어진 곳이다. 그 도시에 가서 음악 박물관을 찾았으나 쉽게 찾을 수 없었다. 여러 사람에게 수소문해서 찾았다. 그곳을 찾는데 도움을 준 사람은 우편배달부이었다. 안에 들어가 보니 작은 음악박물관이었다. 직원도 없었다. '세계 라이브 음악의 수도' 라는 말이 무색했다.

홀은 회의실인 듯 책상과 의자가 정연하게 놓여 있고 오래된 악기, 축음기, 피아노, 오르간, 아코디언, 축음기판, 기타, 트럼펫 등이 진열되어 있었다. 벽에는 음악에 관한 가지각색의 사진들이 붙어 있었다.

사진을 몇 장 찍고 델 리오Del Rio 라는 작은 도시로 향했다.

도중에 I-35로 샌안토니오San Antonio를 통과했다. 피닉스에 사는 미경의 남편이 이곳에서 근무한다. 꽤 큰 도시이었다. 자료를 찾아보니 미국

〈장례봉사 박물관〉

〈음악박물관 내부〉

〈텍사스 음악박물관 간판〉

〈풍금〉

〈아코디언〉

〈플랭크 스텔라〉

에서 7번 째 큰 도시이다. 샌안토니오는 군사도시라 할 수 있다.맥시코와 긴 국경을 접하고 있기 때문인 것 같다. 샘휴스턴 요새, 항공우주의학센터, 가까이에 공군기지가 네 곳이나 있다. 중남부 텍사스의 교육, 문화, 교통, 산업, 군사의 중심 도시이다.

미국의 10대 도시(인구순)는 뉴욕, LA, 시카고, 휴스턴, 필라델피아, 피닉스, 다음이 샌안토니오, 샌 디아고, 댈러스, 샌호세의 순서이다. 뉴욕과 시카고, 필라델피아는 동부에, 다른 도시는 전부 사막지대나 다름없는 서남부에 있다. 사막지대에 이런 거대한 도시들이 들어선다는 것은 이해가 되지 않았다.

부자 도시(GDP)순은 광역 도시권으로 볼 때는 인구 순과는 좀 다르다. 뉴욕, LA, 시카고, 필라델피아, 워싱턴 D.C, 보스턴, 달라스, 샌프란시스코, 애틀랜타, 휴스턴, 마이애미 순이다. 동부에 다섯, 서부에 둘, 중남부에 넷이다. 동부가 강하다.

위 통계는 8년 전 것이라 지금은 바뀌었을 지도 모른다.

세계적인 통계는 아래와 같다.

Richest cities and urban areas in 2012 추정(브르킹스 연구소)
Rank City/Urban area Country GDP ($10억)
1 Tokyo Japan 1,520
2 New York USA 1,210
3 Los Angeles USA 789.7
4 Seoul South Korea 773.9
5 London UK 731.2
6 Paris France 669.2
7 Osaka/Kobe Japan 654.8
8 Chicago USA 524.6
9 모스코 러시아 520.1
10 상하이 중국 516.5
우리 서울이 4 번째라니 대단하다.

샌안토니오를 지나자 완전히 불모의 사막지대가 이어졌다. I-35S로 달리다가 US-90으로 접어들었다. 소라가 졸린다고 해서 도로 옆 공터에 차를 세워놓고 낮잠을 좀 잤다.

델 리오는 멕시코 국경 지역에 있는 조그마한 도시이다. 앨버커키에서 본 리오그란데 강이 국경을 흐르고 있었다. 소라가 또 졸린다고 노래를 부르자고 해서 우리의 레퍼토리repertory를 불렀다.

아미스타드 내쇼날 리크레이션 애어리어Amistad National Recreation Area는 내일 가기로 하고 숙소를 정했다. 관광지라 그런지 값이 비싼 편이었다. 다행히도 56.50불을 준 여관은 인도 사람이 경영했다. 인도인들은 미국에서 여관을 많이 운영한다. 아미스타드에 대한 설명서를 보니까 암각화가 있었다. 소라는 지난 여름에 이곳에 혼자 왔는데 나와 같이 트레킹을 하고 싶어 남겨둔 곳이라고 말했다. 그녀가 고맙고 기대가 됐다.

텍사스를 지나가면서 나는 1956년에 만든 조지 스티븐스 감독의 〈자이언트Giant〉가 생각났다. 록 허드슨, 엘리자베스 테일러, 제임스 딘의 사랑이야기와 연기는 매혹적이었다. 록 허드슨의 대농장과 비슷한 규모의 목장이 가끔 눈에 들어왔다. 이들 세 명의 배우를 무척 좋아했었다. 배우들은 이미 고인이 되었고 작품만 남아있다.

✲ 2010. 1. 12 화 흐림 〈Amistad(스페인어-우정)NRA〉

여관에서 자고 Amistad(스페인어-우정)NRA에 갔다. 리오그란데 강과 페코스 강의 합류지점 아래를 막아 댐을 만든 곳이다. 닉슨이 대통령이었을 때 이 댐을 막아, 희귀한 동식물, 조류를 볼 수 있고 수상 오락을 즐길 수 있는 곳이 됐다. 겨울철이라 유람객과 관광객도 없었다.

델 리오는 작은 도시이지만 국경 도시인만큼 공군이 주둔하고 있었다. 피닉스에서 국경지대에 갔을 때도 역시 공군이 주둔하고 있었다.

이곳에 대규모 록 아트가 있다는 것이었다. 록 아트에 대한 인터넷을 찾아보았더니 미국에서 가장 오래되고 규모가 큰 암각화 지역에 대한 진위가 아직 가려지지 않은 것 같았다. 그리고 암각화의 트레일이 내일 있다고 하고 접근이 쉽지 않은 것 같았다. 배를 타고 가서 절벽을 올라야하고 몇 시간을 걸어야하는 트레일이었다. 아무래도 무리일 것 같아 포기했다.

호안을 차로 드라이브 하고 북쪽으로 향했다. 리오그란데 강을 따라 도로가 나 있었다. 강이 보고 싶어 접근했으나 보이지 않아 강변으로 내려가려다가 그만 두었다. 내려가지 말라고 철조망을 쳐놓았고 소라가 늑대가 나올 것 같다고 들어가지 말라고 소리를 질렀기 때문이었다. 그 소리를 들으니 섬뜩한 느낌이 들었다.

국경지대의 국립공원인 빅 벤드 내셔날 파크Big Bend National Park로 향했다.

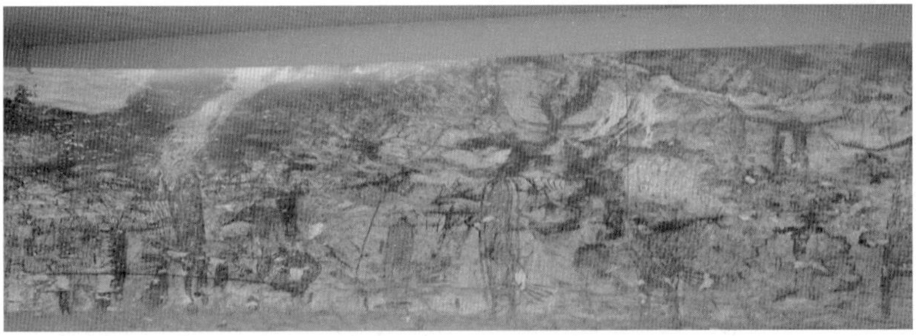

〈벽화Rock Painting〉

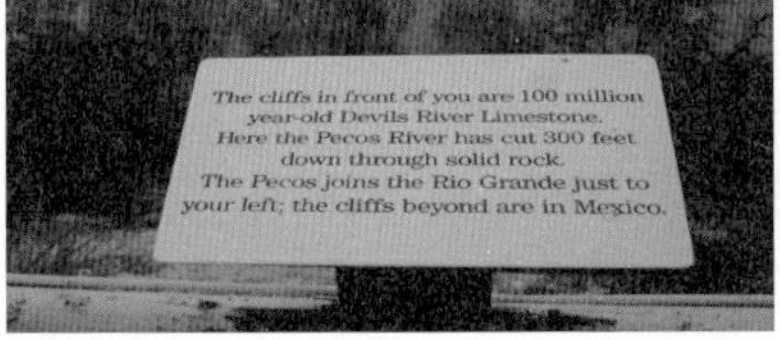

〈3강의 합류지점 리오 그란데, 악마, 페코스 강〉

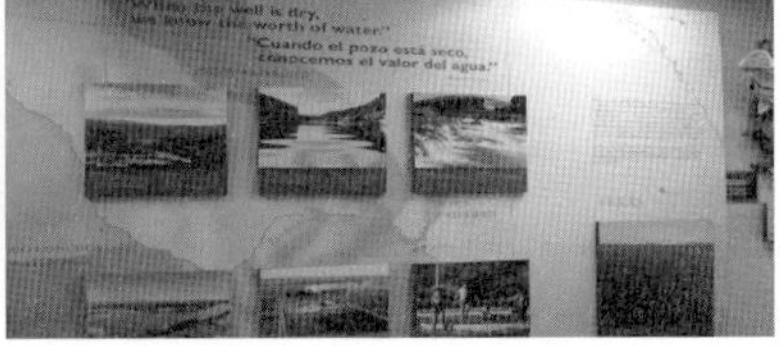

〈댐 설명〉

빅 벤드에 가서 리오그란데 강을 봐야겠다. 이 강은 코로라도 강 보다 1,000km나 더 긴 강이고 강변에 푸에블로 인디언들이 주로 살았고 지금도 살고 있다. 무수히 많은 역사적인 유적지가 강변에 있다. 코로라도 강이 그랜드 케니언을 만들었다면 리오그란데는 빅벤을 만들었다. 힘차게 흐르는 강을 보고 싶다. 리오그란데는 이 지점에서는 국경을 흐르는 강이므로 실용가치가 줄었을 것이다.

작은 도시를 셋이나 지나 빅 벤드 관문의 알핀Alpine에 도착했다. 여관이 많은 곳이었다. 요행히 35불 하는 싼 여관을 찾아 투숙했는데 씨트도 목욕물도 좋지 않았다. 아마 남미의 여관들도 이렇지 않을까. 적응 해두는 셈 치자.

✲ 2010. 1. 13 수 맑음
〈빅 벤드 내셔날 파크 Big Bend National Park〉

황량한 황무지를 국립공원이라고 지정하고 관광안내소에 직원 몇 사람만 배치해서 운영하는 미국은 무슨 뱃장일까? 자원을 보호하고 이런 변방도 자기들의 소중한 국토임을 과시하는 것이 아닐까. 프런티어Frontierism 정신인가!

알핀에서 빅벤드 입구까지 1시간 이상을 달린 것 같았다. 관광안내소에는 관광객들이 모여들었다. 필요한 팸플릿을 받고 안전사고 예방에 주의하라는 당부를 듣고 차를 왼쪽으로 몰고 갔다. 겨울철이라 황량한 광경이었다.

〈빅벤드국립공원 간판〉

〈관광객은 어느 곳을 갈까?〉

빅 벤드는 3, 242km^2 의 광대한 넓이에 1,200종의 식물과 450종의 새, 56종의 파충류, 75종의 포유동물이 살고 있는 동식물의 보고이다. 또

〈치소우 산맥〉

〈역사적인 유적〉

〈리오 그란데 강옆의 노천 온천〉

〈국경 넘어 산맥〉

한 9000년 이상의 문화유산과 화석으로 볼 때 인류가 오래전에 산 유서 깊은 곳이다.

치소우 산맥이 나타났다. 이곳 고원에서는 에모리 피크(2,387m)가 가장 높은데 괴암절벽의 바위산이었다. 치소우 산맥에는 곰, 마운틴 라이언, 흰꼬리 사슴 등 동물과 애리조나 사이프러스부터 수많은 야생화와 선인장이 자라고 있다고 한다. 강 건너 멕시코 지역은 더 높은 산맥이 병풍처럼 쳐져있었다.

리오그란데 강이 보고 싶어 강가로 갔다. 여러 곳에 짐승과 사람을 조심하라는 경구가 붙어 있었다. 차를 세워놓고 조심스럽게 걸어갔다. 우리와 같은 시간에 이곳에 온 관광객이 몇 있었다. 선량해 보이는 사람들을 따라갔다. 리오그란데가 바로 거기 있었다. 강렬한 햇빛에 강은 은물결을 나

비처럼 팔랑거리며 흐르고 있었다. 수량이 너무 작아 리오그란데 강이 맞나 의심스러웠다.

미국에는 50만개의 강이 있다고 한다. 길이로는 미조리 강 미시시피 강, 알라스카에 있는 유콘 강, 다음이 이 리오그란데 강이다. 하긴 사막의 강은 강 하구에 이를수록 수량이 작아진다.

일반적으로 미조리 강(3,767km)과 미시시피 강(3,734km)을 분리해서 생각한다. 미조리 강은 미시시피 강의 상류 강이기 때문에 미시시피로 보는 것이 타당할 것 같은데 말이다.

조금 내려가니까 노천 온천이 보였다. 강 옆에 온천수가 솟아나고 있었다. 그곳에서 백인 청소년 소녀들이 수영복을 입고 목욕을 하고 있었다. 물을 좋아하는 소라는 손을 씻었다.

리오그란데 강에는 190km에 걸쳐 장관의 캐니언이 3개 있다. Santa Elena, Mariscal, and Boquillas 등이다. 그러나 그곳은 안내인도 없고 시간도 없어 가지 못했다. 위험한 곳이라고 하기도 하고.

The Rio Grande, meandering through this portion of the Chihuahuan Desert, has cut deep canyons with nearly vertical walls through three uplifts made primarily of limestone. Throughout the open desert areas, the highly productive Rio Grande riparian zone includes numerous plant and animal species and significant cultural resources. The vegetative belt extends into the desert along creeks and arroyos.

치와와 사막Chihuahuan Desert의 이 부분을 굽이쳐 흐르는 리오그란데Rio Grande강은 거의 수직에 가까운 깊이 깎인 협곡이 있는데, 이 협곡은 주로 석회암으로 이루어진 세 개의 융기지역을 통과한다. 광활한 사막지역을 관통하는 리오그란데 강의 하안지대(riparian zone)에는 수많은 식물과 동물이 자라며 많은 문화재가 존재한다. 이렇게 해서 식물이 생장할 수 있는 지역이 강과 협곡을 따라 사막으로 확장되는 것이다.

리오그란데 마을을 찾았으나 발견하지 못했다. 겨우 가게를 찾았을 뿐이다. 돌아오는 길에 소방차를 고치는 사람들을 보았다. 아마 산불을 예방하는 것 같았다.

〈화재예방 소방차〉

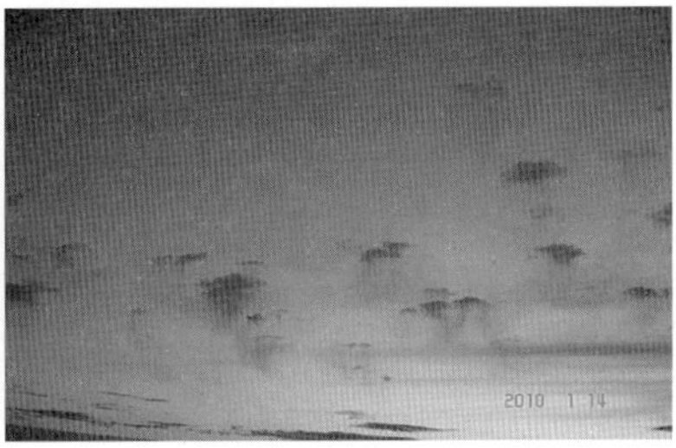

〈텍사스의 비를 머금은 구름〉

✻ 2010. 1. 14 목 맑음 〈두 군사 요새〉

우선 엘패소에 가기로 했다. US-90을 달렸다. 90은 아기자기한 도로이다. 반 혼Van Horn까지는 US-90으로 달리고 이어서 I-10 고속도로로 이용했다. 갑자기 날이 흐려지더니 앞이 깜깜해졌다. 소라는 지난해 이곳에 왔을 때는 비가 몹시 내렸다고 말했다. 얼마나 비가 억수로 퍼붓던지 앞이 안 보일 정도였단다. 소라가 혼자 얼마나 놀랬을까?

이런 위험한 곳을 혼자 무엇하러 왔느냐고 나는 진심으로 말했다. 소라는 겁이 없다. 텍사스 주는 일기의 이변이 심한 곳이다. 허리케인이 분다면 꼼짝없이 당할 것 같았다.

리오그란데 강변을 따라 작은 도시들이 발달되어 있었다. 한적하고 외진 국경 지대인데, 나름대로 사람들이 모인다.

더욱이 이곳은 미국의 유수한 군사기지가 있다. 엘 페소El Paso는 특이한 도시이다. 텍사스 주에서 여섯 번째, 미국에서는 열아홉 번째 큰 도시로, 인구가 721,598명이다. 이 궁벽한 지역에 그렇게 큰 도시가 있는 이유가 있다.

엘 패소는 멕시코에 있는 시우다드 후아레스Ciudad Juarez 시와 강을 사이에 두고 붙어있다. 멕시코의 후아래스 시는 앨 페소보다 배의 인구이다. 두 도시를 합해서 2백만이 넘는다.

엘 패소는 프랭클린 산맥(1,147m) 기슭, 치와와 사막에 있으며 강수량이 연평균 246mm로 기초금속, 석유와 천연가스, 구리 납의 재련소와 구리전기 분해공장이 있었고 의류산업, 특히 청바지 산업이 유명했으나 중국 등 신생 국가의 값싼 노동력에 밀려 사양 산업의 길을 걷고 있다. 리오그란데 강물을 이용한 농산물도 풍부한 편이다. 질 좋은 과일이 많이 생산되는 곳이다.

〈끝이 보이지 않는 사막〉

〈풍향계〉

〈텍사스 유정 펌프〉

〈텍사스의 목장〉

아름다운 자연경관과 온화한 기후로 관광업이 발달하고 있으며 볼리스 요새(미국 육군 대공방어 센터)는 뉴 멕시코 주의 남쪽 지역까지 뻗쳐있는데 넓이가 4,400km² 로, 미국에서 2번째로 큰 군사시설이고 그곳의 군사비는 지역경제에 커다란 도움을 준다.

블리스 요새는 미국-멕시코 전쟁에 참전했던 스미스 블리스 William Wallace Smith Bliss의 이름을 따서 지어졌다. 그는 미육사를 2등으로 졸업했으며 수학과 어학에 천재인 유능한 장교로 12대 대통령이 된 재커리 테일러Zachary Taylor장군의 사위가 됐던 인물인데 38세에 전염병 퇴치를 나갔다가 흑사병으로 요절했다.

블리스 요새는 군사시설로 출입이 금지되어있다.

뉴멕시코 주의 라스 크르세스Las Cruces까지 가는 I-10 도로에는 작은 도시들이 참 많았다. 도시의 형성 요건은 리오 그란데 강이다. 라스 크로세스도 사막의 도시이다. 사막지대이나 1,219m의 고도의 도시라 기후가 온화한 편이다.

오른쪽으로 장엄한 올간산맥Organ Mts이 눈을 덮고 있었다. 라스 크로세스도 퇴역군인들이 많이 사는 도시이다.

US-70 시닉 도로를 달려 화이트 샌즈 국가 기념물White Sands Natl. Mon.을 지나가기로 했다. 진짜 사막을 볼 기대에 젖어 있었다. 한 시간 남짓 달렸을 때 하얀 모래밭과 모래 언덕이 나타났다. 관광안내소에 들려 요금을 지불하고 안으로 들어갔다. 눈이 부셔서 선글라스를 꼭 써야했다. 그러나 그런 곳에서도 야카가 자라고 있었다. 너무 아름다워 사진기에 담았다. 겨울인데도 야생화가 피어있었다.

다시 북쪽으로 알라모골도Alamogordo로 가기위해서 US-54 시닉 도로에 접어들었다. 왼편으로는 끝없는 사막이 전개되었다. 알라모골도는 36,245명의 사람이 사는 중소 도시이다. 주민의 대부분이 퇴역 군인과 군속인 군사 도시이다. 해발 1,322m의 고지대의 도시이며 연강수량이 264mm의 사막 기후이다.

이 도시는 서 쪽에 미국에서 제일 큰 군사시설이 있는 곳이다. 도시의 서쪽에 투라로사 분지Tularosa Basin가 있다. 이 분지의 넓이는 16,800km^2 의 넓이인데 핵 실험이나 미사일 발사 등 모든 것을 수행할 수 있는 군사시설을 갖추고 있다. 제2차세계대전 때 일본에 투하된 원자탄도 알라모스 원자력연구소에서 만들었고 이곳에서 핵실험을 거쳤다. 휴스턴의 우주선 실험도 이곳에서 실시하였다.

〈White Sands Natl. Mon의 joshua tree 016-White Sands Natl. Mon〉

〈White Sands Natl. Mon의 야카〉

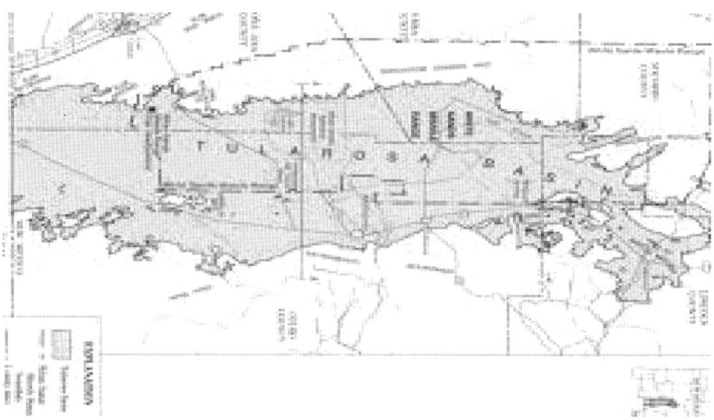
〈투라로사 분지 지형도〉

모든 군사시설은 미국일지라도 비공개이다. 그러나 지도에는 엄연히 표시되어 있다. 중요 군사시설 화이트 샌즈 미사일 랜져White Sands Missile Range(8,300km²)는 크기가 블리스 요새의 약 2배이다.

앨 패소에서부터 뉴멕시코의 남부의 광활한 지역이 미국의 군사력을 말해주는 중심지인 것 같았다. 황량한 황무지가 계속되었다.

I-25를 타고 가다가 에버커키 근처 베른Belen에서 내비에 그랜츠를 입력해서 사이 길로 접어들었다. 다시 리오그란데 강을 만났다. 강 양편으로 수로가 있었는데 물을 한 가득 실어 보냈다. 중류의 강인데 빅 벤드에서 본 강보다 수량이 더 많았다. 이것이 사막의 강이다.

✻ 2010 1. 15 금 맑음 〈차코 컬춰 내쇼날 히스토리 파크 Chaco Culture National Historical Park〉

차코 컬춰 내쇼날 히스토리 파크Chaco Culture National Historical Park에 가기 위해서 371 지방도로로 가고 싶었으나 내비가 말을 듣지 않아 엉뚱한 곳으로 한참 가다가 고개를 넘어 구멍가게에 가서 물었더니 친절하게 지도를 그려주어 찾아갈 수 있었다.

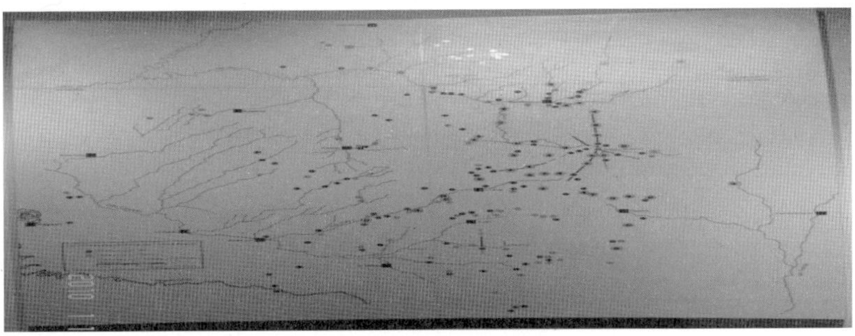

〈푸에블로 마을 분포도〉

〈차코커춰 유적〉

차코 컬춰는 소 도시 크라운 포인트Crownpoint 위쪽에 있다. 미국의 가장 중요한 콜롬비아 이전의 문화유적지이다. AD 900~1150의 고대 푸에블로 종족의 거주지이다. 도시는 14km 길이에 걸쳐 케니언에 길게 펼쳐 있었다. 유적지 면적은 13,750.3ha 이고 1987년 세계문화유산으로 지정되었다. 이 유적지는 흙으로 지은 것이 아니고 돌로 지었다. 200개 이상의 방을 가진 거대한 집들이 30여개 이고 700여개의 방을 가진 complex도 있었으며 사오층의 집들이며 일층짜리 가옥도 있었다. 푸에블로 종족의 독특한 문화인 키바도 많았다.

이 지역은 BC 10000부터 수렵인들이 산 흔적이 있다. 탄소 방사능 검사에 의하면 70 곳 이상의 모닥불 장소가 7000~1500BC의 년대에서 발견됐다. 도시 뒤에는 거대한 사암벽이 있었는데 많은 암각화를 그려놓았다. 손, 초승달, 초신성 등이었다.

유적지는 지각변동에 의해서 1,890~1,960m 고원에 있으며 동물과 나무가 많아 수렵과 채집에 좋은 여건을 갖춘 곳으로 생각되었다.

1130년 50년 동안의 가뭄으로 인한 기후 변화로 종족은 이곳을 버리고 떠났다. 원주민들이 다 그러하듯 그들의 이동도 역시 수수께끼이다.

〈파괴된 차코컬처〉

〈거대한 사암 앞에 있는 유적〉

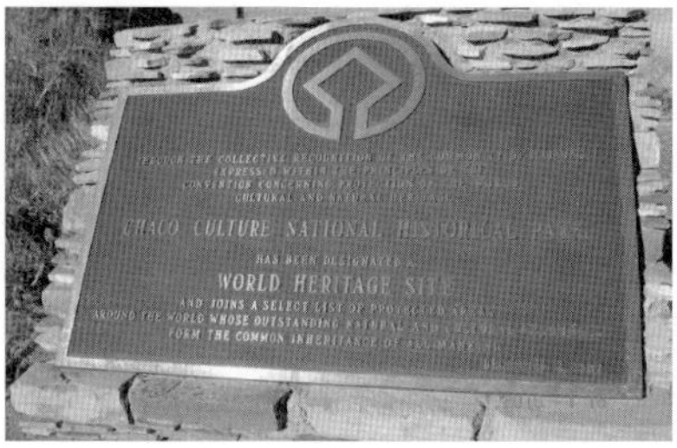

〈세계 문화 유산 표시판〉

차코 컬춰는 남미의 와리 Wari City와 여러 가지로 유사했다. 건물의 벽만 남아서 그렇지 멕시코의 떼오띠우아깐 같은 도시국가가 아니었을까 하는 생각이 들었다.

유다 주로 가기위해서 북쪽으로 차를 몰았다. 소라가 졸리는지 좀 자고 가자고 말했다. 나도 좀 졸렸다.

유다 주의 브랜딩Blanding까지는 꽤 멀었다. 371지방도로 파밍톤Farmington을 지나면서 재작년에 그곳을 지난 것을 기억해냈다. 다시 보는 파밍톤은 꽤 커보였다. 그곳은 석유산업이 왕성했다. 드디어 유다주에 들어섰다. 산은 더 험해지고 험한 산에 여기저기 석유펌프가 보였다. 텍사스, 뉴멕시코, 유다 주까지 유전지역 같았다.

포 코너 모뉴먼트Four Corners Monument는 빗겨 갔다. 내일은 내추럴 브리지 내쇼날 모뉴먼트Natural Bridges National Monument에 갈 예정이다. 컴포트 인 Comfort Inn에 들렸으나 69불 +세금 이라고 해서 다시 싼 여관을 찾았다. 45불 짜리 여관에 투숙했다. 돌로 지은 단층 가옥이었는데 내부는 나무로만 된 여관이었다. 분위기 있는 여관이었다.

저녁은 바로 옆에 있는 레스토랑으로 갔다. 브랜딩은 작은 도시지만 여관이 많았다. 관광지인 셈이다. 지금은 비수기라 여관비가 싸다.

✻ 2010. 1. 16 금 맑은 후 흐림 눈
〈내추럴 브리지Natural Bridges National Monument와 브라이스 캐니언Bryce Canyon National Park〉

유타 주의 서남쪽 소도시에서 자고 아침식사는 팬케익을 하나 씩 먹고 내추럴 브리지Natural Bridges National Monument를 보러 길을 떠났다. 남부 유다 주는 붉은 바위 지대이다. 세월이 붉은 바위를 조각하여 수많은 자연 조각품들을 조각해 놓았다. 기기묘묘한 형상들이 많아 지루하지 않았다.

목적지는 얼마 멀지않았다. 관광안내소에 들려 설명을 들은 후 걸어 들어갔다. 날씨는 겨울이라 추웠다. 잔설들이 골짜기며 나무 밑이며 높은 산마루에 남아 있었다. 자연다리 공원은 7,637에이카의 넓이며 세계에서 2번째로 긴 자연다리라고 했다.

〈자연교 국립 기념물 간판〉

〈기묘한 지형〉

〈자연교〉

3 다리의 높이, 길이, 넓이, 두께는 다음과 같았다. 다리 이름은 원주민의 말이다.

다리	높이 m	길이Span(m)	넓이 m	두께 m
오아코모Owachomo	32	55	8	3
시파푸Sipapu	67	82	9.5	16
카리나Kachina	64	62	13	28

날씨는 몹시 추웠고 나무들은 땅에 붙어있어 삭막했다. 계곡의 물이 하얀 페르미안 사암white Permian sandstone 을 조각하여 만들어진 다리인 것이다.

겨울철이라 관광객은 별로 없었다. 사막이나 다름없는 이곳에 어떻게 이런 경치가 형성되었을까? 예전에는 비가 많이 내렸슴이 분명하다. 얼마나 많은 세월에 이런 지형이 만들어졌을까? 상상이 되지 않았다.

11시 경에 브라이스 캐니언Bryce Canyon National Park 쪽으로 길을 잡았다. 그랜드 캐니언에 비하여 1/34밖에 안 되는 작은 곳(145.02km^2)이지만 경치가 너무 아름다워 소라가 나를 데려왔다고 말했다. 소라는 지난 여름에 혼자 이곳에 왔었다.

역시 95 지방 도로이었다. 화이트 캐니언이 계속됐고 또 그 유명한 그랜 캐니언Glen Canyon에 도착했다. 다리가 나타났다. 콜로라도 강이었다. 좁고 깊은 계곡에 시퍼런 물이 조용히 흐르고 있었다. 콜로라도 강을 만나면 언제나 반갑다. 그리고 고개를 넘자 포엘 호수Lake Powell 상류가 나타났다. 우리는 차에서 내려 심호흡을 하고 구경을 하면서 사진도 찍었다. 호수가에는 작은 마을이 있었다. 아름다운 경치이었다. 관광객들이 하나 둘 모여들어 우리처럼 경치를 감상했다. 엳튼 붉은 색깔의 바위는 끝이 없었다. 그렇게 얼마를 가니까 24 시닉 지방 도로가 나타났고 또 12 시닉 지방도로로 접어들었다. 24 도로나 12 도로는 고도도 높고 험해서 일종의 모험이었다. 하늘이 흐려지더니 눈발이 휘날렸다. 큰 산이 연속되었고 산은 아스펀 숲이 볼만했다.

〈브라이스 캐니언Bryce Canyon National Park〉

〈브라이스 캐니언〉

〈브라이스 캐니언〉

브라이스 캐니언은 1928년에 국립공원이 됐고 연간 관광객은 1,296,000명이다. 관광안내소에 들려 입장료를 지불하고 차를 타고 안으로 들어갔다. 다음과 같은 푯말이 있는 곳이 구경할 장소이었다.

검은 자작나무 골짜기Black Birch Canyon	8,750ft(2,667m)
폰데로사 소나무 지점Ponderosa Point	8,904ft(2,713m)
아구아(물) 지점Agua Point	8,800ft(2,682m)
네추랄 브리즈Natural Bridge	8,627ft(2,629m)
파비우 포인트Farview Point	8,819ft(2,688m)
쉬프 크릭크Sheep Creek	
스완프 캐년Swamp Canyon	Connecting Trails
브라이스 포인트Bryce Point	8,300ft(2,529m)
인스프레이션 포인트Inspiration Point	8,100ft(2,468m)

바위의 파노라마가 펼쳐졌다. 과연 환상적인 아름다움이었다. 시즌에 온다면 아름다움은 더 할 것 같았다. 상상으로 생각할 수밖에. 어두워져서 사진을 찍을 수가 없었다.

구경을 마치고 US-89S로 달려 카나브Kanab에 도착 숙소를 정하고 저녁은 중국집에 가서 먹었다. 즐거운 여행이었다.

✲ 2010. 1. 17 토 맑음 〈그린 댐〉

여관 주인은 1970년대에 그곳에서 영화를 찍어서 꽤 유명한 배우들이 와서 잠자고 식사를 했다고 말했다. 존 웨인의 사진이 벽에 걸려 있었다. 서부를 여행하다보면 유명한 서부영화〈역마차Stagecoach, 1939〉의 주인공 존 웨인 사진을 심심찮게 보게 되는데, 그것은 그가 서부극의 대표적인 배우였기 때문일 것이다.

우리가 학창시절이었던 오육십 년대에는 서부활극이 대유행이었다. 기억에 남는 영화로는 존 포드의 〈역마차〉는 물론이고 프레트 진네만의 〈하이눈High Noon, 1952〉, 조지 스티븐스의 〈셰인Shane, 1953〉, 존 스터지스John

〈카나브의 여관〉

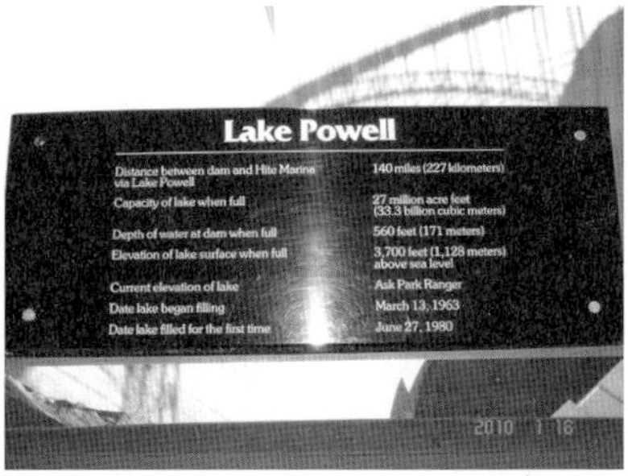

〈포웰 호수〉

〈그린 댐의 송전철탑〉

〈댐의 아래쪽〉

Sturges의 〈황야의 7인The Magnificent Seven, 1960〉 등이 있었다.

카나브는 관광도시이다. 이 도시는 그랜드 캐니언, 브라이스 캐니언, 시온 캐니언을 가장 가까이서 갈 수 있는 곳이다. 여관은 값도 싸고 깨끗했다.

버밀리온 절벽Vermilion Cliff를 지나 호수 쪽이 가까워지자 위대한 붉은 바위가 보이기 시작했다. 호수가 나타났다. 참 아름다운 정경이었다. 호안에 좋은 가옥들이 있었다. 저런 곳에서 사는 사람들은 어떤 사람들일지 궁금했다. 사진을 몇 장 찍고 서둘러 댐으로 향했다. 그린 댐이었다. 후버 댐보다 33년 후에 만들어진 댐이다. 두 댐이 규모는 비슷하다. 그린 댐은 후버 댐보다 유명하지는 않다. 강을 건너는 다리는 댐 바로 아래쪽에 있었다. 좁은 계곡을 막아 댐을 만들었는데 천해의 자리이었다. 그래도 댐의 길이가 480m이었다. 높이는 220m. 비수기를 감안해도 후버 댐처럼 많은 관광객은 없었고 홍보를 하지도 않았다. 후버는 라스베이거스에 가는 길목이며 처음 만들어진 댐이다. 주차장에 차를 세우고 댐과 강을 내려다보았다. 강물이 얼마나 깊은지 상상할 수가 없었다. 그리고 붉은 바위벽 사이의 푸른 강물은 청룡을 연상하게했다. 다리 아래쪽이 더 멋이 있었다. 수구를 통해서 물이 힘차게 흘러내렸다. 태양이 그 쪽에 있어서 푸른 빛깔이 더욱더 선명했다. 다시 다리 위쪽을 보기 위해서 도로를 건넜다. 위쪽은 거대한 콘크리트 벽이 가로 막고 있었다. 약해보이는 붉은 사암이 어떻게 이 거대한 댐을 지탱하는지 알 수가 없었다. 댐의 양쪽 바위벽은 한 폭의 그림 같았다.

피닉스에 오늘 중에 들어가야 하기에 길을 재촉했다. 그린 댐과 하직을 하고 가다가 미련이 남아 시닉 포인트가 있어 차를 세우고 다시 댐을 내려다보았다. 댐이 잘 보이도록 만든 곳이었다. 콜로라도 강물은 유유히 흐르고 복잡한 고압선 철탑의 전선이 이리저리 엉켜보였다.

〈도로 옆 노점〉

〈홍수의 솔트 리버〉

"콜로라도 강이여, 안녕!" 하고 소라가 말했다. 나도 따라 안녕을 고했다. 지루한 사막 길을 달리는데 졸려서 레퍼토리를 불렀다.

레퍼토리Repertory

사막을 지날 때나
도로에 사슴이 죽은 것을 보았을 때
우리는 베토벤의 '운명' 을 들었다.

봄에는 사우가를 불렀고
해저문 저녁에는 '성불사'를 불렀다.

서부나 동부의 목장지대를 지날 때는
우리는 '아 목동'을 불렀다.

비가 내리는 날은
배호의 애수에 젖은 노래를 들었다.

바닷가를 지날 때는
'가고파'를 불렀다.

얼룩백이 황소를 볼 때는 '향수'를 불렀다.
애팔래치아 산맥의 숲을 지나칠 때는
'옛 시인의 노래'를 불렀다.

사슴을 만났을 때는 '사슴여인'을 불렀다.
말다툼이라도 한 날은 '만남'이나 '사랑으로'를 불렀다.

89 시닉 지방 도로를 타고 프랙스태프를 경유 I-17으로 바꿔 타고 피닉스에 도착 공항 근처에 있는 Extended 여관에 여장을 풀었다. 워싱턴 여관 보다 못한데 요금은 더 비쌌다.

✲ 2010. 1. 18 월 맑음 〈다시 피닉스〉

〈솔트리버 다리에서〉

〈피닉스의 숙소〉

〈숙소에서 소라〉

〈숙소에서 커피를 마시며〉

피곤한 몸을 추스르며 아침에 일어나니 비가 내렸다. 어제는 그렇게 날씨가 좋았는데, 오늘 비가 온다니. 피닉스에서 비가 내리는 것을 본다. 피닉스에 온 것을 환영하는 것일까. 고향에 온 기분이다.

피닉스! 미국에서 우리 고향 같은 도시이다. 이곳에서 미국 여행을 시작했고 여행이 끝날 것이다. 2월 3일 멕시코로 떠난다. 피닉스는 아는 사람들도 제법 있는 곳이다. 소라는 17개월을 이곳에서 살았다. 나는 6개월이다. 지구촌 교회에 가야 소식을 들을 수 있다. 교회에 가보고 싶었으나 월요일이라 그만 두었다.

오전은 쉬고 오후에 시내에 나갔다. 먼저 체이스 은행에 들렀다. 제임스와 도미니코를 만나서 중남미 여행에서 쓸 돈을 어떻게 할까를 상의하고 싶었다. 국경일인지 휴무이었다. 소라는 ASU에도 가려했으나 마찬가지로 휴무일 거 같아 내일 가기로 했다. 대신 아시아나 마켓과 릴리 마켓에 가서 중남미로 떠나기 전에 먹을 쌀과 채소, 된장과 고추장, 물을 샀다. 여관에서 한국음식을 해먹을 작정이었다. 투숙한 여관은 취사를 하도록 시설이 되어있었다.

〈송 목사댁〉

〈아시아나 마켓〉

밤에는 포도주를 한 병 따서 서로의 건강과 행복, 무사히 여행을 마치도록 축배를 들었다.

✻ 2010. 1. 19 화 흐리고 비 〈다시 만난 수지 집사〉

우기인가 오늘도 비가 내린다. 피닉스에도 우기가 있는가. 아침도 하지 않고 잠을 잤다. 그 동안의 피로가 너무 쌓인 것 같았다. 비오는 날은 낮잠 자는 날이 아닌가. 오후에 수지 집사 집에 가기로 했다. 소라나 나나 수지에게 신세를 좀 졌다. 작년 5월 소라가 피닉스를 떠날 때 짐을 맡겨두었다. 이제 찾아서 우리가 차에 싣고 다닌 짐과 같이 차를 한국으로 부쳐야한다.

빌리지 마켓에 가서 사과 한 상자를 사고 미장원에 가서 이발을 하고 수지씨 집에 갔다. 수지 집사는 하나도 바뀌지 않았다. 환갑이 지났는데도 아직도 소녀 같다.

지구촌 교회는 많이 바뀌었단다. 우선 송 목사가 3월에 은퇴를 한단다. 이인영 권사도 안 나오고 미경 집사도 안 나오고 수지 집사도 교회를 옮겼다고 말했다. 아들이 다니는 교회로. 아들과 아들의 약혼녀와 같이 교회에 가는 것이 제일 즐겁단다. 먼지 하나 없이 깨끗한 집, 차를 내주어 마시며 한담을 했다. 꼭 누이의 집에 간 기분이었다. 음악을 좋아하는 그녀의 거실에 모차르트와 베토벤의 음악이 흘렀다.

맡겨둔 물건을 찾아 차에 싣고 왔다. 언제 저녁을 대접하기로 하고 여관으로 돌아왔다.

오후에도 비가 많이 내렸다. 피닉스에 비가 많이 온다. 그래서 그런지 나무가 싱싱하다. 겨울 꽃도 많이 피었다. 이래서 피닉스는 겨울 별장이 많은 곳인가 보다.

2010. 1. 20 수 비 〈문 닫는 대학서점〉

소라가 다리가 아프다고 해서 주물러주었다. 내가 생각해도 무리인 것 같았다. 저런 다리를 가지고 차도 없이 중남미를 어떻게 갈까 걱정이다. 수지 집사에게 투산에 가자고 했더니 선약이 있어서 못 간다고 말했다. 미경은 연락이 되지 않는다. 땅콩을 사러 갔으나 깐 땅콩은 없었다. 리리, 아시아나, 빌리지 마켓을 다 돌아봐도 없었다.

점심을 먹고 체이스 은행에 갔다. 제임스도 도미니코도 있었다. 그들은 소라의 통장을 잘 관리해주는 사람들이었다. 2,000불을 여행준비금으로 찾고 우리가 갈 멕시코, 브라질, 아르헨티나, 칠레, 볼리비아, 페루, 에콰도르의 화폐를 50불씩 바꿔달라고 했더니 볼리비아와 에콰도르 화폐는 바꿀 수 없다고 말했다. 제임스는 다음 주 화요일에 돈을 구해놓겠단다.

비바람이 너무 불어 학교에 들르는 것은 포기하고 템피 시장에 있는 책방에 들려 소라는 투산 정보를 찾으러 여행코너로 갔다.

책방을 정리하는 것 같았다. ASU 앞에 있는 대학서점인데 책이 안 팔리는 모양이다. 보스턴의 문 닫은 올드 코너 북 스토어 생각이 났다. 암만해도 문명의 위기가 급작스럽게 닥쳐오는 모양이다.

책을 한권 샀다. 한국에서 사는 것 보다 훨씬 싸다. 타겟Target이라는 잡화상에 가서 소라의 조그마한 돈지갑을 4불 주고 샀다. 중국제이었다. 소라는 이제 미국의 Cell Phone을 돌려주러 갔는데 가게가 문을 닫아 다음에 다시 오기로 했다.

✲ 2010. 1. 21 목 비 〈너무 오래 여행하다〉

하루 종일 집에 있었다. 휴식과 세끼 식사를 했더니 손바닥이 좀 좋아졌다. 하루 종일 부슬비가 내렸다. 우리는 모처럼 갖는 여유시간을 짐 정리를 하면서 보냈다.

오후에는 부침을 해먹었다. 소라의 요리 솜씨가 많이 늘었다. 부침을 본

김에 포도주를 마셨다. 이렇게 여행하면서 포도주를 연인과 마시는 것이 행복이다. 행복이 먼 곳에 있는 것이 아니다.

집에 있는 날인데 인터넷이 안 되었다. 카운터에 가서 이야기 했더니 고쳐주었다.

다시 미국에 와서 쓴 시를 정리해보았다. 몇 편 되지 않는다. 1차 여행 때보다 훨씬 더 많은 곳을 구경했는데 어찌된 일인지 모르겠다. 처음 미국에 왔을 때는 이 번 보다 더 많은 시를 썼다. 충격 때문이었을까. 그만큼 감정이 무디어진 것 같았다. 우리의 사랑이 식은 것인가? 나이 탓이다. 아니 미국에 익숙해졌기 때문일 것이다.

✲ 2010. 1. 22 금 비 〈미국에서 만난 교포〉

나흘째 비가 내린다. 사막지대인 피닉스에 겨울비가 내린다.

남주씨에게 빌린 그릇과 이불을 돌려주기 위해서 스카치데일에 갔다. 여관에서 17마일 떨어진 별장지대에 남주의 겨울별장이 있다. 우중에 차를 몰았다. 그곳에 가는 도로는 늘 차가 많다. 모처럼 내린 사막의 장마에 겨울나무들이 싱싱했다. 도심을 흐르는 솔트리버에 흙탕물이 흐르고 있었다. 처음 보는 광경이었다.

남주씨는 겨울인데도 목 디스크 때문에 씨에틀에 머물고 있어 만날 수 없었다. 대신 남주 친구가 물건을 받아주었다.

5시에 약속을 했기 때문에 그곳에 시간을 맞추어 도착했다. 차가 대문 앞에 이르자 받아줄 이들의 차도 바로 도착했다. 부부가 같이 왔다. 문을 열어주면서 가져다 놓으라고 말했다. 좀 쌀쌀하고 사무적이었다. 말 한마디 없었다. 짐을 돌려 두고 곧바로 나와 인사를 했으나 그들은 인사를 받는 둥 마는 둥 휭 하니 가버렸다. '우리가 뭐 잘못했어?' 허전한 느낌이 가슴을 짓눌렀다. 그들은 전혀 반갑지 않은 것 같았다. 반갑기는커녕 귀찮아하는 것 같았다. 묘한 생각이 들었다. 이국에서 만난 동포인데......조국에 대하여 불만이 있는 사람들인가?

✻ 2010. 1. 23 토 맑음 〈흙탕물로 범람하는 솔트리버〉

오전에 짐을 정리하고 양 총무에게 〈전원에서〉 원고를 전송하고 오후에 산책을 하기로 했다. 솔트리버로 가자고 소라에게 말했다. 솔트리버에 흙탕물을 보러 갔다. 소라도 나의 제안에 기꺼이 응했다. 물론 집에서는 차를 몰고나갔다. 강둑 쪽으로 가서 공원 사이길로 들어가 강둑으로 나가는 길이 있는가 살펴보았으나, 다 차단되어 포기하고 템피 마켓에 가서 주차를 하고 다리 위쪽에 있는 강둑으로 나갔다. 그곳에 알맞은 산책길이 있었다. 강 쪽은 철망으로 철저히 막아놓았다. 흙탕물로 범람하는 강물을 바라보며 거닐었다. 찬바람이 가끔 불어와 한기를 느꼈으나 공기는 상쾌했다. 흙탕물로 범람하는 강에는 오리와 가마구찌가 떼를 지어 헤엄치고 있었다. 물고기가 많은지 늘 새들이 노닌다. 나뭇가지에도 새들이 앉아있었다. 거의 반 마일이나 걸어갔다. 기념이 될 돌이 있나 찾아보기도 했다. 캐나다에서 온 관광객에게 부탁해서 사진도 몇 장 찍었다. 상류로 올라갔다. 그곳에 자그마한 돌무더기가 있었다. 별로 좋지는 않지만 그래도 기념이 될 돌을 하나 주어 배낭에 넣었다. 소라는 언제나 내 손을 잡고 거닐기를 좋아한다. 처음에는 어색했으나 이제는 내 쪽에서 손을 내민다. 이제 10일만 있으면 솔트리버도 안녕이다.

✻ 2010. 1. 24 일 맑음 〈피닉스의 두 교회〉

지구촌 교회에 나가는 일요일이다. 인터넷이 잘 되지 않아 내 노트북을 가지고 나갔다. 교회에 컴을 아는 사람이 있을 것 같아서였다. 젊은 교인이 고쳐주었다. 고마웠다. 예배를 보고 송재호 목사와 목사 부인을 만났다. 반가웠다. 목사는 3월에 정년이란다. 오늘이 목사부인의 회갑 날이라 점심을 잘 얻어먹었다. 내일 목사댁에서 초청을 해서 가기로 약속했다. 여러 분에게 신세를 지는 것 같아 부담이 되지만 어쩔 수 없다. 한국에 오시면 갚아드려야 한다.

오후에는 밥 목사가 운영하는 성경교회에 갔다. 밥 목사 내외와 존 목사 내외가 반겨주었다. 그들은 항상 친절하다. 설교는 인도 사람이 했는데 잘 알아들을 수 없는데다 하도 오래해서 지루했다. 예배가 끝나고 뒤도 돌아보지 않고 나왔다. 무심한 사람들이라고 했을 것이다.

밥 목사는 우리가 잊을 수 없는 사람이다. 그는 6월 경에 중국의 성도에 간다고 말했다.

✲ 2010. 1. 25 월 맑음 〈이인영 권사와 작별〉

11시 30분에 목사댁에 갔다. 목사 부인의 회갑이라고 해서 사과 한 상자를 사가지고 갔다. 부인이 반겨주셨다. 목사는 이층에서 전화를 받고 있었다.

목사 부인은 이인영 권사가 아침에 전화를 했는데, 음식을 해가지고 이 권사 댁으로 오라고 해서 가기로 했다면서 가자고 말했다. 이제는 못 뵐 것 같았는데 이렇게라도 자리를 만들어주시니 얼마나 고마운지 모르겠다. 이 권사는 외손녀 보느라고 외출할 수가 없단다.

이인영 권사는 집을 바꾸었다. 지난 번 집 보다 축소된 것 같았다. 이 권사는 친 형제처럼 반겨주었다. 목사 부인은 가지고 간 음식을 식탁에 차려

놓았다. 그리고 자리에 앉았다. 목사는 바쁜 시간인데 이렇게 자리를 함께 해주셔서 고마웠다.

점심은 된장국과 고등어조림, 닭고기 등이었다. 맛있게 먹으면서 이야기를 했다.

이인영 권사는 목사 앞이든 상관없이 좌중의 대화를 전담했다. 노인들의 대화라는 것이 한 이야기를 또 하고 또 하는 것처럼 이 권사의 대화도 역시 그 범주를 벗어나지 못했다. 돌아가신 사부와 지낸 이야기, 미국에 이민 온 이야기, 외손녀 이야기 등과. 우리에게 화합해서 재미있게 살라는 당부 등이었다.

이렇게 이야기를 하다가 식사를 하고 2시경에 작별 인사를 하고 헤어졌다. 이 권사의 눈에 눈물이 어렸다. 조그마한 이 권사를 미국식으로 안아드렸다. 이별이다. 한국 사람들은 이렇게 정이 많다.

목사 내외분을 태워드리고 숙소에 돌아왔다.

✲ 2010. 1. 26 화요일 맑음 〈헤이퍼 교수와 이별〉

헤이퍼 교수를 만나는 날이다. 오늘 그를 만나면 마지막이 될 것이다. 귀국인사를 하는 셈이다. 사실 오늘 투산에 가기로 했는데 헤이퍼 교수를 만나는 관계로 내일로 미루었다.

아시아나 마켓 옆에 있는 호돌이 식당에 갔더니 내외가 반갑게 맞이해주었다. 호돌이 라는 음식점 이름도 좋고 내외의 인품도 훌륭하다. 우리에겐 정든 음식점이다.

헤이퍼 교수는 약속시간에 식당에 들어왔다. 시간관념이 철저하다. 구면이라 반가웠다. 2008년도 그를 처음 만났을 때는 전혀 입이 떨어지지 않았었다. 이제는 조금 대화가 된다.

불고기와 잡채, 은대구찜을 시켰다. 헤이퍼 교수는 불고기를 좋아하고 소라는 은대구를 좋아한다. 나는 두 가지를 조금씩 먹으면 된다. 헤어지는 마당이니 술이 없을 수가 없다. 복분자 술을 시켰다.

〈호돌이 식당〉

〈호돌이 식당 내외와 함께〉

〈헤이퍼 교수와 송별회〉

중남미에 간다니까 안주인이 술을 한 병 공짜로 주었다. 한국인의 인심이 바로 이런 것이다. 식당 주인 부부와 기념사진을 촬영했다.

호돌이 식당은 이래서 그런지 백인들도 많이 찾는다. 다른 한국 음식점보다 가격도 싼 편이다. 헤이퍼 교수는 식사를 잘 한다.

그는 맛있게 음식을 먹으면서 소라와 인디언 음악 연구 자료에 대한 이야기를 했다. 그는 3월 중에 프랑스에 간다고도 말했다.

그는 나에게 좋은 시를 많이 써달라고 부탁을 했다.

헤이퍼 교수 덕택에 나도 미국여행을 11개월이나 하게 되었다. 한국에 한 번 꼭 오라고 말하고 그와 헤어졌다.

✲ 2010.1. 27 수 구름 〈체이스 은행의 제임스와 도미니코와 이별〉

서울집에 메모리 스틱을 등기로 보냈다. 2차 미국에 와서 찍은 사진과 원고이다. 중남미는 조금은 위험한 곳이다. 이렇게 해야만 마음이 놓일 것 같았다.

점심은 제임스와 도미니코와 식사를 하기로 했다. 소라가 미국에 있을 때 여러 가지로 도움을 준 사람들이다. 헤어지는 인사이다. 은행에 가서 그들을 만나 가까운 식당에 갔다.

연어 그릴을 시켰는데 값만 비쌌지 생선 한 덩어리라 별 맛이 없었다. 제임스와 도미니코는 중남미 여행에 대해서 여러 가지로 물었다. 그들은 우리 둘을 퍽 부러워했다. 백인들은 여행을 참 좋아한다.

도미니코는 기혼자인데 부인이 곧 출산한다고 말했다. 그는 미국인 답지 않게 아들 딸을 많이 낳겠다고 말해서 한바탕 웃었다. 제임스는 아직 미혼인데 은행의 책임자이다.

점심을 마치고 책방에 가서 원서를 몇 권 샀다. 시와 미술에 관한 책들이다. 차를 붙일 때 트렁크에 넣어 붙여야겠다. 꽃에 대한 책도 한 권 샀다.

✲ 2010. 1. 28 목 비
〈치리카우하 국가기념지 Chiricahua National Monument〉

비가 내리는데도 불구하고 투산의 남쪽에 있는 치리카우하 국가기념지 Chiricahua National Monument에 가기로 했다. 사실 그곳 여행은 피닉스에서 신세졌던 분들을 모시고 가고 싶었으나 이런저런 사정으로 가지 못하고 둘만 떠났다.

그곳은 소라의 설명을 들으니 경치가 좋은 국가 기념지이라는 것이었다.

I-10으로 차를 달렸는데 투산이 가까워 와도 비는 여전히 내렸다. 비가 그치지 않아 되돌아갈까 망설이기도 했는데 치리카우하는 비가 오지 않을지도 몰라 그냥 가자고 했다.

윌콕스Willcox까지 갔으나 비는 계속 내렸다. I-10에서 186 시닉 지방도로 바꾸어 타고 1시간 정도 더 간 후에 고원은 있었다. 비는 다행히 부슬비 정도이었다. 우산을 받고 여행안내소에 들어갔다. 직원들이 비가 오는데 왔다고 무척 반겨주었다.

〈치리카우하 국가기념물의 기암〉

〈산 정상에서 눈을 맞으며〉

〈산정상〉

치리카우하 국가기념물Chiricahua National Monument은 12,000에이커의 넓이에 방문객이 년 100만 명이 넘는다고 한다. 보니토 캐니언 Bonito Canyon, 마사이포인트Massai Point, 에코 캐니언 Echo Canyon을 보라고 말했다.

이천칠백만년 전 화산의 폭발로 형성된 암석미가 빼어난 곳이란다. 폭발이 얼마나 컸냐하면 1980년 5월 18일에 헤렌스 산Mt. St. Helens의 폭발의 1,000배나 더 컸다. 헤렌스 화산의 폭발은 미국역사상 최악의 경제손실을 준 폭발이라니 알만하다.

이 산에는 검은 꼬리 방울뱀을 포함한 몇 종류의 독사가 있다. 1월이니 뱀은 동면을 할 것이다. 차안에서 싸가지고 간 점심을 먹었다.

송 목사는 치리카우 산은 금강산이라고 했는데 암석미가 정말 장관이었다. 기기묘묘한 형상들이 수백만 개 이었다. 1,920m의 산이지만 아름다웠다. 골짜기에 물도 흘렀다. 비는 눈으로 바뀌었다. 경치를 사진에 담기에 바빴다. 나무들도 잘 자라고 있었다. 소라는 비디오에 경치를 담았다. 훗날 볼 수 있도록.

올라가면서 보니까 마사이 포인트Massai Point, 코치스 헤드 Cochise Head, 콜롬스Columns, 피나클스Pinnacles, 배랜스 록Balanced Rocks, 수가르프 마운틴 트레일Sugarloaf Mountain Trail, 에코 캐니언 트레일 Echo Canyon Trail 등의 간판들이 유혹했다.

산 정상에는 눈이 계속 내려 쌓였다. 관광객이 한 사람도 없는 산꼭대기에서 눈내리는 모습을 보니까 천상에 온 기분이었다. 그러나 두려운 생각도 들었다. 미국의 국립공원에는 야생동물들이 많이 있다. 월동장비를 갖추지 않은 차가 잘 내려갈지도 의문이다.

조심해서 산길을 내려왔다. 내려오면서 또 사진을 찍었다.

숙소에 도착한 것은 새벽 3시경이었다.

✲ 2010. 1. 29 금 맑음 <만호관광회사에 송금>

날씨가 맑았다. 우리는 페루 쿠스코에 있는 만호관광회사에 송금을 하러 체이스 은행에 갔다. 페루의 관광은 만호관광회사에 의뢰해서 하기로 했다. 6. 1~6. 25까지의 관광이다. 푸노, 아레키파, 나스카, 쿠스코, 마추픽추 등이다.

✲ 2010. 1. 30 토 맑음 <수박 겉핥기 식 여행>

소라는 100마일 쯤 떨어진 국립공원에 가자는 것을 어쩐지 가기 싫어서 숙소에서 쉬자고 말했다. 방정맞은 생각인지 모르지만 마지막 며칠을 조심해야하기 때문이다. 어제그제도 새벽 3시에 돌아 왔다. 소라는 운전을 하면서 졸았다.

애리조나 주에서 6개월 이상을 있었는데 아직도 못 가본 곳이 있나 싶어 자료를 찾아보니 유명한 곳이 21군데인데 겨우 대여섯 곳만 가봤다. 이러니 미국 전체로 따지면 수박 겉핥기식으로 관광을 한 것이다. 이제 후회해도 소용없다. 11개월의 긴 시간도 미국을 다 보기에는 너무도 짧은 시간이다. 아니 미국에서 평생을 살아도 다 볼 수 없는 곳이 미국일 것이다.

사실 피닉스에서의 6개월은 관광이 목적은 아니었다. 관광한 시간을 환산해 본다면 한 3개월 정도일 것이다. 몇 박 며칠의 패키지여행에 비한다면 우리는 많은 시간을 투자했다. 그리고 차를 타고 자유롭게 여행한 것도 특이한 것이 아닐까. 구두쇠 같이 돈을 아껴 썼지만 비용도 적잖이 들었다. 패키지 Package 여행과 달리 마음대로 여행도 장점과 동시에 단점도 있다. 이렇게 여행을 한 사람도 흔치 않을 것이다. 그러나 다시 말하지만 아쉬움이 많다. 난관도 많았다.

✲ 2010. 1. 31 일 맑음 〈지구촌 교회 신자들과 이별〉

〈송 목사의 설교〉

〈중식 시간〉

〈송 목사 부부와 함께〉

일요일이라 교회에 나갔다. 이제 지구촌 교회도 마지막이다. 그 동안 신세졌던 분들에게 인사를 해야 한다.

목사 부부에게 인사를 했다. 목사는 설교 중에 우리가 중남미로 떠난다고, 여행길이 무사하도록 기도를 드려달라고 말씀을 하셨다. 교회에서 목사님 내외와 점심을 먹으며 담소했다.

오후에는 바이블쳐치에 갔다. 밥 목사는 나오지 않아 만나지 못하고 부인을 만났다. 젊은 존 목사 부부와 존 목사의 부친도 만났다. 우리는 2월

3일에 멕시코로 떠난다는 이야기를 했다.

존의 부친은 해군에 근무했는데 일본과 중국은 가본 일이 있으나 한국은 가보지 못했다고 말했다.

정들자 이별이라더니 내 꼴이 그렇다. 이제 대화가 좀 될 만하니까 이별이다.

페루의 관광회사의 사시에게는 아무 연락이 없다. 큰 돈을 송금했는데 받았다는 말도 없다. 메일을 보내 봐야겠다.

남주씨로부터 전화를 받고 라면을 10개나 사왔다. 물도 큰 것으로 하나 사왔다. 라면은 멕시코에 가져갈 것이다.

✲ 2010. 2. 1 월 맑음 〈남산의 피마 캐니언〉

금년도 한 달이 지났다. 세월은 참 빠르다. 내일 모래면 우리는 미국을 떠난다.

사시에게 메일 답이 왔는가 열어보았으나 아직 오지 않았다. 오늘은 남산에 있는 피마 캐니언에 가보기로 했다. 소라는 그녀가 다친 곳을 마지막으로 한 번 더 보고 싶은가 보다. 날씨가 무척 화창했다. 꼭 봄 같았다. 피닉스는 겨울 꽃들이 참 아름답다.

금잔화, 쥐손이풀, 팬지, 피튜니아, 금어초, 알리슴 등이 붉은색, 노란색, 자주색, 흰색, 핑크색, 푸른색으로 화려하게 핀다. 겨울에 이런 꽃들을 볼 수 있다는 것은 피닉스의 장점 중 하나이다.

위도는 휴스턴 보다 훨씬 북쪽에 있지만 더 따뜻한 도시다.

피마 캐니언은 남산의 왼쪽에 있다. 그곳은 산세도 낮은 편이다. 남산의 뒤에 있기 때문에 돌아가야 한다.

겨울인데도 등산객이 많았다. 그만큼 시민들이 건강을 챙기는 것이다.

주차장에 차를 세워놓고 걸었다. 길은 평탄했으나 라의 다리에 무리가 될 것 같아서 쉬었다.

싸가지고 간 김밥을 나누어 먹었다. 커피도 한잔 들었다. 소라는 수술한 다리가 염증이 있는지 아프다고 한다. 저 다리로 안데스에 갈 수 있을까? 하는 걱정이 태산이다.

소라는 학자로 평생을 산 사람이라 주관이 강하다. 이제 와서 중남미 여행 포기는 있을 수가 없다. 이미 시위를 떠난 화살이다. 조심해서 그녀를 보호하며 갔다 오는 수밖에 없다.

그녀가 넘어져서 다친 곳까지는 가지 못하고 돌아왔다. 들이라 자세히 보니 쑥과 냉이 같은 나물도 눈에 띄었다.

피닉스에도 집장사들이 지은 빈집들이 아직도 수없이 많았다. 대부분이 임자를 못 찾아 비어있었다. 모기지가 쓰나미처럼 휩쓸고 지나갔다.

✻ 2010. 2. 2 화 맑음

새벽에 일어나 메일을 점검했다. 사시에게서 메일이 왔다. 돈을 잘 받았다는 내용이었다. 이제 안심이 된다. 양 시인에게, 전 시인에게 안부 메일이 왔다. 샌프란시스코에 살고 있는 김 선생에게서도 메일과 사진이 왔다. 그는 글을 재미있게 쓴다. 사진촬영은 프로이다. 미국에 와서 사귄 남자 중 고 선생과 더불어 가장 교류가 많았다. 마지막으로 미국에 거주하는 소라의 친구들에게 시 한편과 함께 메일을 보냈다.

오후에 택배회사에서 차를 가지러 온다고 해서 트렁크에 짐을 잔뜩 실었다. 보낼 짐은 차에 싣고 여행에 가져갈 짐은 여행용 가방에 넣었다. 아무리 줄여도 많다. 택배회사에서 4시에 왔다. 한국 사람이었다. 요금은 150만원

소라는 차를 보내고 서운해서 울었다. 여자의 마음이다. 나도 서운했다.

당신은 지난 2월에 내가 한국으로 떠날 때도 울지 않았으면서 무생물인 차가 떠나는데 왜 우느냐? 고 맺힌 말을 말했더니, 그녀는 미안한지 멋쩍게 웃었다. 그날 숙소에 와서는 울었다고 소라는 말했다.

울적한 마음을 달래려고 포도주를 마셨다. 무사히 미국 여행을 마치고 중남미 여행을 하도록 기원하면서.

〈공항에 가는 길〉

〈공항에서〉

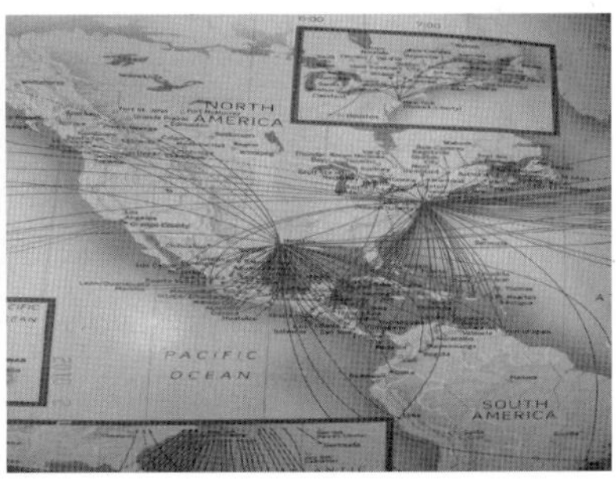

〈휴스턴의 거미줄 같은 항공로〉

소라는 26개월, 나는 11개월 미국을 여행하면서 무엇을 보았는가! 무엇을 느꼈는가? 무엇을 알았는가? 곰곰히 회상해봐야겠다. 아는 만큼 보인다고 했던가.....

북중남미여행일기2

그라운드 제로

2015년 4월 20일 인쇄
2015년 4월 24일 발행

지 은 이 배인환
발 행 인 정해석
디 자 인 오다영

펴 낸 곳 애드파워
출판등록 2007년 9월 18일 [제 25 호]
주　　소 대전시 유성구 대학로 227
전자우편 addoffice@addpower.co.kr

대표전화 042-862-9607
팩　　스 042-862-4510

값 15,000원